현대사 몽타주
— 발견과 전복의 역사

이동기 지음

2018년 11월 30일 초판 1쇄 발행
2022년 12월 19일 초판 4쇄 발행

펴낸이 한철희 | **펴낸곳** 돌베개 | **등록** 1979년 8월 25일 제406-2003-000018호
주소 (10881) 경기도 파주시 회동길 77-20 (문발동)
전화 (031) 955-5020 | **팩스** (031) 955-5050
홈페이지 www.dolbegae.co.kr | **전자우편** book@dolbegae.co.kr
블로그 blog.naver.com/imdol79 | **트위터** @dolbegae79 | **페이스북** /dolbegae

주간 김수한 | **편집** 김진구·오효순
표지디자인 정은경 | **디자인** 이은정·이연경
마케팅 심찬식·고운성·조원형 | **제작·관리** 윤국중·이수민 | **인쇄·제본** 영신사

ISBN 978-89-7199-919-6 (03900)

• 이 책은 한국출판문화산업진흥원 2018년 우수출판콘텐츠 제작 지원 사업 선정작입니다.

이 도서의 국립중앙도서관 출판예정도서목록(CIP)은 서지정보유통지원시스템 홈페이지(http://seoji.nl.go.kr)와
국가자료공동목록시스템(http://www.nl.go.kr/kolisnet)에서 이용하실 수 있습니다.(CIP제어번호: CIP2018037896)

현대사 몽타주

이동기
지음

발견과 전복의 역사

돌베
개

이 책은 『한겨레21』, 『한겨레』, 『창비주간논평』 등에 연재하거나 게재한 글과 학술지 게재 원고 및 강좌 원고를 바탕으로 내용을 대폭 추가하거나 수정하여, 체계적이고 일관된 구성을 갖춘 한 권 의 단행본으로 엮은 것이다. 애초 연재·게재 원고와는 분량과 내용이 확연히 차이가 나는 까닭에 최초 출처를 따로 명시하지 않았음을 밝힌다.

역사와 기억의 몽타주,
'역사란 무엇인가'를 다시 묻기 위하여

소설 『1984』로 유명한 작가 조지 오웰은 죽기 직전인 1949년 소련 추종자 또는 소련 첩자로 의심할 만한 인물 38명의 리스트를 작성해 영국 외무부 정보국에 넘겼다. 1998년 '오웰 리스트'가 처음 알려졌을 때 충격이 컸다. 오웰은 사회주의자이면서 동시에 '전체주의'의 밀고와 감시 체제를 누구보다 강하게 비판했다. 그런 그가 동료 지식인과 작가들의 정치 성향을 정보국에 알렸으니 배신감이 컸다.

'오웰 리스트'가 정치 탄압을 위한 고발이 아니라, 소련의 선전 공세에 맞서 영국 노동당 정부가 대항 선전을 하는 데 도움이 되지 않을 인물들을 정보국 지인에게 알리는 것에 불과했다는 변호도 있었다. 오웰은 민주주의를 수호하는 데 앞장섰던 실천적 지식인으로서, 파시즘을 몰아내면 곧 '냉전'이 닥칠 것이라고 감지했다. 그리고 소련 공산주의의 억압과 위협에 눈을 감고 오히려 동조하고 지지하는 영국의 좌파 지식인들이 한심할 뿐만 아니라 위험하다고 보았다.

불편한 진실은 또 있다. '오웰 리스트'에는 역사가 E. H. 카가 올라 있었다. 카를 높이 평가하는 국내 인문학 독자들 또는 영화 〈변호인〉에서 E. H. 카를 둘러싼 법정 장면을 기억하는 이들에게는 당혹스럽겠지만, 사실 당연한 일이었다. 카는 한때 나치 독일을 옹호하다 반성했지만 1930년대 초부터 줄곧 소련을 옹호했고 오랫동안 스탈린에 대한 찬사를 거두지 않았다. 1945년을 전후해 자본주의 반대를 넘어 서구 민주주의에 대해서도 강한 거부감을 보였고 오히려 소련 체제를 '진정한 민주주의'로 찬양했다. 물론 카의 소련 옹호가 서구의 전투적 반공주의에 함몰되지 않고 상대 진영에 대한 이해를 도와 냉전을 극복하는 방식이었다는 변호도 있었다. '오웰 리스트'로 오웰의 작품이 폄훼되지 않듯, 스탈린과 소련 찬양을 이유로 들어 카가 국제정치의 냉철한 이론가이자 탁월한 역사가임을 부정할 수는 없다. 20세기 중반 정치적 지식인들의 저작과 신념 사이의 모순은 역사적 맥락과 특수한 정치문화의 상황 속에서 조심스럽게 다룰 일이다.

그래도 질문은 남는다. 오웰이 카의 『역사란 무엇인가』를 읽었다면 어떤 논평을 했을까? 오웰은 영국의 식민지 버마에서 제국주의 억압에 눈을 떴고, 파리와 런던과 위건에서 자본주의의 밑바닥 현실을 관찰해 고발했으며, 카탈루냐에서 '파시스트들'에 맞서 싸웠고 동시에 '스탈린주의자'들을 겪고 몸서리쳤다. 그의 소설과 에세이를 통해 알 수 있듯이, 오웰에게 역사는 억압이자 기만이었고, 전쟁이자 착취였다.

그에 비해 카는 엘리트 외교관으로서 국제정치를 관찰하고 대학교수로서 역사를 연구했다. 『역사란 무엇인가』는 20세기 정치 탄압과 수용소의 참상, 구원 이데올로기의 횡포와 권력의 기만, 전쟁의 비극과 고통, 폭력의 가해와 희생, 제국주의의 파괴와 유린을 다루지 않았다. 이 책이 역사 인식의 범주들을 다룬 것에 불과하기에 그런 역사 현상과 과정을 비켜간 것은 불가피했다며 그냥 넘어갈 수는 없다. 역사 인식의 범주와 역사 현상의 분석은 구분되지만 서로 깊이 연관되어 있기 때문이다. 『역사란 무엇인가』는 사회 변화의 거대한 흐름에 따라 역사가 특정한 방향으로 나아간다고 전제하기에 인간의 희생과 고통에 큰 관심을 두지 않았다. 역사는 '과학'이므로 인간 행위에 대해 '도덕적 판단'을 삼가야 한다는 카의 말이 완전히 틀리지는 않지만, 정치폭력과 집단학살의 가해자들 앞에서 역사가 선과 악의 판단을 비켜갈 수는 없다. 오히려 20세기 후반 역사학의 발전은 규범적인 역사 정의historical justice를 통해서 발전하기도 했다는 사실을 기억해야 한다.

게다가 『역사란 무엇인가』는 구조와 필연을 과하게 내세워서 인간의 행위 여지와 선택 가능성의 의미를 축소했을 뿐만 아니라, 단절되고 짓밟히고 망각된 역사의 대안적 의의를 배제했다. 카는 '승자의 역사'에 관심을 가졌다. 그러나 역사 속 '더 나은 삶의 가능성'에 대한 관심이야말로 역사 인식의 지평을 계속 넓혀왔음을 알아야 한다. 마지막으로 역사 인식의 문제를 '역사는 과거와 현재의 대화'라는 식으로 답하는 것도 그 후 수십 년 동안 전개된 역사 인식 관점의 확대와 방법론의 발전을 놓고 보면 낡고 공허하다.

한국에서 역사학의 고전으로 존중받는 책을 비판했으니 이제 나는 위험한 길을 가는 셈이다. 그런데 나는 독자들이 그 책을 읽고도 왜 기억에 남는 게 그렇게 적은지를 설명하고 있을 뿐이다. 카의 역사인식론은 실제 역사의 거칠고도 생생한 과정을 담지 못하기 때문이다. 영화 〈변호인〉의 실제 주인공인 노무현 전 대통령은 '역사란 참 아픈 것'이라고 말했다. 제국주의와 식민폭력, 파시즘과 홀로코스트, 세계대전과 강제 이주, 냉전과 열전, 공산주의의 탄압과 개발독재의 인권 유린, 젠더 문제와 인종주의 등을 놓고 보면, '역사란 비극이고 고통'일 따름이다. 역사 인식을 둘러싼 개념 혼란을 벌여놓고 '진보에 대한 믿음'을 옹호하는 카보다는 현실의 비극과 인간의 고통을 알리고 역사의 '퇴보를 경고'했던 오웰을 따라가는 것이 '역사가 무엇인지'를 더 잘 가늠할 수 있는 길이다. 프리모 레비와 스베틀라나 알렉시예비치의 증언문학과 기록문학 또는 제주4·3사건진상보고서와 진실화해위원회의 보고서들을 읽으면, 우리는 '역사란 무엇인가'라는 질문을 새로 던져야 함을 절감한다. 카가 이미 정한 역사 인식의 범주들에 대한 논의도 완전히 달라질 뿐 아니라, 카가 아예 무시한 여러 차원의 역사 인식의 쟁점들이 새로 등장한다.

과문하고 비재하여, 나는 아직 '역사란 무엇인가'에 대해 답할 수 없다. '현대사란 무엇인가'에 대해서도 마찬가지다. 감히 세계현대사를 종합적으로 조망하거나 특별한 관점으로 일관된 주장을 펼칠 야심과 능력도 없다. 다만 현대사 전공자로서 현대사가 역사학과 인문학에서 매우 특별한 지위와 역할을 지니고 있다고 생각한다. 구원 이데올로기나 유토피아 전망이 사라진 21세기에 현재는 불투명한 미래 구상에 의지하기보다는 '현재의 과거'와 전면 대결할 때 비로소 현실 비판의 동력을 올리고 미래 전망의 방향을 밝힐 수 있다. '현대사' 연구의 역사를 살피면 '현대사'는 그 과제를 숙명으로 안고 등장했음을 알게 된다.

현대사 연구의 최신 성과는 '역사란 무엇인가'라는 질문을 새롭게 던지는 데 중요한 자극을 줄 것이다. 이 책은 그 질문을 새로 던지는 방식을 찾는 역사 에세이로서, 서양사를 중심으로 세계현대사의 주요 사건과 일부 층위들을 찾아 역사 인식의 관점을 확대하고 현실 비판의 과제를 결합하고자 한다. 요컨대 이 책은 과거와 현재, 서양과 한국, 구조와 행위, 역사와 기억의 '몽타주'를 통해 '현대사 비평'을 수행한다. 현실 비판을 통해 새로운 역사와 그 의미를 '발견'하고, 확장된 역사 인식을 통해 인습적인 지적 담론을 '전복'하며, 다시 현실 비판의 관점을 확대하는 비판의 상호작용을 실험한다.

현대사는 '동시대인들에게 가장 가까운 시기의 역사'라는 의미의 당대사를 말한다. 현대사는 '현재의 전사前史'이면서 동시에 그 '현재의 최근 과거를 규명'하는 작업이다. 현대사가 '사라지지 않는 과거'이자 '역사가 되기 어려운 역사'인 이유는 현대사의 기본적인 성격에서 기인한다. 현대사는 아직 종결되지 않은 복합적 과정의 역사이며, 시간의 경과에 따라 계속 유동적으로 변하는 시대사이기 때문이다. 현대사는 분기와 경계, 즉 시작과 전환과 종결의 시기 구분이 확정적일 수 없다. 같은 시대 서로 다른 세대에 따라 '가장 가까운 시기'도 조금씩 다르고, '함께 살아가는 사람들'이 스스로 규정한 '동시대'도 차이가 있다. 지구적 차원의 동시성과 연루가 존재하기에 보편적 세계현대사를 논할 수 있지만, 국가와 지역별로는 적지 않은 차이가 있다. 또 연구 관점에 따라 역사가들은 현대사의 분기와 성격에 대해 다양한 견해를 가진다. 이를테면 세계화의 역사, 일상사, 이주사, 환경사, 젠더사 등의 관점을 따라가면 정치사나 구조사 중심의 인습적인 역사 시기 구분과 성격 규정에 금세 틈이 생긴다.

한편 20세기 주요한 역사 현상인 파시즘과 공산주의 및 제국주의와 냉전은 복잡하게 얽혀 있을뿐더러, 그것을 극복하는 과정도 단선적이지 않아 현대사의 성격을 쉽게 단정지을 수가 없다. 비판적 현대사 연구와 서술이 권력의 억압과 기만에 맞서는 현실 사회운동의 결집과 동원 수단으로 활용되는 것은 자주 불가피하고, 때로는 적극 환영해야 한다. 하지만 비판적 현대사 연구와 서술이 정치 저항과 사회운동의 정당성을 강화하는 것으로 축소되는 것은 바람직하지 못하다. 미국의 급진적 역사가 하워드 진의 권고대로, "우리는 좋은 사회운동이 어떻게 잘못될 수 있는지, 지도자가 어떻게 추종자들을 배신할 수 있는지, 반역자가 어떻게 관료가 될 수 있는지, 이상이 어떻게 얼어붙고 메마를 수 있는지를 보여주어야 한다."

20세기에 '현재'는 주로 유토피아 미래 구상에 매달렸지만, 21세기에 '현재'는 미래가 아니라 오히려 과거와 더 적극적으로 대면하고 있다. 미래가 잿빛으로 보이니 '황금기'에 대한 노스탤지어도 넘치고, 많은 지역과 국가에서는 폭력사history of violence의 희생(자들)과 함께 살아가는 법을 익히고 있는 중이다. 현재가 미래가 아니라 과거와 다양한 방식으로 새로운 관계를 맺고 있는 현상에 주목해야 한다.

현대사는 한편으로 집단적 기억화와 공적 차원의 역사문화 형성을 적극 옹호하고 거기에 동참해야 하지만, 다른 한편 그것을 비판적으로 관찰하고 견제하기도 해야 한다. 집단기억 내지 '기억문화'가 현대사의 주요 연구 대상이 되는 이유다.

이 책은 현대사를 일단 '장기 폭력사'로 보기에 전쟁과 폭력과 냉전을 주요 주제로 잡았다. 동시에 현대사에서 '더 나은 삶의 가능성'을 일구었던 사건과 국면들을 들추며 역사적 현실로 존재했던 '단속적 평화사'를 부각한다. 혁명과 평화와 대안의 흐름이 그 두 번째 주제 영역이다. 마지막 주제는 바로 위에서 말한 기억문화, 즉 공동체의 집단기억과 그 전승이다. 이 과거의 사회적 현재화는 '역사란 무엇인가'에 대한 또 다른 논의의 출발이 될 것이다. 이 책은 이 세 주제 영역을 5개 부로 나누어 구성했다.

책을 쓰면서 두 가지에 유의했다. 첫째, 이 책이 비록 전문 학술서의 형식을 갖추지는 않았지만 최신 연구 성과들을 최대한 반영하려고 애썼다. 새로운 사실과 맥락을 '발견'하고 인습적인 역사 해석을 '전복'하지 않을 수 없었다. 이때 나는 낡은 역사 인식에 근거한 국내 인문학의 일부 담론을 비판적으로 겨냥하기도 했다.

둘째, '행위자 관점'의 강조이다. 나는 전쟁과 폭력과 냉전이 구조나 상황의 필연적 결과가 아님을 강조하고자 했다. 구조적 조건과 상황의 압박을 무시할 수 없지만, 비평화peacelessness의 파국과 비극은 결국 '정상성'의 경계를 넘는 역사 행위자들의 선택과 결정이었고, 그렇기에 그 선택과 결정은 죄와 책임의 문제를 낳는다. 마찬가지로 혁명투쟁과 평화정치, 비판과 대안도 대개 역사의 큰 흐름에 조응한 일부 '위인'들의 업적이 아니라, 다양한 역사 행위자들의 고유한 역정이 낳은 성취였다. 역사의 맥락에 주목하고 복합성을 감당하고 구체성에 민감하다면, 우발성을 무시할 수 없고 행위자의 역할을 쉽게 지울 수 없음을 알게 된다.

아쉽게도 다루지 못한 주제들이 많다. 이주와 난민의 역사, 자본주의와 노동운동, 환경과 생태, 소수자 차별과 인종주의, 식민폭력과 공산주의 인권 유린의 문제 등을 거의 놓쳤다. 이 책이 애초 세계 현대사를 포괄적으로 다루는 것을 목표로 하지 않았음을 거듭 밝힌다. 다만 '역사란 무엇인가'를 새로 묻기 위하여 현대사를 대상으로 한 작은 에세이다. 애초 나의 전공이 독일과 유럽의 현대사이기에 지역과 분석 대상에는 쏠림이 있을 수밖에 없다. 글을 쓰면서 폭력사와 평화사의 맥락에서 더 넓고 깊게 공부해야 함을 절감했다. 정진하겠다.

이 책은 2014년 가을부터 2016년 여름까지 2년간 『한겨레21』에 '이동기의 현대사 스틸컷'이란 제목으로 연재한 글을 주로 토대로 했다. 당시 그 주간지의 편집장이었던 최우성 기자님께 큰 감사의 인사를 전한다. 그의 독려가 아니었다면 이 역사 에세이를 쓸 엄두를 내지 못했을 것이다. 안수찬, 이정연, 박수진, 신윤동욱 기자님은 거친 초고를 바로잡아주어 부끄러움을 면하게 해주었다. 고마울 따름이다. 물론 이 책은 잡지에 연재했을 당시의 글을 대폭 보충하고 수정했기에 내용이 마땅찮거나 문장이 불편하다면, 그것은 전적으로 필자의 책임이다.

2018년 9월 초부터 독일 남부의 튀빙엔에서 원고를 검토할 수 있는 마지막 기회를 가졌다. 튀빙엔대학교 한국학과의 이유재, 안종철 교수님은 고요히 원고 수정에 집중할 수 있도록 많은 도움을 주었다. 책을 출간하는 것은 오류와의 백병전이다. 강릉원주대학교 대학원생 김명실 님은 그 마지막 싸움에서 내 뒤를 봐주었다. 돌베개 출판사의 편집자 김진구 님은 항상 건설적인 제언들로 나를 고무시켰다. 그는 내 글에 깔린 '역사 비평'의 함의를 정확히 파악해

나를 밀고 당기면서 책이 완성되는 데 결정적인 역할을 수행했다. 이 모든 분들께 충심으로 감사의 인사를 전한다.

역사의 바다에서 윤슬을 찾는 독자들에게 이 책이 조금이라도 도움이 되기를 빈다.

2018년 11월
이동기

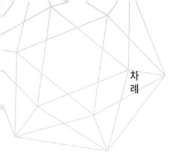

1부

전쟁과
혁명

1차 세계대전 새로 쓰기

— 지금 20세기 '몽유병자'들이 떠돌고 있다

독일 청년의 고백과 중국 청년의 울음

중국 청년이 한국 텔레비전에서 울었다. 2014년 12월 1일 JTBC 〈비정상회담〉에서 장위안이 눈물을 보인 것은 독일 청년 다니엘이 독일의 과거사를 반성하며 심지어 "1차 세계대전도 독일이 잘못했다"라는 '개념 발언'을 했기 때문이다. 장위안은 "잘못을 인정하는 독일의 태도에 감동했다"며 눈물을 보인 뒤 "이전에는 마음이 닫혀 있었는데 이젠 마음의 변화가 생겼다"고 고백했다. 가벼운 말장난이 난무하는 가운데서도 장위안은 계속 서툰 발음으로 "우리에게 언젠가는 국경선도 없는 날이 오고" 결국에는 "아시아도 유럽연합처럼 될 수 있으면" 좋겠다고 말해 작은 파장을 일으켰다.

중국 '대표' 청년이 가슴으로 쏟은 그 말은 1차 세계대전 발발 100주년을 맞은 2014년 지구상의 수많은 화해 담화와 평화 언설에 묻혀 잊혔다. 하지만 그것은 동아시아의 우리가 어디에 와 있고 어디로 가야 하는지를 알려주는 흔치 않은 장면이었다. 한반도의 긴장에 더해 일본의 식민주의 과거청산의 지체와 동북아시아 전역을 감싸고 있는 민족주의 갈등과 영토 분쟁으로 인해 동아시아 청년들은 국민국가 간 화해를 넘어 초민족 정치공동체로 나아가는 유럽을 부러워하지 않을 수 없었다. 자국의 입장을 강변하고 자민족의 위용을 자랑하며 타국을 질타하거나 타민족과 경계를 설정하기에 바쁜 동아시아인들에게 자국의 오류와 범죄를 인정하면서 부정적이고 파괴적인 민족사를 오히려 국민 정체성과 집단적 역사의식의 형성으로 발전시킨 독일인의 모습은 부럽고 신기하다. 하지만 장위안은 독일을 통해 일본을 비판하는 뻔한 일보다, '우리 나라가 잘못했다'는 다니엘의 말의 무게를 느끼는 데 집중했다. 그러자 울림이 생겼던 것이다.

1990년 11월 19~21일 프랑스 파리에서 열린 유럽안보협력회의 참가국 정상들은 '새 유럽을 위한 파리헌장'의 도입부에서 "유럽의 대결과 분열의 시대는 끝났다"라고 선언했다. 그 평화선언은 단지 냉전의 종식만이 아니라, 근대 유럽의 국민국가 간 오랜 적대의 종결을 의미했다. 그 후 유럽연합의 발전은 잠깐 눈부셨다가 이내 흐릿해졌다. 그렇더라도 유럽연합은 애초 평화 프로젝트였고, 그런 점에서는 성공했다고 볼 수 있다. 여러 한계와 결함에도 불구하고 유럽연합의 국가들은 이제 서로 적국이 되어 총부리를 겨누는 게 불가능하다. 공동의 역사와 서로 뒤엉킨 삶에 견주면 민족 간의 편견이 촌스러울 따름이다.

20세기 현대의 기점이 된 '대전'

지구상의 어떤 지역과 비교해도 유럽은 더없이 격렬하고 잦은 전쟁 터였고, 종교·인종·왕조·국가·이념 등을 둘러싼 대결과 불화의 핏빛 교차로였다. 유럽 대륙의 오랜 적대와 갈등은 더러 가라앉기도 했지만, 19세기 국민국가의 민족주의와 제국주의를 만나 증폭하고 상승했다. 그것은 1914년부터 1918년까지 '대전'Great War으로 정점을 찍었다. 아울러 세계가 '처음' 경험한 '대전'은 파시즘과 공산주의를 낳는 발원이 되었고, 2차 세계대전과 냉전을 비롯한 20세기 모든 파국과 적대, 전쟁과 대결의 원천 재앙이었다. 32개 국가가 총력전으로 참전한 1차 세계대전은 규모와 양상에서 모두 방대했다. 대략 1000만 명의 군인과 700만 명의 민간인이 사망했다. 부상자도 2000만 명이 넘었다. 전쟁 수행을 위해 2085억 달러 이상의 비용이 지출되었다. 살상과 상해, 손실과 파괴의 결과는 심대했다. 그 전쟁이 수행과 결과 면에서 앞선 시기의 전쟁들과 그토록 달랐던 이유는 '합법 살인자'가 된 청년들의 눈빛이 갑자기 강렬히 타올라서가 아니라, 젊은 사내들이 사용하는 무기의 수준에 있었다. 전쟁은 유럽이 근대화 과정에서 이루어낸 최신 기술 발전의 성과를 무자비하게 활용했다. 기술 근대화의 잠재력은 상상하기 어려운 규모의 살상과 파괴를 낳았다.

대전은 유럽뿐 아니라 전 세계에 짙은 그림자를 드리웠다. 발발 계기나 주도 세력과 핵심 전장을 놓고 보면 유럽 전쟁이었지만, 원인과 참여(또는 동원)와 영향을 놓고 보면 결국 세계전쟁이었다. 유럽 제국주의 열강들은 19세기 후반부터 식민지 쟁탈전을 격렬히 전

1차 세계대전은 근대 기술문명이 빚은 최신 무기의 파괴력으로 말미암아 이전 시기의 전쟁들과는 차원이
다른 무자비한 살상을 낳았다. 1918년 4월 화학전으로 인해 부상당한 영국군의 모습(아래).

개했다. 그들 사이의 잦은 분쟁과 급한 결속은 주로 아프리카와 아시아의 식민지들을 둘러싸고 이루어졌다. 1880년대부터 1914년까지 열강들이 맺고 깬 숱한 동맹과 협상은 외교사에서 가장 어지러운 국면에 해당한다. 갈등과 적대가 잠시 조정되긴 했지만 불신과 의심, 오해와 공포는 점점 커졌고, 1914년까지 계속 상승했다. 비록 영국·프랑스·러시아는 삼국협상으로 결속하고, 독일·오스트리아·이탈리아는 삼국동맹을 맺었지만, 다들 자기편을 믿지 못했다. 그 이유는 유럽의 주변부 지역에서 유럽 열강들의 이익이 서로 충돌해서이기도 하지만, 주로 비유럽 지역에서 그 열강들이 동맹의 경계를 가로지르는 현실 이익과 미래 구상들로 서로 뒤엉켰기 때문이다.

　게다가 전쟁을 주도한 유럽 열강들이 제국이었기에 제국에 속한 국가나 식민지의 청년들이 전쟁에 참여하거나 동원되는 것이 당연했다. 40개 국가에서 7000만 명에 달하는 군인들이 동원되었다. 오스트레일리아와 뉴질랜드, 캐나다와 남아프리카공화국 국민들도 대전에 깊이 연루되었다. 50만 명이 넘는 인도인들이 바다를 건너 전쟁에 참여했고, 그중 최소 6만 명이 사망했다. 프랑스의 식민지도 마찬가지 상황을 겪었다. 특히 알제리 지역에서 17만 명 이상의 군인들이 유럽으로 건너와 프랑스인들과 함께 참호를 지켰고, 그 참전 군인의 수에 육박하는 또 다른 알제리인들은 프랑스로 건너와 공장을 지켜야 했다. 일본의 참전과 동아시아의 연루도 바로 '대전'의 세계적 연루 속에서 살펴야 할 것이다. 물론 식민지 주민들의 참전은 단순히 동원에서 끝나지 않았다. 대전 말미와 그 직후에 터진 탈식민 운동의 고양 또한 대전의 지구적 성격을 드러낸다. 요컨대 대전은 유럽만이 아니라 세계 전역을 깊이 연루시켰고, 거대한 상호작용의 장으로 몰아넣었다. 아울러 그것은 정치와 경제, 군사와 기술, 사상과 심성, 일상과 문화, 기억과 재현 등 인간 삶의 모든 영역에 혁명적 충격을 가해 20세기 현대사의 진정한 기점이 되었다.

전몰자 공동묘지에서 거행된 1차 세계대전 100주년 기념식

2014년 전쟁 발발 100주년을 맞아 유럽은 1차 세계대전을 주제로 한 다양한 정치 행사로 바빴다. 가장 상징적인 행사는 단연 2014년 8월 3일 독일 대통령 요아힘 가우크와 프랑스 대통령 프랑수아 올랑드가 비에이아르망(독일어 지명은 하르트만슈빌러코프)의 전몰자 묘지에서 함께 거행한 1차 세계대전 기념식이었다. 1914년 8월 3일 독일은 프랑스에 선전포고했고, 다음 날 총사령부의 명령을 받은 프랑스군은 1870~1871년 보불전쟁 때 빼앗긴 알자스 지역의 도시와 거점을 수복하고자 가장 먼저 그곳으로 달려갔다. 비에이아르망은 해발 1000미터의 고지로서 알자스 지역의 콜마르와 라인강 자락의 뮐하우젠 사이에 위치한 군사전략 요충지였다. 1914년 여름부터 1918년 종전 때까지 독일군과 프랑스군이 이 '죽음의 고지'를 여덟 번이나 서로 번갈아 점령하는 동안 양쪽을 합쳐 최소 3만 명 이상의 희생자가 발생했다.

전쟁과 폭력의 역사는 한 번으로 쉽사리 끝나지 않는다. 격전지에서 곧 황량한 묘지로 변해버린 비에이아르망은 1차 세계대전 뒤 독일과 프랑스 양쪽 모두에게 서로 배타적인 민족주의를 기억하는 장소로 남았다. 특히 1932년 알베르 르브룅Albert Lebrun 프랑스 제3

프랑수아 올랑드 프랑스 대통령(오른쪽)과 요아힘 가우크 독일 대통령은 2014년 8월 3일 격전지였던 프랑스 동부 알자스 지역에서 열린 '1차 세계대전 발발 100주년' 행사에서 만나 서로를 껴안았다. 과거 적국 관계였던 두 나라는 전 세계를 향해 평화를 촉구하는 성명을 발표했다. ⓒ로이터

공화국 대통령의 관심과 후원으로 프랑스 군인에 대한 추모비와 납골묘가 건립되면서 이곳은 프랑스의 공식적인 1차 세계대전 기억과 전몰자 추모 장소로 명성을 얻었고 반독일 민족주의 신화의 거점이 되었다. 2차 세계대전으로 독일군이 그 지역을 다시 점령했을 때 상황은 긴박했다. 나치 군인들은 반독일 프랑스 민족주의 성지인 납골묘를 아예 폭파해버릴 작정이었다. 폭파를 준비하던 독일군에게 프랑스인 시장이 황급히 달려갔다. 그는 독일군 장교들에게 납골묘에는 프랑스 군인들만이 아니라 수천 명의 독일군도 함께 묻혀 있다며 폭파하지 말 것을 설득하고 사정했다.

그렇게 살아남은 독일-프랑스 공동묘지에는 전후 줄곧 매년 20

비에이아르망(독일어 지명은 하르트만슈빌러코프) 공동묘지 안에 있는 기념상. 이곳은 1차 세계대전 당시 독일군과 프랑스군이 혈투를 벌였던 전장으로, 두 나라의 희생자가 최소 3만 명이 넘는다.

만 명 이상의 방문객이 찾아왔다. 알자스 지역의 자연경관을 한눈에 담을 수 있어서이기도 하겠지만, 적지 않은 독일인과 프랑스인들의 생애사와 가족사가 그 장소를 비켜갈 수 없었기 때문이다. 2014년 8월 초 바로 그곳에서 양국 정상은 "프랑스와 독일의 역사는 오랜 적도 화해할 수 있다는 것을 보여줬다. 이것이 죽은 자에게 경의를 표하고 산 자의 평화를 보장하는 가장 좋은 길"이라며 세계만방에 적대와 전쟁을 중단하고 평화와 화해의 모범을 따를 것을 제안했다. 추모를 끝낸 두 대통령은 자리를 옮겨 독일-프랑스 공동역사박물관과 추모지 건립의 초석을 놓았다.

그로부터 3년 뒤인 2017년 8월 공동역사박물관에 게시할 평화성명서는 정치가나 학자들이 아니라 양국 청년들이 함께 마련했다.

독일과 프랑스에서 각각 100명의 청년들이 그곳에 미리 모였다. 그들은 세미나를 개최해 토론한 뒤 다음과 같은 평화 문구를 만들었다. "세계 도처에 존재하는 전쟁 상황에 직면해 너희들은 외국인에 대한 적대에 맞서 싸워야 한다. 모든 이들을 위한 지속적이고 영구적인 평화를 달성하기 위해 서로 결속하고, 외국어를 배워라. 너 자신의 경계를 극복하라."

1차 세계대전의 전쟁 경험을 다룬 에리히 마리아 레마르크Erich Maria Remarque의 소설 『서부전선 이상 없다』의 주인공 파울 보이머는 "우리는 열여덟 살이었고, 막 세상과 존재를 사랑하기 시작했는데 이제 그것을 향해 총을 쏘아야만 했다"라고 하며 "최초의 격렬한 포화를 뚫고 나가는 동안 우리는 곧 오류를 알았다. 우리가 배운 세계관은 그 포화 밑에서 송두리째 무너져버렸다"라고 절규했다. 그 '전쟁체험 세대'의 절망과 공포에 대해 100년이 지난 오늘 독일과 프랑스의 '평화체험 세대'들은 민족주의나 국가 이익을 위해서가 아니라, 오히려 외국인 적대에 대항해 싸워야 함을 강조하며 평화주의로 화답했다. 더군다나 출세의 기반이나 스펙의 과시가 아니라 평화를 위한 소통의 도구로 외국어 학습을 제시한 것이 인상적이다. 독일과 프랑스 양국의 정치가와 전문가 및 청년들이 함께 준비한 독일-프랑스 공동역사박물관은 예정보다 조금 늦은 2017년 11월에 건립되었다.

정치 지도자와 청년들 못지않게 1차 세계대전 100주년 행사로 바빴던 이들은 바로 역사가였다. 2014년부터 2018년까지 유럽을 중심으로 세계 곳곳에서 1차 세계대전에 대한 학술행사가 넘쳐났고, 새로운 역사적 맥락과 해석을 제시한 연구도 많았다. 특히 1차 세계대전의 원인을 둘러싼 토론은 주목할 만했다. 다음 세 가지는 새로 서술되어야 한다.

먼저, 전쟁은 독일만의 책임이 아니라 유럽 정치 지도자 모두의 책임이었다. 〈비정상회담〉에서 독일 대표 다니엘이 보여준 대로, 독일에서는 오랫동안 2차 세계대전은 물론 1차 세계대전의 발발도 독일 탓이라고 보는 견해가 일반적이었다. 1차 세계대전 직후 한동안 유럽 각국은 교전 상대국에 전쟁 발발의 책임을 전가했지만, 1960년대 이후 독일의 비판적 역사가들은 다른 국가와 달리 독일이 분명한 전쟁 목적과 의도를 갖고 있었다며 자민족사 비판의 흐름을 만들었고 이는 교과서에 그대로 반영되었다.

그런데 최근 1차 세계대전 연구는 독일의 단독 책임을 부정하는 견해가 지배적이다. 독일뿐 아니라 오스트리아와 세르비아와 러시아, 심지어 프랑스와 영국도 모두 협량한 국가 이익과 자존심, 무책임과 오판으로 전쟁 발발에 기여했다는 주장이 설득력을 얻고 있다. 아울러 많은 역사학자들은 이제 전쟁 발발을 전쟁 전의 적대적인 두 세력권, 즉 독일을 중심으로 한 동맹국과 영국과 프랑스와 러시아를 중심으로 한 협상국 간 동맹체제의 대립과 긴장 고조가 낳은 '필연적' 결과로 보는 인습적인 해석도 거부한다. 외교 안보의 차원에서나 경제적으로 국가 간 또는 동맹 간 이해관계가 충돌한다고 해서 곧장 전쟁으로 귀결되는 것은 아니기 때문이다.

게다가 전쟁은 당시 영국과 독일 중심의 개별 안보동맹이 굳건해서가 아니라 오히려 허약했기 때문에 일어났다. 다시 말하면 동맹국들 간에도 서로 신뢰할 수 없었기에 계속 무책임한 약속과 무분별한 행위들이 난무했던 것이다. 당시 정치 지도자들의 상황 인식과 문제 해결 능력은 급격히 떨어졌다. 정세의 가변성과 급박한 결정 상황을 감당하지 못해 신경쇠약에 걸리고 병을 앓는 권력자들이 속출했다. 이를테면 7월 위기 국면에서 오스트리아–헝가리제국의 외무장관 레오폴트 베르히톨트는 스트레스를 감당 못해 편두통과 위염을 앓았고, 영국 외무장관 에드워드 그레이는 시력을 잃을 정도였다. 유럽 주요 열강의 지도자들은 전쟁 위기를 막을 대안을 심사숙고하지 못했고, 상대의 진의를 타진하며 위기 조정에 나서지도 않았다. 심지어 이미 국가 정상 간 전화 통화가 가능했음에도 불구하고 누구도 수화기를 들지 않았다.

오스트레일리아 출신 영국 역사가 크리스토퍼 클라크Christopher Clark는 2012년에 출간한 『몽유병자들: 1914년 유럽은 어떻게 전쟁으로 치달았는가』The Sleepwalkers: How Europe Went to War in 1914에서 전쟁 발발을 유럽 강대국들 간의 불화라는 구조적 틀보다는 발칸 분쟁을 비롯한 우발적 요인에 대한 정치 지도자들의 오판과 오류의 연쇄 탓으로 보았다. 정치 지도자들의 선택과 결정이라는 '우발' 요인이 더 결정적인 전쟁 원인이라는 주장이다. 그렇기에 1차 세계대전은 구조와 상황 때문에 어쩔 수 없이 발발한 것이 아니라, 정치 지도자들(모두 남자였다!)이 능동적으로 '행위'해 '만든' 것, 즉 일으킨 것이었다.

물론 제국주의 팽창과 군비 경쟁, 동맹체제의 경직화와 내부 불신 등은 구조적으로 전쟁을 조장한 요인이었다. 하지만 같은 시기 문화 부흥과 교류, 과학기술 발전과 이전, 인적 교류의 증대와 국제 무역의 증가, 외교 협력의 진전과 평화사상 및 평화운동의 대두 등은 역으로 전쟁을 억제하는 효과를 발휘했다. 특히 1차 세계대전 직전 10여 년은 유럽 지식인과 정치가, 사회운동가들에게 새로운 '평화의 발명' 시기였다. 알프레드 노벨은 평화상을 제정했으며, 피에르 드 쿠베르탱은 민족 간 상호 이해와 평화를 제창하며 근대올림픽을 조직했다. 네덜란드 덴하그(헤이그)에서는 이미 두 차례나 국제평화회의가 개최되었고, 국제 사회주의 운동은 반전운동의 기치를 높이 들었다. 오스트리아 빈에서는 베르타 폰 주트너Bertha von Suttner가, 미국 시카고에서는 제인 애덤스Jane Addams 같은 여성들이 평화운동의 새로운 전형을 창출해 커다란 공감과 지지를 얻었다. 게다가 제국주의 국가 권력자들도 아프리카와 아시아 식민지에서의 위기와 충돌을 조정하며 전쟁을 막는 연습을 수행하고 있었다. 그런 상황을 놓고 보면, 1차 세계대전이 당시 서로 이해관계가 다른 제국주의 국가들 간의 필연적이고 구조적인 대결의 종착지였다고 보기는 더욱 어렵다.

오해를 막자. 갈등 구조가 존재하지 않았다는 말이 아니라 그것을 전쟁의 원인, 즉 필연적인 구조적 원인으로 지목할 수 없다는 말이다. 당시 전쟁 결정 행위자들이 구조와 상황 때문에 전쟁이 불가피하다고 주장했다고 해서 우리가 그것을 받아들일 이유는 전혀 없다. 오스트리아-헝가리제국은 황태자의 암살로 인해 세르비아를 공

1차 세계대전 직전 10여 년은 평화사상과 평화운동이 대두하는 등 '평화의 발명'이 이루어지던 시기였다. 사진은 1907년 네덜란드 덴하그 국제평화회의에 참석했던 사람들의 모습이다(뒷줄 왼쪽에서 두 번째가 베르타 폰 주트너).

격하지 않을 수 없었고, 세르비아의 후견국인 러시아는 당연히 오스트리아–헝가리제국을 공격하지 않을 수 없었고, 오스트리아의 동맹국인 독일은 러시아를 공격하지 않을 수 없었고, 러시아의 동맹국인 프랑스와 영국은 독일을 공격하지 않을 수 없었다는 식의 역사 이해는 당시 행위자들의 전쟁 정당화 논거를 그대로 받아들인 것에 지나지 않는다. 그런 전쟁 정당화 논리를 벗어나야 대안적 역사 이해가 열린다. 굽이굽이마다 다른 가능성은 존재했다.

1차 세계대전 역사를 새로 써야 하는 이유 2

1차 세계대전을 새로 써야 하는 두 번째 이유는 전쟁의 발원지인 발칸 지역의 무게와 역할에 있다. 발칸은 단순히 유럽 핵심 강대국들이 세력 다툼을 벌이는 부수적이고 주변적인 장소가 아니었다. 오스만제국의 지배로부터 막 벗어나고 있던 발칸 지역의 슬라브 민족주의 운동은 1차 세계대전 발발을 단순히 강대국들, 즉 러시아와 오스트리아-헝가리제국의 대리 갈등으로 볼 수 없게 한다. 오스만튀르크가 물러나자 그 지배 아래 있던 여러 민족들이 독립국가를 꿈꾸었다. 19세기 내내 진행된 서유럽의 국민국가 건국에 영향을 받은 발칸 지역의 소수민족들이 자주적인 국민국가를 모색하는 것은 지극히 당연했다. 세르비아 외에도 불가리아, 알바니아, 그리스가 국가와 민족의 이익을 위해 조직을 결성하고 무장했다. 유럽 주요 열강들의 동맹 구조나 지속적인 제국주의 갈등이 아니라, 새롭게 등장한 발칸의 민족주의 갈등이야말로 전쟁의 결정적 원인이었다. 민족주의에 물든 세르비아 청년 가브릴로 프린치프Gavrilo Princip의 오스트리아 황태자 암살은 구조적이고 필연적인 전쟁을 촉발한 우연한 사건이 아니라 그 자체로 결정적인 사건이었다. 오스만제국이 물러난 자리에 오스트리아-헝가리제국이 패권을 행사하는 것은 용납되기 어려웠다. 국민국가 건설의 욕구가 팽배해 가파르게 고조하는 발칸의 위기 상황에 유럽 열강들도 같은 속도로 대응했다. 유럽 열강들은 즉각 대응하지 않으면 허약함의 징표로 생각했다. 그들로 하여금 빠르게 행동하도록 추동한 것은 바로 발칸 지역의 갈등이었던 것이다. 그런 점에서 '주변'이 '중심'을 흔들었다. 아니 '주변'이 곧 '중심'이었다. 국제정치를 열강 중심의 관점에서만 보아서는 안 된다는 교훈을 준 사건이 바로 1차 세계대전이었다.

1장 1차 세계대전 새로 쓰기

오스트리아 황태자를 암살하여 1차 세계대전을 결정적으로 촉발한, 세르비아 청년 가브릴로 프린치프. 오른쪽 사진은 사라예보에 있는 프린치프 상.

1차 세계대전 역사를 새로 써야 하는 이유 3

마지막으로 1차 세계대전의 역사에 대한 최신 연구는 당시 유럽 각국의 일반 대중이 민족주의 열정에 취해 전쟁을 열광적으로 지지했다는 인습적인 주장도 뒤집는다. 물론 『서부전선 이상 없다』의 칸토레크 선생처럼 '조국 수호' 전쟁의 의미에 취해 학생들을 선동해 전장으로 내몬 지식인들의 교설과 전쟁 발발 직후 유럽 각국의 도시에서 터진 지지의 함성을 놓쳐서는 안 될 것이다. 하지만 최근 연구결과는 그와 같은 전쟁 지지와 동참의 열기가 도시 거주자와 중간계급, 특히 대학생들과 교양계층에 국한된 현상이었음을 한목소리로 전달하고 있다. 게다가 각국 정부와 언론이 그 제한적인 전쟁 지지 열기를 오히려 과장하고 악용했음이 다양하게 밝혀졌다. 심지어 (대)학생들과 일부 사회계층의 적극적인 참전 동기도 노골적인 민족주의 감정의 광기였다기보다는, 호기심과 일탈의 충동 또는 이성적 의무감 정도로 보아야 한다. 에른스트 윙거Ernst Jünger는 소설 『강철 폭풍 속에서』 초입에서 "안전한 시대에 태어난 우리는 특별한 것, 굉장하고 위험천만한 것을 동경했다"라고 당시의 분위기를 요약했다. 또한 1차 세계대전이 끝나자 비록 일부 국가들, 이를테면 독일과 오스트리아에서는 패전의 멍에로 인해 적대적 민족주의 운동이 높았지만, 대부분의 유럽 국가들과 미국에서는 전쟁으로 인한 충격으로 국제협력의 노력에 대한 관심이 증가했다.

그렇다면 이제 '전쟁 열병'과 '민족주의 맹신'에 빠진 대중 여론, 즉 '1914년의 정신'에 의해 정치가들이 떠밀려 전쟁으로 치달을 수밖에 없었다는 흔한 인식도 수정되어야 한다. 오히려 대중은 전쟁을 어쩔 수 없이 수용했을 뿐이고 3개월이 지나면 고향으로 돌아가 크리스마스를 가족과 함께 맞이할 줄 알았다. 그러나 전쟁은 장기적 참화로 이어졌다.

이렇듯 전쟁이 강대국 중심의 구조적 대결 요인 때문에 필연적으로 발생한 것도 아니고 대중의 광기로 어쩔 수 없이 이루어진 시대정신의 귀결도 아니라면, 결국 전쟁의 핵심 원인은 1914년 6월 28일 세르비아 청년의 오스트리아 황태자 암살 사건 뒤 7월 한 달 동안 각국의 권력자들이 보여준 상황 인식의 실패와 조정 능력의 부족으로 보아야 한다. 그렇기에 100주년을 맞아 1차 세계대전을 새롭게 분석한 역사가들은 당시 유럽 정치 지도자들의 개인적 야망과 편견, 무능력과 통찰력 부족 등을 가장 모질게 질타한다. 크리스토퍼 클라크는 그 권력자들을 "눈은 뜨고 있지만 보지는 못하는 몽유병자들"이라고 표현했다. 그들은 자신들이 무엇을 행하고 있는지도 모른 채 아마겟돈을 만들어 폭력과 파괴의 소용돌이로 대중을 내몰았다.

물론 '몽유병자'는 의식이 온전하지 않기에 당시 전쟁을 일으킨 유럽의 권력자들에게 딱 맞는 메타포가 아니다. 몽유병자와 달리 그들은 자율적인 행위자로서 전쟁을 '의식'적으로 선택하고 결정했지, 상황에 의해 어쩔 수 없이 휘말려 들어간 것이 아니기 때문이다. 하지만 그들은 자신들의 언행이 어떤 맥락에서 이루어지며 어떤 결과를 초래할지에 대해 숙고하지 않은 채 발칸의 역동적인 상황에 무책임하게 상호작용하며 전쟁을 향해 치달았다. 유럽 남성 정치 지도자들의 무능력과 무책임이 전쟁의 원인이었다.

21세기에 출몰하는 '몽유병자'들

1차 세계대전이 새삼 정치나 학문에서 큰 관심을 끌게 된 것은 100주년이라는 계기 때문이 아니다. 역사는 반복이 없기에 직접적인 교훈을 주지 못한다. 하지만 세계 정치 현실은 역사의 특정 시기와 유사성이 없지 않다. 2차 세계대전 직전이나 미국과 소련이라는 양극 중심의 냉전 시기가 아니라 20세기 초반 유럽의 세력관계야말로 21세기 세계 현실과 겹치는 부분이 많다. 근대적 변화의 가속화가 시작되었던 1차 세계대전 직전처럼 최근의 세계정세도 매일 새로운 도전과 문제로 가득하다. 21세기 전반기에 1914년 발칸 위기와 같이 여러 지역에서 쉽게 해결하기 어려운 위기와 긴장이 고조되고 있다. 특히 냉전기와 달리 21세기 세계정치는 1차 세계대전 직전과 마찬가지로 현존 세계열강(미국)에 맞서 신흥 세계열강(중국)이 등장하는 시기이면서 동시에 다극체제의 혼돈과 불투명성이 지배한다.

결국 장위안의 희망처럼 동아시아 청년들도 21세기 유럽의 청년들처럼 국경의 장벽 없이 넘나들고 서로 마음을 열 수 있으려면, 21세기 동아시아 곳곳에서 출몰하는 '20세기 몽유병자들'을 꽁꽁 묶어두는 일에 나서야 할 것이다. 몽유병에 걸린 정치가들이 도처에 너무 많다. 전쟁은 말할 것도 없고 적대와 갈등의 모험에 뛰어드는 것은 용기가 아님을 배우고 알려야 한다. 2014년 비에이아르망에 모인 프랑스와 독일의 청년들이 강조했듯이, "외국인에 대한 적대에 맞서 싸우"며 "서로 결속"하는 것만이 몽유병에 걸린 정치 지도자들을 치유하는 길이다. 그렇게 하지 않으면 우리는 다시 "벌건 대낮에 유령같이" 등장하는 증오와 혐오의 '강철폭풍 속에서' 우리의 팔과 다리가 "힘없이 덜렁거리고 이상한 각도로 꺾여 있"음을 보게 될 것이다.

1945년 종전과 '해방'의 이면
— 성폭력과 학살의 역사

해방과 패전 사이에서

1945년 5월 8일은 화요일이었다. 맑고 화창했다. 여기저기서 새가 울고 꽃이 피었다. 드디어 유럽에서 2차 세계대전이 끝났기 때문이다. 승리한 군인들은 환호하며 고향으로 향했고, 수용소에 갇힌 사람들은 누더기 몸이지만 더 이상 '검은 우유'(파울 첼란)를 마시지 않아도 되었다. 억눌린 사람들은 새 삶을 만들 강령을 쓰기 위해 종이를 찾았고 신세계를 위해 깃발을 들었다. 자유이자 해방이었다.

반면 대다수 독일인들에게 1945년 5월 8일은 그저 패전이었다. 독일 영토는 점령되었고, 독일 군인들은 포로가 되었으며, 동유럽에 거주하던 독일인들은 추방되었다. 미국, 영국, 프랑스와 소련은 독일과 베를린을 분할 점령 통치하며 나치제국의 국가 구조를 전면 해체했다. 게다가 나치 패망에 결정적으로 기여한 소련군은 희생과 공헌의 대가로 1937년 당시 기준으로 독일 영토의 3분의 1에 해당하는 오데르-나이세 동부 지역을 점령해 폴란드와 소련 영토로 귀속시켰다. 그곳을 비롯해 동유럽에 거주하던 독일인 1200만 명은

1945년 5월 2일 베를린, 소련군에 항복하는 독일군.

1944년부터 1950년까지 소련군에 의해 강제 추방되었다. 서방 연합
국도 독일인 강제 추방에 동의했다. 점령 상태였던 독일은 그들을
제대로 수용하거나 보살필 수 없었다. 최대 추산 200만 명이 추방과
도주 과정에서 목숨을 잃었다. 종전 직전 1100만 명의 독일군이 연
합군의 포로였다. 그중 500만 명의 독일군 포로들은 전후 상당 기간
고향으로 돌아가지 못한 채 수용소에서 머물러야 했다. 특히 소련의
감시를 받던 독일군 포로 350만 명 중 3분의 1은 기아와 추위를 견
디지 못하고 사망했다. 1947년 3월 모스크바 외무장관 회의에서 연
합국의 감시를 받는 독일군 포로들을 1948년 12월 31일까지 모두
독일로 귀환시키는 데 합의했다. 소련도 원칙적으로는 그것을 지켰
다. 하지만 나치 전범 조사와 재판을 이유로 소련은 1949년에도 여
전히 44만 명 이상의 독일군 포로를 구금했다. 1955년 서독이 소련
과 수교했을 때 비로소 나머지 독일군 포로들도 서독으로 귀환할 수

2장 1945년 종전과 '해방'의 이면

나치 지도부가 궤멸당한, 2차 세계
대전 종전 당시의 베를린.

있었다. 1945년부터 프랑스는 미국의 양해로 70만 명의 독일군 포
로들을 강제노동자로 착취할 수 있었다. 심지어 그중 5만 명은 지뢰
제거 작업에 투입되어 인명 피해가 심했다. 프랑스의 전후 재건이
시급하다는 명목이었지만, 독일에 대한 프랑스의 복수였다.

그리하여 1945년 5월 8일은 독일인들에게 간단치 않은 기념일
이었다. 동독 지역에서는 공산주의 이데올로기를 강화하는 차원에
서 '파시즘으로부터의 해방'이라는 해석이 일찍부터 자리를 잡았다.
물론 그것은 또 다른 정치 억압의 도구에 불과했다. 서독 지역에서
는 사정이 또 달랐다. 패배, 항복, 파국, 몰락 등의 단어가 한동안 대
다수 서독 사람들의 감정을 지배했다. 그들은 5월 8일을 '해방'의 날
로 느끼지 못했다. 종전에 안도했지만 해방이라는 말을 받아들이기
에는 일렀다. 나치 지도부는 궤멸되었지만, 나치가 심어놓은 민족주
의 자의식이 오래갔기 때문이다. 여타 유럽인들이 향유했던 승전의

1945년 5월 8일 해방을 축하하는 파리 시민들.

환희를 공유하기에는 독일인들의 발 앞에 놓인 폐허 더미가 너무 높
았고 패전의 굴욕이 훨씬 컸기 때문이다. 점령과 재판, 포로와 추방,
곤궁과 불안은 자신들이 저지른 야만과 파괴를 대면하기 어렵게 만
들었다. 독일인들은 가해자 죄의식은커녕 오롯이 '피해자' 정체성을
키웠다. 전쟁과 학살에 대한 '집단 범죄'나 '민족의 책임'은 거부되었
다. 전후 연합국을 중심으로 나치 전범과 폭력 가해자들에 대한 재
판이 이루어졌고, 일부 전범들은 수감돼 처형되었다. 하지만 이것이
곧장 포괄적이고 근본적인 '과거사 정리'로 발전하지는 못했다. 전
범을 비롯한 가해(가담)자들과 방관자들은 정당화와 변명을 일삼았
고, 독일 사회는 파국을 일부 나치 지도자들의 책임 탓으로 돌리며
정상화의 길에 뛰어들었다.

　1960년대 나치 전범재판의 정치적 반향과 1970년대 홀로코스트
범죄에 대한 정치적·학문적 대결 과정에서 비로소 인식의 전환이

1985년 5월 8일 종전 40주년 기념 연설을 하는 서독 대통령 리하르트 폰 바이츠제커.

확산되었다. 그 후 서독 사회에서 나치 범죄에 대한 단죄와 자국사에 대한 비판이 강도 높게 진행되었다.

1985년 드디어 서독 대통령이던 리하르트 폰 바이츠제커Richard von Weizsäcker는 종전 40주년을 기념하는 연방의회 연설에서 독일인들이 과거사의 "미화와 일방적 이해를 버리고 진실과 대면해야" 한다고 말했다. 특히 그는 1945년 5월 8일을 '패배'가 아니라 '해방'으로 인식하는 패러다임의 전환이 필요하다고 역설했다. 그는 나치가 이웃 유럽인들만이 아니라 독일인들에게도 폭력을 사용해 지배했음을 밝히며 나치에 의해 희생당한 집단들을 일일이 언급했다. 그리고 바이츠제커 대통령은 나치의 폭력 지배와 살상이 발생했을 때 독일인들이 그 사실을 알면서도 방관했음을 지적했다. 그리하여 연설은 독일인의 과거사에 대한 정치적 책임을 환기하고 "5월 8일은 독일사의 종말이 아니라 새로운 시작을 의미한다"라고 강조하며 끝났다.

바이츠제커 대통령의 '해방' 연설은 독일인들의 역사의식이 변화하는 데 중요한 계기가 되었을 뿐 아니라, 독일의 과거사 정리 작업에 큰 힘이 되었고, 그 후 10여 년 동안 독일 사회가 나아가는 길에 이정표가 되었다.

침묵의 현대사—연합군의 독일 여성 성폭력

이제 돌아보면, 바이츠제커의 연설은 한계가 뚜렷하다. 먼저 그는 가해자를 히틀러와 나치 지도부로 한정했다. 당 하부 조직과 군대, 경찰을 비롯한 다양한 가해자 집단들의 범죄 연루를 배제했다. 또 다른 문제는 그 '해방' 서사가 1945년 5월 8일을 '해방'으로 기억할 수 없는 독일인 피해자 집단을 포괄할 수 없다는 점이다. 그렇기에 2015년 기준 전후 70년을 넘기며 독일에서는 '5월 8일'의 복합적 성격에 주목하는 논의가 성황을 이루었다. 가장 의미 있는 것은 1945년 5월 점령군으로 들어온 연합국 군인들에게 성폭행당한 독일 여성들에 대한 주목이었다.

소련군이 전후 점령지 독일에서 수많은 독일 여성을 성폭행했다는 것은 이미 잘 알려진 사실이었다. 하지만 누구도 본격적으로 연구하지 못했다. 자칫하면 나치 범죄를 희석하고 독일을 전범 가해 국가가 아니라, 희생자 국가로 포장해 극우세력에게 좋은 미끼를 던질 것을 우려했기 때문이다. 다행히 그동안 철저하게 이루어진 나치 범죄 과거사 정리는 독일 학계로 하여금 더 다양한 역사의 희생자들에게 주목하도록 기회를 제공했다.

영화 〈베를린의 여인〉의 한 장면. 이 영화는 익명의 저자가 쓴 동명의 책을 원작으로 한 것이다. 2차 세계대전이 끝난 뒤 베를린을 점령한 소련군에게 성폭행을 당하고, 생존을 위해 성매매에 나서야 했던 독일 여성의 비참한 경험을 담았다.

2015년 3월 『군인들이 도착했을 때: 2차 세계대전 말기 독일 여성의 강간』Als die Soldaten kamen: Die Vergewaltigung deutscher Frauen am Ende des Zweiten Weltkriegs을 출간한 미리암 게브하르트Miriam Gebhardt에 따르면, 1945년을 전후해 점령지 독일에서 연합국 군인에게 성폭행당한 독일 여성의 수는 최소 86만 명에 달한다. 길거리에서 납치되어 성폭행을 당하는 일이 많았지만 집 안에 침입해 남자들을 쫓아낸 뒤 또는 심지어 가족이 있는 가운데 성폭행하는 경우도 적지 않았다. 연합국 군인은 독일 여성을 일종의 전리품으로 간주했다.

그런데 정작 이 연구가 충격적이었던 것은 기존에 알려진 소련군의 성폭행 사례를 넘어 독일 전역, 특히 미군 점령지에서 일어난 미군의 성폭행 사례를 소상히 밝혔기 때문이다. 먼저 이 연구는 소련군에게 성폭행당한 여성의 수를 50만 명에 그친 것으로 낮게 잡았다. 앞선 연구들은 소련군에 의한 성폭행 피해 여성의 수를 200만 명으로 잡기도 했기에, 연구와 검토가 더 필요하다. 그리고 게브하르트는 미군에 의한 성폭행 피해 여성의 수를 19만 명으로 제시했다. 이 숫자는 1950년대 중반에 등록된 미군의 사생아가 약 3만 7000명이라는 사실에 근거한 것이다. 경험 연구에 따르면, 강간을 통해 아기가 출생하는 비율은 5분의 1이기에 실제 강간 피해 여성이 19만 명 정도 될 것으로 산정되었다. 미군 점령 사령부는 독일인과의 '친교'를 금지했지만, '대화를 나누지 않는 성관계'는 친교에 해당하지 않았다.

게브하르트는 사료 연구에 기초해 여러 사례를 소개했는데, 그 내용이 충격적이다. 미군 점령지의 일부 지역, 이를테면 뮌헨 근교 무스부르크라는 마을에서 독일 주민들은 미군을 위해 문 앞에 주거인의 나이와 성별을 적어두도록 명령을 받았다. 그 마을의 목사는 정기적으로 강간 피해 여성을 병원에 실어다주거나 도피처를 제공해야만 했다. 미군 당국은 강간 사건이 공개되어 지역 사회에서 원성이 높아지면 주로 흑인 미군 탓으로 돌렸다. 미군 내 인종주의는 성폭행 가해자들에 대한 차별로 이어져 백인 미군의 경우 군사법정에 서는 일은 거의 없었다. 물론 성폭행 혐의로 군사법정에 서게 된 흑인 미군들도 한결같이 독일 여성이 거부하지 않았다고 발뺌했다. 프랑스군의 점령지인 남독일 지역에서도 소련군 점령지 못지않게 강간이 횡행했다. 물론 여기서도 백인 프랑스인보다는 북아프리카 출신 프랑스 군인, 이를테면 모로코-프랑스 군인들이 주로 가해자였다는 식의 인종적 편견이 지배했다. 게브하르트는 프랑스 군인에 의한 성폭력 피해자 수를 대략 5만 명으로 잡았다. 영국군도 예외는 아니었다. 다만 프랑스에 비해 네 배나 큰 지역을 점령했고 더 많은 수의 군인들이 주둔했음에도 성폭

독일 라이프치히에 주둔한 소련군들이 길거리에서 독일 여성을 붙잡는 모습.

력 피해자가 4만 5000명밖에 되지 않았으니 그나마 다행(?)이라 말하며 신화로 굳어진 '영국군의 훌륭한 군사 기율'을 인정해주어야 할까? 1945년과 1946년, 심지어 1955년까지 전승국 점령 군인들의 다수는 나치 독일에 대한 복수를 내세워 독일 여성들의 개별 몸을 유린했다. 남성 군인들은 승리의 역사적 순간을 성폭력의 사적 공간으로 바꾸어버렸다. 전쟁이 끝나며 평화가 왔는데, 그것은 강간의 아수라장이었다. 전쟁도 '남성의 얼굴', 전후 점령도 '남성의 얼굴'이었다.

피해 여성들은 대부분 가족을 지키기 위해 또는 살아남기 위해 피해 사실을 적극적으로 알리지 못했다. 게다가 독일 사회는 연합국 군인들의 성폭력 범죄를 문제로 삼거나 그것에 대항할 조직적 힘을 갖추지 못했다. 피해 여성들에게 1945년 5월 8일이 '해방'이 아니었

음은 당연하다. '해방군'에게 당한 폭력 경험은 그 '해방'의 큰 역사적 의미에 묻혀 갈 곳을 잃었다. 아울러 그 폭력은 자칫 극우 정치집단의 선전 이데올로기에 악용될 수 있었기에 역사가나 정치가들에게도 사실상 금기 사항이었다. 동독 지역은 소련의 지배가 관철되었고 서독 지역은 미국의 영향이 압도적이었기에 독일 여성 강간 피해는 동·서독 양쪽에서 모두 잊힌 역사가 되었다.

서독 지역에서는 '민주주의' 국가인 세 전승국 군인의 성폭력을 문제 삼으면 곧장 나치 범죄를 정당화하고 오히려 해방군을 비난하는 것으로 여겨져 철저히 망각되었다. 다만 소련군의 성폭력만을 부각해 반공주의의 도구로 활용했을 뿐이다. 물론 동독 지역에서도 소련군의 강간 범죄는 공적으로 발화할 수 없는 금기 사항이었다. 소설이나 신문이 간혹 그것을 다루면 곧장 동독 정부가 기사와 문구 삭제를 요구했고 발화자들은 탄압받았다. 서독에서든 동독에서든 폭력 피해 여성들은 자신의 고통과 트라우마를 말하지 못한 채 전후 전범국가 독일의 '정상화'를 위해 '사적 불행'으로 여기며 감내해야 했다.

세티프 학살—새로운 폭력의 시작

현대사에서 1945년 5월 8일을 해방의 찬연한 환희나 자유의 새로운 출발로만 기억할 수 없는 또 다른 이유는 바로 세티프에 있다. 알제리 북부의 교통 요지였던 세티프와 인근 지역 주민 1만여 명이 5월 8일 아침부터 형형한 눈빛으로 모여들었다. 그들은 이미 격앙되

1945년 5월 8일 종전을 독립 요구로 확장하고자 한 알제리 세티프 주민들. 그러나 알제리인들에게 종전은 '해방'이 아니라 학살의 시작이었다.

어 있었다. 일주일 전인 5월 1일 노동절 집회에서 알제리인들은 민족독립운동을 이끌던 비합법 조직 알제리인민당Parti du Peuple Algérien의 지도자 메살리 하디Messali Hadj의 석방을 요구하며 시위를 벌였다. 알제리인들은 1830년부터 시작된 프랑스의 식민화에 맞서 드디어 독립과 자유를 쟁취할 기회가 왔다고 생각했다. 1차 세계대전과 마찬가지로 2차 세계대전에서도 알제리 출신 군인들은 프랑스의 깃발 아래서 독일에 맞서 싸웠다. 1944년 기준으로 프랑스군에 동원된 알제리 군인의 수는 13만 명에 달했고, 그중 1만 1000명 이상이 프랑스 해방을 위해 목숨을 잃었다. 결국 5월 1일 세티프의 알제리인들은 독립 또는 최소한의 자치를 공개적으로 요구했다. 하지만 식민 통치자인 프랑스 경찰은 폭력적인 진압으로 응수했고, 여러 명의 사상자가 발생했다.

5월 8일 프랑스인과 유럽인들이 나치에 대한 승리를 만끽하던 바로 그날 알제리인들은 2차 세계대전 종결을 자신들의 역사로 갖고 싶었다. 그들은 집회와 시위를 통해 반파시즘 전쟁의 종결이 프랑스 식민 억압의 종결로 이어져야 한다고 외쳤다. "알제리를 아랍인들에게 돌려달라!" 그들은 처음으로 붉은 별과 반달 모양의 알제리 깃발을 높이 들고 프랑스인들의 거주지로 행진했다. 프랑스 무장 경찰 20명이 시위를 해산하려고 다시 폭력을 행사했고 사태는 걷잡을 수 없었다. 그날 하루에만 알제리인들에 의해 28명의 프랑스인이 살해되었고 48명이 상해를 입었다. 그 뒤 일주일 동안 세티프의 이슬람계 주민 시위대는 프랑스인 주거지를 돌아다니며 100여 명의 유럽인을 살해했다.

긴급히 재무장한 프랑스인들은 더 참혹하게 복수했다. 프랑스군과 지역 자위대는 알제리인 거주 마을에 수류탄과 박격포를 무차별적으로 퍼부었다. 주검은 불태워졌고 시위에 가담하거나 저항의지를 드러낸 알제리 주민들은 처참하게 고문당했다. 프랑스인들의 알제리인 사냥은 5월 22일까지 계속되었다. 살아남은 알제리 주민들은 프랑스 깃발 아래 무릎을 꿇고 "우리는 개"라고 외쳐야 했다. 프랑스인들이 강요한 굴욕의 세리머니였다. 151명은 재판에 회부되어 사형선고를 받았고, 그중 28명은 교살되었다. 알제리의 프랑스인들은 이것을 '해방작전'이라 불렀다. 아직까지도 그날 얼마나 많은 알제리인들이 살해되었는지를 둘러싸고 의견이 분분하다. 대략 1만 5000명에서 많게는 4만 5000명의 알제리 주민이 프랑스인들의 손에 죽었다.

알제리인들에게 1945년 5월은 해방이 아니라 새로운 폭력의 시

1945년 5월 프랑스군과 지역 자위대는 알제리 세티프에서 약 1만 5000~4만 5000명가량의 주민을 학살했다.

작일 뿐이었다. 프랑스는 그 사건을 빌미로 식민통치를 강화했다. 애초 학살의 발단은 프랑스가 2차 세계대전 중에 알제리인들에게 제시한 약속, 즉 연합군의 북아프리카 작전에 참여하면 해방으로 보상하겠다는 약속을 지키지 않은 것이었다. 아프리카 상륙작전이 성공적으로 끝나고 1944년 6월 파리가 나치 독일로부터 해방되었음에도 프랑스는 알제리인들에게 그 약속을 지키지 않았다. 알제리인들의 희망과 기대는 절망과 분노로 바뀌었다. 알제리인들 대다수가 그 감정을 공유했지만, 다른 지역에 비해 정치적으로 훨씬 깨어 있던 세티프 지역 주민들의 분노가 1945년 5월 1일의 폭력 피해를 계기로 행동으로 표출될 만큼 극도로 고조되었다. 1945년 5월의 세티프 학살은 알제리인들의 기억에 깊은 그림자를 드리우고 트라우마를 남겼다. 이 세티프 학살이 1954년 알제리민족해방전선의 결성을 촉진했고, 그 뒤 8년 동안 결사항전의 원초적 기억이자 정신적 동력이 되었다. 영화 〈알제리 전투〉가 잘 보여주듯이, 1962년 알제리가

영화 〈알제리 전투〉의 한 장면. 이 영화는 알제리민족해방전선의 격렬한 투쟁을 보여준다. 프랑스의
세티프 학살은 알제리인들에게 깊은 상흔을 남겼는데, 이것은 1954년 알제리민족해방전선의 결성을
촉진하여 프랑스에 대한 결사항전의 정신적 동력이 되었다.

독립할 때까지 프랑스는 수십만 명의 무장병력을 알제리에 파견해
고문과 살해, 성폭행을 일삼았다.

　그렇게 역사는 뒤틀리고, 기억은 충돌한다. 1945년 5월은 알제
리인들에게 '해방'의 시간이 아니라 오히려 학살의 나날들이었다.
1945년 5월 프랑스는 반파시즘 전쟁의 승리를 축하하며 춤을 추었
지만 동시에 식민지에서는 해방 요구를 짓밟으며 피로 강을 만들었
다. 그 '해방'의 날에 자행된 연합국의 일원 프랑스의 세티프 학살은
프랑스인들뿐만 아니라 유럽인과 미국인들의 기억에도 마땅한 자리
가 없었다.

　1962년까지 지속된 알제리의 민족해방 투쟁에서 서독과 미국 등

은 프랑스를 지원했고 식민지인들의 고통에는 어떤 관심도 갖지 않았다. 그들의 손에서 역사는 손쉽게 정리되었고 머릿속에서 불편한 기억은 사라졌다. '해방자'는 자기 신화를 만들었고 또 다른 '해방'의 요구를 시궁창에 집어던졌다. 1945년 5월 세계는 다시 갈렸는데, 흔히 생각하는 이데올로기적 냉전 대결이 아니었다. 식민지 해방투쟁이 여전히 끝나지 않았던 것이다. 따라서 1945년 5월에 대한 기억투쟁도 끝나지 않았다. 비록 최근 프랑스와 유럽이 2차 세계대전에 참전한 50만 명의 아프리카인들의 공헌을 평가하기 시작했지만, 세티프 학살을 기억하는 사람은 여전히 소수에 불과하다.

이질적인 경험과 기억이 만날 때

유럽 현대사에서 1945년 5월은 자유와 해방, 귀향과 해후의 시간이었다. 다른 한편 점령과 병합, 강간과 학살, 추방과 억압의 시간이기도 했다. 그 이질적인 역사와 기억을 조심스럽게 다루어야 한다. 한편의 웅대한 역사를 내세워 고통스러운 기억을 묵살하거나, 파괴적 역사를 빌미로 일정한 성취에 대한 기억을 상대화하는 것 모두 불편하다.

종전 이후 70년이 지났다. 세계는 더욱 밀접해지고 삶은 빠르게 뒤섞인다. 긴밀히 연결된 '하나의 세계' 속에서 이질적인 기억과 낯선 경험을 더 자주 만난다. 그럴 때 필요한 것은 일방적인 역사 인식으로 타자의 기억을 누르며 '통합'을 내거는 게 아니다. 같은 날 기쁨을 분출한 사람들과 슬픔을 짓눌러야 했던 사람들 사이에 소통과 공감을 가능하게 하는 방법을 찾아야 한다. 이때 필요한 것은 기억들을 마구 충돌시켜 상대화하거나 주변화하는 것이 아니다. 그 기억과 역사들의 근간에 놓여 있는 공통된 역사의 끈을 자각해야 한다. 기억과 역사의식의 통합을 내세워 타자의 기억을 배제하거나 역사적 진실(들)을 외면하지 않아야 한다.

동시에 개별 인간들의 구체적 경험을 집단적 역사의식의 획일화로 밀어내서도 안 된다. 개별 인간들의 몸과 마음에 짙게 새겨진 폭력 경험과 고통 및 불안과 분노를 집단적 역사 서사만으로는 헤아릴 수 없기 때문이다. 전쟁과 폭력은 일시적으로 승자와 패자를 낳지만 모두에게 혼돈과 무책임, 신뢰 상실의 문을 연다. '해방'의 장대한 서사를 다듬을 게 아니라 그 안에 갇혀버린 기억과 경험을 역사가 더 풀어놓아야 한다.

1968 청년봉기
— '장기 60년대'로 이해하기

'반란이냐'라는 물음에 '혁명'이라고 답했지만

"요즘 늙은것들은 버릇이 없다." 고대 그리스의 소크라테스와 중국의 한비자, 심지어 수메르의 점토판이 남긴 청년들에 대한 한탄을 한 번은 뒤집어야 진실에 한 발짝 더 다가설 수 있다. 청년들은 '언제나'는 아니지만 자주 기성세대와 기존 사회질서에 몸서리쳤다. 나이는 성찰의 무게를 감당하지 못한 채 권위의 뼈다귀만 남겼고, 전통은 경험 축적의 지혜로 거름이 되지 못한 채 폐습의 악취만 풍겼기 때문이다. 1968년이 조금 달랐다면, '요즘 늙은것들은 버릇이 없다'라고 생각했던 청년들이 세계 도처에, 그리고 동시에 존재했다는 사실이다. 당시 지구촌 곳곳의 청년들은 '늙은것들의 버르장머리를 고쳐놓을' 심산이었다. 1968년 세계 각 지역의 청년들은 언어와 외양이 달라도 순식간에 통했고, 작은 몸짓도 금세 따라 했다. "반란이냐?"라는 구체제의 물음에 그들은 "혁명!"이라고 답했다.

물론 말을 옮기고 돌을 던지던 투사들이 '혁명'이라고 외쳤다고 해서, 곧장 그 사건이 혁명이 되는 건 아니다. 1968년의 청년 저항은 오랫동안 '68혁명'이나 '68(학생)운동'이라고 불렸다. '68혁명'이란 정명은 상황을 오해하게 한다. 혁명 주체인 청년들이 낡은 질서를 무너뜨리고 정치권력을 장악한 것도 아니고, 그들의 급진적인 요구와 변혁 강령이 그 후에 구현된 것도 아니었기 때문이다. 오히려 곧 "질서가 지배했다." 그렇다고 해서 기성체제에 대한 저항의 급진적 성격과 사회적 특징을 지워버린 채 그저 '운동'이라고 부르는 것도 충분하지는 않다. 대학생들이 이 저항을 이끌었지만, 청소년들과 청년 노동자들의 참여가 상당했기에, '청년봉기'라는 규정이 그나마 1968년의 성격에 가장 근접해 보인다. 무엇보다 가장 인상적이었던 건 새로운 정치적 급진 세대의 등장이었기 때문이다.

기성질서에 도전하는 청년세대

독일 철학자 카를 만하임Karl Mannheim의 말대로, 세대는 객관적 조건인 세대 상황 외에 집단의식과 소속감정 및 행위양식에서 비롯된다. 세대는 그저 같은 연령 집단을 일컫는 것이 아니라, 주체적 자기 인지와 차별화의 결과물이다. 집단의식과 소속감정은 다른 세대와의 차이를 의식하면서 커가고, 집단적 행위양식은 그 차별화 과정의 결과이면서 동시에 원인이다. 1968년 세계의 여러 지역 청년들은 두 기성세대들, 즉 1차 세계대전 체험 세대와 '45세대'와의 차이를 의식하며 거리를 두었다. 1차 세계대전 체험 세대의 엘리트들은 전후 질서를 주조했고 노인정치의 주역이었다. 1920년대 초반에서 1930년대 초반 사이에 출생한 '45세대'는 청(소)년기에 파시즘과 2차 세계대전을 경험했지만 전후 안정과 번영을 만끽하며 장년을 맞이했다. 그들은 앞 세대가 주도했던 전후 국민국가 재건과 새로운 사회질서 창출에 동참했기에 이전 세대에게 불만이 있더라도 갈등을 피했다.

반면 68세대는 대략 1940년대에 출생한 이들로서 1960년대인 청년기에 급진적 정치화를 경험한 연령 집단이다. 유럽에서 앞의 두 세대는 전후 사회의 외형적 민주화와 물질적 복리에 만족했으나, 이 청년세대는 달랐다. 양차 세계대전과 파시즘의 광포함으로 인해 지체되고 망각되었던 오래된 민주화 과제, 냉전이 낳은 새로운 정치 문제와 문화적 질곡이 만만치 않았기 때문이다. 전후 재건 과정에서 권위주의적 관료 국가와 위압적인 대학 행정, 반공주의에 기초한 냉전 의식과 불관용의 정치문화, 가부장적인 가족 내 위계질서, 억압된 성性과 소통, 위선적인 기성사회의 도덕, 물신주의적 가치와 물질주의의 오만 등은 1960년대 전반에 이미 다양한 신좌파 사상으로 무장한 새로운 급진 청년들에게 그 자체로 '역겨운' 것이었다. 그들은 "서른 살이 넘은 사람은 누구도 믿지 말라!"고 외치며 기성사회에 강한 불만을 표출했다. "상상력에 권력을!"이라는 구호는 대안적 삶에 대한 갈망이면서, 동시에 기존 질서에 대한 완강한 거부였다. 심지어 "같은 사람과 두 번 자는 사람은 이미 기성체제에 속한다"라며 자유연애와 성적 해방을 실험하기도 했다. 전쟁과 억압을 일삼고는 자유니 문명이니 으스대기보다는 차라리 자유롭게 사랑하고 자기 삶의 본능에 충실하라는 도발이었다. 요컨대 68세대는 단순히 새로운 정치체제나 사회제도의 변화만을 주장한 것이 아니라 기존 삶의 양식과 태도와 가치에 도전했으며, 모든 종류의 순응주의를 용납하지 않았다.

'세대'는 청년기의 강렬한 사회적 대면과 정치적 사회화만으로

1968년 거리를 뒤덮은 청년들은 단순히 새로운 정치체제나 사회제도의 변화만을 주장한 것이 아니라 기존 삶의 양식과 태도와 가치에 도전했다.

온전히 지속되지 않는다. 청년 시기 이후에도 계속 집단적으로 자기 삶을 해석하고 의미를 찾는 '공동체화' 과정이 필요하다. 그런 점에서 68세대는 독특하다. 그들은 인류 역사상 자기 자신에 대해 가장 많이 '말한' 세대다. 그들은 이미 1970년대 중반부터 지금까지 몇 수레는 족히 됨직한 분량의 자서전과 집단 전기, 연구서들을 발간했다. 그러한 것은 한편으로 68세대의 일부가 과거의 빛나는 '영웅적 시간'을 내세워 기억투쟁을 수행하면서 정치권력과 사회적 지위를 낚아채기 위해서였으리라. 한국의 '86세대' 엘리트들과 마찬가지로, 서구 68세대에도 일찍부터 성공과 명성에 눈뜬 출세주의자들, 손쉽게 말을 갈아탄 변절자들, 권력과 지위를 노리며 두리번거리는 기회주의자들이 적지 않았다. 다른 한편으로 68세대는 새로운 삶의 방식을 모색했기에, 소규모 공동체를 실험하며 계속 자기 삶의 모색에 대해 얘기하지 않을 수 없었다. 이를 통해 그들은 '68정신'의 의미를 묻고 실천했다. 명망가들보다는, 이들이야말로 세대 형성과 재형성의 주체다. 그들의 경험과 기억에서 '68'은 무슨 섬광 같은 혁명의 시간이 아니라 일상문화의 변화를 가져온 한 계기였다.

지구적 급진화와 베트남전쟁 반대

1968년의 세계 격변은 지구적 차원의 저항이었다. 1960년대의 혁명적 사건들은 일국의 경계를 훌쩍 뛰어넘었다. 한 국가와 지역의 혁명적 사건들이 다른 국가와 지역에 직접 영향을 미치고, 다시 역으로 영향을 받는 연쇄작용이자 상승 과정이었다. 1950년대 후반부터 쿠바와 알제리와 베트남, 앙골라와 모잠비크, 이집트와 터키를 비롯해 아시아와 아프리카와 중남미의 여러 지역에서는 반제국주의 투쟁과 저항운동이 거셌다. 그 위세는 1968년에도 여전했다. 1950년대 후반과 1960년대 제3세계의 혁명투쟁과 저항운동이 없었다면 유럽과 미국에서 청년봉기가 일어나지 못했을 것이다.

서구 청년들이 피델 카스트로와 체 게바라와 호찌민을 '거인'으로 맞이한 건 혁명적 이상주의 때문만은 아니었다. 제3세계의 처절한 투쟁을 통해 서구 청년들은 제1세계와 제3세계 사이의 불평등한 억압과 종속관계에 눈을 뜨고, 도덕적 책무를 자각했기 때문이다. 자신들이 발 딛고 있는 세계가 무언가 근본적으로 잘못돼 있다는 생각이 퍼져나갔다. 그 지구적 급진화가 1968년에 정점에 달했다. 유

1968년 2월 서베를린 시내에서 열린 베트남전쟁 반대시위. 서구 청년들은 제1세계와 제3세계 사이의 불평등한 억압과 종속관계에 눈을 떴다. 사진집 『1968』.

럽과 미국의 청년들을 가장 화나게 만든 건 제1세계의 무모한 침략전쟁이었고, 그들을 가장 들뜨게 한 건 제3세계의 혁명과 그 지도자들이었다. 특히 베트남전쟁 반대 투쟁은 다양한 국가들의 청년들을 하나로 묶는 결정적 주제였다. 청년들은 유럽(냉전)과 비유럽(열전)이 분리된 것이 아니라 '국제적 계급투쟁'으로 연결되어 있으며, 베트남 민중의 승리는 유럽과 미국에서의 계급투쟁을 위하여 결정적으로 중요하다고 보았다. 1968년 2월 17일과 18일 루디 두치케Rudi Dutschke를 비롯한 서베를린의 대학생들은 국제베트남회의를 열어 미국의 베트남전쟁을 성토했고 "호, 호, 호찌민!"이라는 구호를 외치며 시가행진을 벌였다. 집회에 모인 유럽 전역의 학생 투사들과 제3

3장 1968 청년봉기

1968년 2월 서베를린의 대학생들이 주도한 국제베트남회의는 미국의 베트남전쟁을 강력하게 성토했다.

1968년 5월 13일 베를린자유대학교 대강당에서 열린 토론회.
책상 가운데 앉아 있는 이가 '68'에 큰 영향을 끼친 사회철학자 헤르베르트 마르쿠제다. 사진집『1968』.

세계 청년 대표들은 베트남에서 "제국주의 전쟁을 끝내려면 항의를 저항으로 전환"해야 한다고 결의했다. 3월 17일 파키스탄 출신의 영국 학생운동 지도자 타리크 알리Tariq Ali는 런던에서 베트남전쟁 반대시위를 조직했다. 유럽과 미국의 학생들은 직접 북베트남을 방문해 반전 결의를 다지기도 했다. 서구 사회만이 아니라 동유럽, 특히 체코슬로바키아와 유고슬라비아의 청년들도 지배 체제에 맞서 인간적이고 민주적인 사회 변화를 요구했다.

대학생들이 가장 민감하게 느낀 고통은 대학 행정당국의 권위주의와 비민주성이었다. 유럽과 미국의 대학은 1960년대 초 급격히 늘어난 학생들을 감당하지 못했다. 강의와 수업도 급진 학생들의 비판적인 지적 관심을 반영하지 못했다. 교수와 대학 직원들은 권위와 효율을 내세워 학생들을 통제하기에 바빴다. 그렇기에 대학생들은 직접 나서서 '대안 대학'이나 '비판 대학'이란 이름으로 새로운 지적 실험과 문화적 전환을 전개했다. 특히 런던과 베를린, 프랑크푸르트의 대학생들은 강의와 학과 운영에서도 일방적 통제와 권위 구조를 깨고 동등한 참여권을 정착시키고자 노력했다.

'68'의 성취와 한계

1968년은 유독 5월에 가장 빛났고, 그것은 '파리의 시간'이었다. 독일 출신 유대계 학생인 다니엘 콘-벤디트Daniel Cohn-Bendit를 중심으로 한 학생들의 시위에 파리 경찰은 폭력으로 대응했다. 학생들은 돌을 던지며 맞섰고, 5월 10일 거리에 바리케이드를 쳤다. 경찰과 학생 시위대 사이에 '무자비한 전투'가 진행되자 노동자들이 총파업을 통해 학생들을 지지하고 나섰다. 역사상 최대 규모의 파업이었고 프랑스의 지배질서는 마비될 듯했다. 6월에는 이탈리아에서 학생들이 투쟁의 파고를 높였고, 프랑스를 본받아 학생노동자연합을 결성했다. 하지만 학생운동 내부의 분열, 노동자 조직의 배반과 지지 감소, 그리고 국가권력의 새로운 공세로 인해 프랑스와 이탈리아 모두에서 투쟁의 파고는 차츰 가라앉았다. 1969년 초까지도 시위와 점거가 이어졌지만 투쟁의 불꽃은 더 활활 타오르지 못했다.

1968년 청년봉기가 초국가적인 보편적 배경과 지구적 성격을 지녔다고 해서 국가별 특수한 조건과 고유한 쟁점이 없진 않았다. 미국의 청년봉기에서는 베트남전쟁 외에도 자유언론운동과 흑인민권 투쟁이 항상 중요한 주제였고, 프랑스에서는 권위주의적 드골 체제에 대한 저항이 출발점이었다. 서독 청년들은 홀로코스트(유대인 학살)라는 과거사 범죄에 대한 기성세대의 침묵을 참지 못했다. 이를테면 1966년 말 나치 전력자인 쿠르트 게오르크 키징거Kurt Georg Kiesinger가 연방 총리로 지명되었을 때, 청년들의 저항은 격렬한 방식을 띠었다. 당시 나치 과거의 유산을 추적해가고 있던 여성 언론인 베아테 클라르스펠트Beate Klarsfeld는 1968년 11월 6일 집권당인 기독민주연합CDU(기민련)의 전당대회에서 단상에 앉아 있던 키징거 총리의 뺨을 때리며 "나치! 꺼져버려"라고 외쳤다. 20대 후반의 무명 여성이 남성 최고 권력자의 뺨을 후려친 이 사건은 '68정신'의 실재를 보여주는 것으로, 기성세대에 대한 청년세대의 환멸을 표현하기에 충분했다.

1968년이 지나자 청년들은 혁명의 열기를 계속 유지하지 못했

1968년 5월 학생-노동자와 경찰 사이에 벌어진 치열한 '바리케이드 전투'로 거리에 파괴된 차량이 늘어서 있다.

1968년 프랑스 노동자들은 역사상 최대 규모의 총파업을 벌여 시위에 나선 학생들을 적극적으로 지지했다.

1968년 11월 6일 기독민주연합 전당대회 현장에서 20대 여성 언론인 베아테 클라르스펠트가 갑자기 단상에 뛰어들어 쿠르트 키징거 총리(얼굴 감싸쥔 사람)의 뺨을 때린 뒤에 당 관계자들의 제지를 받고 있다. 클라르스펠트는 "나치! 꺼져버려!"라고 외쳤는데, 키징거가 나치 정권 시절 괴벨스 선전장관 밑에서 주도적으로 일한 경력 때문이었다. 사진집 『1968』.

다. 저항을 주도했던 학생운동 조직은 이념투쟁을 겪으며 내분을 거듭하고 분화됐다. 일부는 억압적인 국가와 기만적인 사회 및 속물적인 대중과 도저히 화해할 수 없었다. 1970년대 독일(적군파)과 이탈리아(붉은 여단)의 테러리스트들은 스스로 고립의 길을 걸어갔다. 극좌 테러리스트는 대다수 68세대에게 딜레마였다. 그들은 테러 행위와 테러를 통한 사회전복 전략에 동조할 수 없었지만, 기성체제와 보수 언론이 테러 조직을 악마화하면서 68정신을 모독하는 것을 마냥 감내할 수도 없었다. 그나마 1970년대 유럽 곳곳에서 정치 민주화가 확대되고 일상문화에서도 혁신이 일어난 것은 그들에게 위로가 되었다.

68세대가 창립하고 주도한 시민단체는 급격히 늘어났으며, '신

'68정신'은 1970년대 유럽 곳곳에서 정치 민주화를 확대시키고 일상문화를 혁신하는 데 기여했다. 사진집 『1968』.

사회운동'이란 이름으로 불렸다. 68세대의 정당정치 참여와 권력 분점으로 권위주의 정치문화도 꽤 변했다. 특히 68세대가 가장 많이 진입한 교육과 문화 영역에서 인상적인 변화가 나타났다. 대학 행정과 운영에 학생들의 참여가 보장됐고, 교수와 학생 간의 관계도 개선됐다. 대안 생활공동체와 하위문화도 융성했다. 다만 '68'을 '성공한 문화혁명'으로 높이는 것은 조심스럽다. '정치적으로는 실패했지만 문화적으로는 성공했다'는 식의 평가는 학문적 연구와 논의에 기초하지 않았다. 그러한 평가는 애초 68세대 일부가 집단 결집을 유지하고 자신들의 삶에 긍정적인 의미를 부여하기 위해 창안한 슬로건에 불과했다. 정치와 일상문화를 서로 떨어진 것인 양 둘로 나누는 접근이야말로 68세대가 극복하려고 했던 인식 태도였기 때문이다. 68세대는 정치든 일상이든 삶의 영역에서 대부분 실패했지만 동시에 의미 있는 성취를 이루어내기도 했다.

'장기 60년대'의 의미와 기억

────────────

그로부터 50년이 지났다. 2018년 벽두부터 유럽 대륙 곳곳에선 '68'을 기억하는 마당이 활짝 열렸다. 1968년 청년봉기는 어느새 역사 전시를 통한 공적 기억의 대상이자 문화 전승의 주제가 됐다. 유럽과 미국에는 2017년 하반기부터 1968년 청년봉기를 주제로 한 전시가 여러 지역에서 잇달아 열렸다. 크고 작은 역사박물관과 전시관 행사를 다 합치면 2018년에 대략 30개가 넘는 '1968' 기획전시가 열렸다.

흥미로운 점은 우리가 익히 알고 있는 1968년 청년봉기의 거점 도시인 파리와 베를린만이 아니라 그동안 '68'과 관련해 잘 알려지지 않았던 도시들도 '68'의 현재화에 참여하고 있다는 사실이다. 이를테면 독일에서만 해도 슈투트가르트, 브레멘, 뮌스터, 카를스루에, 뉘른베르크 시의 박물관들이 '1968' 특별전시를 마련했다. 스위스의 수도 베른에 있는 역사박물관도 2017년 11월 중순부터 '1968 스위스'라는 제목으로 흥미로운 기획전시를 열었다. 베른역사박물관의 기획전시는 68세대의 생애사를 부각했고, 유례가 없을 정도로 많은 방문객을 불러모았다.

스위스 베른과 미국의 디트로이트나 독일의 중소 도시들에서 '68'을 기억하는 전시가 열리는 사실 자체가 이미 '68'의 성격을 드러낸다. 1968년 당시 스위스의 경우엔 드골 식의 권위주의 억압이

1968년 여름, 스위스 취리히대학교 학생들의 농성.

나 서독의 긴급조치법 도입 같은 정치적 억압이 존재하지 않았다. 그렇지만 대학 행정의 권위주의나 학생 자치권의 제약, 성적 억압과 문화 욕구의 억제, 동성애자 탄압, 여성 차별 등은 고스란히 스위스 청년들의 비판 대상이 되었다. 그들도 거리에서 베트남전쟁 반대를 외쳤고 롤링스톤스의 록음악을 따라 불렀다. 이 전시들은 위로부터의 직접적인 정치 억압의 유무가 아니라 청년이 있는 곳이라면 어디든 저항의 거점이 되었음을 똑똑히 알린다. 더 많은 자유와 문화 향유에 대한 청년들의 욕망이 넘쳤기 때문이다.

독일 남서부 바덴-뷔르템베르크주 수도 슈투트가르트의 '바덴-뷔르템베르크 역사의 집'Haus der Geschichte Baden-Württemberg은 2017년 12월 22일 '바덴-뷔르템베르크의 60년대'Die 60er Jahre in Baden-Württemberg라는 제목으로 특별전시회를 마련했다. 부제는 밥 딜런이 1964년에 발표한 노래 제목 '시대는 변하기 때문에'The Times They Are a -Changin'(Denn die Zeiten ändern sich)를 그대로 따왔다. 그 전시는 최신 학문 연구 성과에 의거해 일상문화를 부각해 흥미롭고 짜임새 있는 전시를 선보였다.

먼저 지하 1층의 전시관 입구 좌우측의 벽면에는 비틀스와 존 바에즈와 밥 딜런 등의 노래 가사들이 빼곡했다. 사진과 영상과 문서들 외에도 1960년대 바덴-뷔르템베르크주의 청년들이 만들거나 사용했던 여러 유물들, 이를테면 학생들이 던진 돌, 성조기로 만든 십자가, 마오쩌둥 초상화의 일부, 미니스커트와 청바지, 록밴드가 사용한 의자와 악기들이 눈길을 끌었다. 특히 서베를린의 전설적 운동 지도자인 루디 두치케가 그곳 대학생들과 만난 뒤 깜박 잊고 두고 간 낡은 서류 가방은 그 후 그가 겪은 비극적 생애사로 인해 애잔함을 더해주었다.

그 기획전시는 전시 공간의 4면을 7개로 나누어 1960년대의 가장 중요한 세계사 사건을 짧은 다큐 영상으로 연달아 보여준다. 독일 남부 지방의 '68'이 지닌 세계사적 연루와 국제적 맥락의 면모를 부각하기 위한 장치다. 이 전시는 '장기 60년대'라는 역사학의 새로운 시대 규정을 받아들여, 1958년부터 1973년의 석유 파동까지를 포괄했다. 이미 악셀 쉴트Axel Schildt와 데틀레프 지크프리트Detlef Siegfried, 카를 크리스티안 람머스Karl Christian Lammers, 아서 마윅Arthur Marwick, 티머시 브라운Timothy S. Brown 등은 더 이상 '1968'을 특정한 해의 사건으로 보기 어렵다며 장기간의 역동적인 사회 변화와 일상문화의 혁신이 일어난 시기이자 과정으로 볼 것을 권했다. 전시는 이 관점을 수용했다. 물론 이때 '장기 60년대'는 다시 '지구적' 성

2017년 12월 슈투트가르트 '바덴-뷔르템베르크 역사의 집'에서 열린 '바덴-뷔르템베르크의 60년대' 특별전시회.
독일 남부 지방의 '68'이 지닌 세계사적이고 국제적인 연루와 맥락의 면모를 잘 보여준다.

격을 지녔기에, 벽면의 다큐 영상들은 쿠바혁명과 카스트로, 알제리 해방투쟁, 베트남전쟁, 미국 흑인민권운동과 멕시코와 뮌헨의 올림픽, 쿠바 핵위기 및 케네디의 연설 장면, 석유 파동의 충격 등도 동·서독의 역사와 함께 다채롭게 전달한다.

다큐 영상은 1950년대 후반에 시작된 세계사적 변화가 1970년대로 지속됨을 보여주고, 그 속에서 성장한 급진적 청년세대의 분출을 이해하도록 안내한다. 이 전시가 새로운 학문 연구의 성과에 충실했다고 볼 수 있는 두 번째 근거는 일상문화의 부각이다. 약 300개의 전시품은 '장기 60년대'에 청년들이 새롭게 창조하고 수용했던 사회문화의 변화가 무엇인지를 잘 드러낸다. 전시의 세부 주제는 록음악과 정치, 성 도덕의 변화와 젠더 관계, 미니스커트 등 유행의 변화, 서독 긴급조치법과 그에 맞선 저항, 대학 내 갈등 그리고 사적 자유공간과 클럽 문화 등 여섯 가지다. 이것은 '68'이 근본적으로 중앙 정치나 국가권력의 문제만이 아니라 청년들의 삶의 문제였음을 부각한다.

게다가 1960년대 청년들의 새로운 일상문화는 단순히 그 세대의 취미나 기호의 문제가 아니라, 기성세대를 향한 도발과 대결의 도구였다. 이를테면 당시 서베를린에서 록밴드를 이끌었던 볼프강 자이델은 "영어로 노래를 부르는 것만으로도 기성세대가 전쟁에서 다시 한 번 패하도록 만들기에 충분했다"며 일상문화의 저항성을 강조했다. 이 전시는 만하임에서 디제이로 활동했던 클라우스 힐처Klaus Hiltscher를 소개한다. 그는 청소년 시절 프랑스인들과 만나 트위스트 춤을 배운 일을 소개하며 외래문화의 적극적인 자기화를 통해 기성세대와의 거리를 강화했음을 강조한다. 당시 독일 남서부의 청년들은 부모 세대로부터 전승되는 전통문화와 거리를 두고 외국 방송을 접하며 외국 청년들의 저항문화를 빠르게 흡수해 고유한 문화적 소통 코드를 만들었던 것이다.

이 전시는 슈투트가르트, 하이델베르크, 만하임 등에서 다채롭게 등장했던 지역 밴드와 대안공동체를 부각해 저항적인 청년문화가 도처에서 활발히 등장했음을 잘 보여준다. 전시가 그렇게 일상문화에 초점을 맞추니 '68'이 단발적인 '혁명적 사건'이라기보다는 '역동적인 장기 60년대'를 함축하는 상징이라는 것이 너무도 자연스럽다.

물론 2월 베를린의 반전시위, 5월 파리의 바리케이드, 대학생들의 점거와 대안 대학 구상을 기억한다면 1968년을 빛나는 '혁명의 날들'로 기억할 수 있다. 슈투트가르트 역사박물관의 '68' 전시는 이를 배제하지 않았다. 전시는 1968년의 강렬함을 전달한다. 7개의 다큐 영상 화면 중 가장 큰 규모의 것이 정면에 배치되어 있고 1968년(1967년과 함께)의 여러 상황들을 가장 많이 보여주었다. 그렇지만 기성체제와 기성문화의 거부 및 새로운 삶의 실험과 모색에 초점을 맞추면, 청년세대의 경험과 기억에서 1968년은 그렇게 결정적이지 않았다. 일상문화가 변하기 시작한 것은 더 앞선 일이었고 변화의 흐름은 더 오래갔기 때문이다. 삶에 대한 새로운 태도와 생활환경의 변화를 위한 모색은 '장기 60년대' 내내 진행되었다. '장기 60년대'는 1968년의 혁명을 낳은 씨앗이거나 배경이 아니라 오히려 '1968'의 구체적 실재다. 슈투트가르트의 역사 전시가 보여주듯, 1968년은 결정적 전환, 즉 "모든 것을 바꾼 해"가 아니라 1960년대 지역과 국가에 따라 다양하게 진행된 여러 혁명적 분출과 삶의 구체적 변화들을 함축하는 암호였다.

 '68'을 이렇게 '장기 60년대'로 전환하는 해석의 의의는 일시적인 혁명적 분출보다는 일상문화의 해방과 새로운 삶의 모색 노력을 더 부각하는 의미가 있다. 사실 1968년 봉기 때 청년들의 목표는 특정한 정치 강령을 구현하는 전통적인 의미의 사회혁명이나 정치혁명이 아니었다. 그렇다면 1968년 청년봉기는 행동 강령을 지닌 혁명투쟁의 발현이라기보다는 억압에 대한 다양한 분노와 대안 모색의 우발적 연쇄작용이었으며, 아울러 지속적으로 기성 가치와 문화규범에 맞서 더 많은 자유와 해방을 찾아 나섰던 장기 투쟁의 중간 정점이었다.

 같은 맥락에서 프랑스 역사학자 폴 벤Paul Benne은 '1968'을 "마지막 뜨거운 혁명적 사건이자 동시에 최초의 쿨cool한(차분한) 봉기"라고 말했다. 1968년 청년봉기는 분명 국가권력에 맞서 싸우며 대안을 구현하려는 지향을 포함했다. 베트남전쟁 반대와 대학 행정의 민주화 및 정치 억압의 극복은 그것에 해당한다. 그런 점에서 1968년 청년봉기는 "뜨거웠"고 전통적인 혁명 모델을 따랐다고 할 수 있지만, 지배의 변화만을 목표로 삼지도 않았다. 사회적 삶의 전 영역에 문제를 제기했고, 가정과 학교와 직장과 사회관계의 영역에서 인간화와 민주화를 요구했으며, 삶의 방식 전체를 바꾸고자 했다. 즉 국가권력의 변화만이 아니라 삶 자체의 갱신을 모색했다. 모든 종류의 권력관계와 위계질서가 낳은 두려움과 불안 및 위협과 위험에 대한 저항이었고, 삶에 대한 자기결정과 공동결정을 지향하는 것이었다. 그렇기에 '68'은 단기간에 활활 타오르는 '뜨거운 혁명'이라기보다는 '쿨'하게 장기 지속될 투쟁이었다.

전 지구적 연대와 투쟁이 여전히 중요한 이유

'1968' 50주년을 맞아 '더 나은 세상은 가능하다'라고 하며 새로운 정치 동원과 연대 운동을 강조하는 것은 가능하고 필요한 일이다. 자본주의 모순과 제국주의 전쟁에 맞서고 공산주의의 억압도 비판했던 신좌파의 대안 사상과 운동 전략의 함의는 작지 않기 때문이다. 노동자와 학생들이 함께 지배질서를 멈추었던 '파리의 5월'을 잊을 수는 없다.

하지만 신좌파들의 유토피아 정치사상을 복원하려는 시도는 그다지 유용하지 않다. 총체성에 의거한 사회이론, 이상주의적 '새로운 인간' 또는 섬광 같은 '메시아적 시간' 등의 개념과 구상은 '그 후' 68세대 자신들에 의해 거두어졌다. 설령 유토피아 지향과 이상주의 열정이 없더라도, 어떠한 종류의 것이든 억압적 현실과 비민주적 권력관계에 완강하게 도전할 수 있다. 자기 삶을 주체적으로 형성할 수 있는 능력과 사회관계에 대한 개입 의지를 확대할 수 있는 문화적 힘이야말로 진정 필요한 것이다. '68', 다시 말해 '장기 60년대'가 21세기 우리에게 주는 중요한 함의는 기성질서와 체제가 안겨준 두려움과 소심함을 극복하고 주어진 삶의 조건과 악습에 균열을 내는 용기다. '68'은 기성질서와 권력관계에 계속 의문을 던지고 복종하지 않고 도전하는 삶의 문화를 알렸다. 작은 삐딱함이 큰 변화를 만든 동력이었다. 권력의 횡포와 권위의 폐습에 맞서는 것이 21세기에 2차 '장기 60년대'를 여는 길이다. 일상에서부터 자기 삶을 바꾸는 과정을 통해 비로소 국가권력과 세계 자본주의 현실에 대해 문제 제기할 수 있는 능력을 새롭게 벼릴 수 있을 것이다.

역동적인 '장기 60년대'는 우리에게 지구적 연관성과 상호작용이 지닌 동력을 일깨웠다. 1960년대 한국의 민주주의 운동도 서구의 '장기 60년대' 전개에 영향을 미쳤다. 하지만 안타깝게도 국제적 차원의 베트남전쟁 반대 흐름에 한국 사회는 동참하지 못했다. 한국군의 베트남 양민 학살 문제 못지않게 세계적 반전투쟁이 한국에 전이되지 못한 이유와 맥락도 비판적으로 따져봐야 할 것이다. '68'의 세계사적 동시성에 한국 사회가 함께하지 못한 건 그 후의 정치적 질곡과 문화적 지체에 커다란 영향을 미쳤다.

　　최근 미투(#me Too)운동에서 볼 수 있듯이, 저항과 봉기는 지구적 연대와 동시적 전이를 통해 더 큰 폭발력을 갖는다. 한국 사회의 가부장 질서와 남성 지배의 문화를 염두에 둘 때 세계적 동시성과 확산 과정이 없었다면 그것이 이 땅에서 과연 순조롭게 발현될 수 있었을까 의문이 든다. 세계적 상호작용과 전이 가능성을 높이면, 저항 방식과 투쟁 기회가 더 많이 발견되고 발명될 것이다. 21세기 전 지구적 연관성이 강화되면서, 삶에 대한 자기결정과 사회관계에 대한 공동결정의 학습 과정이 새로운 단계로 진입했다. 어쩌면 삶의 많은 영역에서 남성(!) 권력자들의 '버릇을 고칠' 기회가 다시 찾아오는 듯하다. 밥 딜런이 노래한 것처럼 "시대가 변하기 때문"이다.

4장

1989년 동유럽에서 일어난 일
― 평화와 '협상'으로 혁명하다

혁명의 동력은 열망

혁명의 발생이 불만의 강도에 달렸다면 혁명의 성공은 열망의 깊이에 달렸다. 1989년 동유럽에 닥친 '혁명의 날들'은 이를 잘 보여주었다. 1989년 폴란드, 헝가리, 동독, 체코슬로바키아, 불가리아, 루마니아 등 동유럽 공산국가들은 반체제 민주주의 변혁의 소용돌이에 휩싸였다. '1989년 혁명'은 1789년 프랑스대혁명이나 1917년 10월 사회주의 대혁명과 달라 탁월한 지도자도 없었고 사상의 뒷받침도 부족했다. 혁명을 연상하면 떠오르는 폭력 사태도 예외에 속했다. 루마니아를 빼면 혁명은 모두 평화적으로 진행되었다.

1989년 '평화혁명'은 일국 차원을 넘어 여러 국가들에서 서로 영향을 주고받으며 동시적으로 진행되었다는 점에서 특별했다. 혁명의 영향도 장대했다. 동유럽에서 공산주의 체제가 붕괴했기에 유럽에서 냉전은 끝났고 독일은 통일되었으며 유럽은 통합될 수 있었다.

1989년 '유럽혁명'은 인습적인 혁명관을 흔들었기에 그 의의가 크다. 혁명을 위해 거리로 나온 시민들은 공산주의 억압에 대한 거부를 넘어 새로운 삶의 양식을 지향했다. 특정 계급이 아니라 평범한 사람들 대다수가 자존적이고 독립적인 강력한 '시민'이 되고자 했다. 그들은 '시민사회'를 통해 결집하고 연대하며 국가와 당에 대항했으며, 자신들의 열망을 폭발적으로 표현했다. 인민들은 이름 없지만 용기 있는 개인들의 집합이기에 멈추지 않았다. 그들은 스스로 단체와 조직을 결성하며 새로운 희망과 목표를 강령적 요구로 전환하는 능동적인 정치 주체로 나섰다. 다시 말해 그 혁명은 흩어진 불만을 최소한으로 표현한 것이 아니라 조직된 열망이 폭발하는 방식이었다.

그 과정을 영국 출신의 비판적 역사가 토니 주트Tony Judt는 1989년 당시 동유럽 주민들에게 "공산주의의 반대는 자본주의가 아니라 유럽"이었다는 말로 요약했다. 주트가 말한 '유럽'은 단순히 자유주의나 자본주의 같은 이데올로기나 체제가 아니라 더 큰 열망들을 함축한다. 그것은 자유를 보장하면서도 복지와 생활의 안전망을 갖추고 평등과 연대를 이루어내는 '유럽적 삶의 방식'이었다. 그 열망과 기대야말로 혁명의 진정한 동력이었다.

동독인들 혁명을 배우다

당시 불만의 표출과 어우러진 열망의 발현은 동유럽 전역에서 동시적이었지만, 나라마다 밀도와 속도는 달랐다. 이를테면 혁명의 시간은 "폴란드가 10년, 헝가리는 10개월, 동독은 10주, 체코슬로바키아는 10일"이었다. 연대노조의 10년 투쟁 끝에 1989년 봄 폴란드는 드디어 '원탁회의'를 통해 정권 교체를 이루었고, 1988년부터 헝가리는 공산당 내부에서 개혁과 변화의 흐름이 크게 일었다. 1989년 5월 헝가리는 '위로부터의 혁명'에 성공한 후 오스트리아로의 국경을 개방해 냉전의 장벽을 허물었다. 그러자 동독 주민들은 1989년 여름 헝가리와 오스트리아 국경을 통해 동독을 탈출할 수 있었다. 10월 초가 되자 동독 주민들은 탈출보다는 시위로 지배자들을 몰아내는 길을 택해 11월 9일 베를린 장벽을 붕괴시킬 수 있었다. 이 흐름은 다시 불가리아, 체코슬로바키아, 루마니아 등에 직접 영향을 미쳤다. 11월 중하순 며칠 동안 체코슬로바키아는 순식간에 평화적 권력 교체를 달성했다.

훗날 동독 지역 주민들이 전하는 이야기에 따르면, 동독 사회는 장벽 붕괴 직전 한 해 전인 1988년부터 이미 확연히 "공기가 달랐다." 예를 들어 동독의 중소 도시와 시골에서 버스와 전차에 올라타면, 서로 모르는 사이라도 사람들은 말을 걸며 이야기를 나누었다. 특히 누군가 정치에 대해 말하면 다들 귀를 쫑긋하고 장단을 맞추는 일이 잦았다. 말이 터진 것이다. 특히 텃밭과 술집 같은 사적 교류 공간에서는 에리히 호네커 총리를 비롯한 동독 지배 엘리트들에 대한 조롱이 넘쳤다. 세상물정 모르고 여전히 체제에 충성하던 당원과 관료들에 대한 적대감도 순식간에 퍼졌다. '진실의 시간', 즉 '인민공화국'에서 바로 그 '인민'이 실상 체제의 희생자이면서 겉으로는 지지자인 척했던 상황, 그 기괴하고 모순적인 삶을 전복해 '진실'을 되찾을 때가 다가왔다.

1989년 봄과 여름, 동독 주민들의 체제 거부는 우선 탈출이었다. 동독인들은 헝가리와 체코슬로바키아로 몰려가 서독으로 넘어갈 기회를 엿보았다. 하지만 가을은 하늘이 맑고 높으니 혁명하기 좋은 계절이었다. 노이에스 포룸Neues Forum을 중심으로 집회와 시위가 조직되기 시작했다. 9월 중순 동독 전역에서 아래로부터 체제 비판과 저항운동을 독려하는 단체가 잇달아 결성되었다. 애초 미약했던 라이프치히 니콜라이교회의 촛불시위에 10월 9일 7만 명, 23일 30만 명이 참여했다. 그들은 "우리는 여기 머문다", "떠나야 할 사람은 우리가 아니라 지배자들"이라고 외쳤다. 특히 "우리가 인민이다"Wir sind das Volk라는 구호가 동독 방방곡곡에서 울려 퍼졌다.

나라 전체가 시위를 배웠고, 인민 모두가 혁명을 익혔다. 10월 한 달 동안 동독 171개 시와 군에서 330회의 저항 시위와 집회가 열렸다. 상황은 페달을 밟듯이 전개되었다. 급기야 비교적 잠잠했던 동독의 수도 동베를린에서도 11월 4일 50만 명에 이르는 군중이 모여 동독 체제의 숨통을 조였다. 11월 1일부터 9일까지 열린 시위와 집회는 이미 10월 한 달 동안의 시위와 집회 수를 능가했다. 작은 시골에까지 혁명이 파급되었고, 시위에 참여하지 않은 사람들도 함성과 아우성에 귀를 열지 않을 수 없었다. 혁명은 소수의 지배 엘리트에 대항하는 행위일 뿐만 아니라, 침묵하던 다수의 눈과 귀 그리고 입을 열게 하는 실천임을 보여주었다.

동독 반체제운동은 폴란드의 앞선 모델을 수용해 10월 25일 '원탁회의'를 결성하고 전국 연결망을 확보했다. 그곳에 모인 대중의 요구는 지배자들을 압박했다. 자유선거, 부정선거의 진실규명, 국가안전부 해체, 여행의 자유, 집회와 결사의 자유, 언론 자유, 정치범 석방, 부패와 권력 남용 조사, 권력 지배 엘리트들의 사퇴와 징계, 권력 분립과 사법부 독립, 병역을 대체하는 사회적 복무 인정, 환경

1989년 10월 라이프치히의 평화시위.
상단 사진의 현수막 구호는 '열린 나라, 자유로운 인간'이라는 뜻이다.

보호 등이 1차 요구 사항이었다. 하지만 대다수 반체제운동가들은 여전히 '사회주의 동독의 민주주의적 갱신'을 추구했다. 특히 기층 민주주의와 다원주의적 자유와 함께 사회 정의와 평등과 연대의 가치가 다양한 방식으로 발현되었다. 그들은 서독과의 민족통일이 동독의 민주주의 갱신을 오히려 방해할 것이라고 생각했기에 통일을 거부했다.

만일 그때 동독 지배자들이 알렉시 드 토크빌Alexis de Tocqueville을 읽었다면 상황이 달라졌을까? 토크빌은 1789년의 프랑스혁명을 분석하면서 혁명 상황의 주요 특징으로 기성 통치 엘리트들이 통치에 대한 믿음을 스스로 상실하는 점을 들었다. 당시 동독 지배자들은 권력을 유지할 수 있는 능력과 기술을 전혀 갖지 못했다. 10월 중순 에곤 크렌츠Egon Krenz가 서기장으로 등극했지만, 상황을 인지할 능력도 상황에 대처할 지혜도 부족했다. 통치할 수 있다는 자신감이 존재할 리가 없었다.

정부 대변인의 실수가 낳은 눈사태

11월 6일 뒤늦게 동독 지도부는 여행법을 새로 마련하며 해결책을 찾기 시작했다. 프라하의 서독 대사관으로 몰려드는 동독 난민 신청자 때문에 골머리를 앓던 체코슬로바키아 정부의 압박과 동독 주민들의 연이은 대중 시위가 원인이었다. 11월 9일 오전 동독의 내무부 관리들이 최종적으로 확정하고 오후에 당 중앙위원회가 승인한 새 여행 규정에 따르면, 동독의 비자와 신고 담당 관청은 "서독으로

1989년 11월 9일 동독 정부 대변인 귄터 샤보브스키(단상 오른쪽 두 번째)가 새 여행 규정을 발표하고 있다. 이 기자회견은 돌이킬 수 없는 결과를 가져왔다.

의 이주 희망자들에게 조건 없이 출국 비자를 발급"할 것이며 "외국으로의 개인적 여행은 조건, 즉 여행 용무나 가족과 친척 거주 증명서 제출 없이 신청할 수 있"고 여행은 "즉각 허가될 것"이며 여행 요청 "거부는 특별한 예외의 경우에만 적용"된다는 것이었다.

11월 9일 저녁 7시. 회의에 참석하지 못한 채 공지문만 받아그 내용을 잘 알지 못했던 동독 정부 대변인 귄터 샤보브스키Günter Schabowski는 새 여행 규정을 발표했다. "그 규정이 언제부터 발효되느냐"는 이탈리아 기자의 질문에 그는 "즉시"라고 답했다. 실수였다! 새로운 여행 규정의 발표 일시와 발효 시점은 모두 10일 오전으로 예정되어 있었다. 게다가 그 규정은 곧장 베를린 장벽과 동·서독 국경의 전면 개방을 의미하는 것이 아니었다. 영구 이주는 비자 발급 절차가 필요했고, 개인적 여행도 신청과 허가의 과정이 필요했기 때

1989년 11월 9일 베를린 장벽이 무너졌다.

문이다. 다만 그것의 제한을 풀었다는 점이 특별했고 중요했다. 뚜껑을 잠시 열어야만 펄펄 끓는 솥이 무사할 것이란 판단에서 나온 동독 지도부의 고육지책이었다.

상황은 다시 페달을 밟듯이 진전되었다. 일부 서방 언론들은 동독이 서베를린과 서독으로의 국경을 전면 개방한다고 오해했다. 그날 저녁 서독 뉴스를 통해 그 소식을 들은 수천 명의 동베를린 주민들은 장벽 곳곳의 검문소로 몰려갔다. 희망과 기대를 듬뿍 안고서. 그 시각 동독 지도부는 어떤 일이 벌어지고 있는지도 모른 채 저녁 내내 경제 문제에 대해 엉뚱한 토론만 벌이고 있었다. 장벽이 무너졌고 국경이 열렸으며, 희망은 증폭했고, 상황은 마지막 페달을 밟고 나아갔다. 냉전을 지탱하던 '철의 장막'이 허물어지고, 독일은 통일열차의 시동을 걸었다.

혁명이란 말을 삼간 이유

헝가리와 동독의 영향으로 체코슬로바키아도 1989년 10월 말부터 프라하에서 체제 비판 시위가 등장했다. 특히 11월 17일 프라하의 나로드니 트리다 광장 시위에는 1만 5000명의 대학생들이 참여해 민주화 개혁을 요구했다. 경찰의 과잉 진압으로 일부 학생들이 부상을 당했고, 항의 시위와 동조 파업이 전국으로 확산되었다. 11월 19일 작가 바츨라프 하벨Václav Havel을 중심으로 지식인들이 시민포럼을 결성했다. 11월 20일 공산당 정치국이, 11월 24일 중앙위원회가 총사퇴했다. 시민포럼과 공산당 내 개혁파 사이에서 민주화 이행을 위한 '협상'이 시작되었다.

　그 후 체코슬로바키아에서 혁명적 전환의 속도는 매우 빨랐다. 11월 30일 정부는 오스트리아와의 국경을 개방하기로 결정했고, 12월 6일 여행자유화 조치를 발표했다. 12월 3일부터 '협상'을 통해 12월 10일 국민화합정부, 즉 원탁회의가 구성되었다. '시민포럼'과 '폭력에 반대하는 시민단체'를 비롯한 민주화 단체 운동가들 외에 반체제운동에 참여한 공산당원들도 가세했다. 구스타프 후사크Gustáv Husák 대통령이 사임했고, 12월 20일 공산당 임시전당대회에서 지도부가 개편되었으며, 1968년 프라하의 봄 사건에 대해 공식 사과 성

1989년 11월 17일 체코슬로바키아 혁명 당시의 프라하 시민들. ⓒAP

명이 발표되었다. 1989년 12월 29일 의회는 공산당의 지도 역할을 헌법에서 삭제했다. 원탁회의는 1990년 7월 이전 자유총선거를 결정했다. 1990년 6월 8일과 9일 총선에서 23개 정당과 정치연합이 참여해 시민포럼이 53퍼센트의 지지를 얻어 집권했다. 1990년 7월 하벨이 대통령으로 선출되었다. 1992년 11월 25일 연방의회는 체코와 슬로바키아의 분리를 결정했다. 체코와 슬로바키아는 각각 2004년 5월 1일 유럽연합의 회원국이 되었다.

1989년 동유럽 혁명은 '혁명 과정'과 '혁명 상황'에 대한 새로운 이해를 자극한다. 흥미롭게도 1989년 동독과 체코슬로바키아의 반체제운동가들은 1989년 당시 혁명이란 용어를 피했다. 동유럽 반체제운동가들은 애초 사회주의 체제를 전면 거부하기보다는 '개혁'하고자 했기 때문이다. '혁명' 용어를 사용하기 어려웠다. 게다가 폴란드와 헝가리의 경우에는 '혁명'이 시작되기도 전에 이미 상황이 끝난 상태였다. '혁명 상황'이나 '혁명 과정' 없이 혁명적인 전환, 즉 '혁명 결과'가 발생한 것이다.

중국 효과도 컸다. 1989년 6월 초 베이징의 천안문 사건으로 인해 민주화 요구를 저지하는 지배자들의 유혈 진압에 대한 두려움이 퍼져 있었다. 그해 가을 동독과 체코슬로바키아의 민주화 투사들은 폭력 유혈 사태가 발생하는 것을 막고 평화적으로 권력이 이양되도록 하려면 혁명이란 용어를 사용하지 말아야 한다고 생각했다.

동유럽의 공산주의 지배자들도 '중국의 길', 즉 무력으로 시위대를 진압하는 조치는 국제적 고립을 초래할 뿐이라고 인식했다. 체코 출신 프랑스 작가 밀란 쿤데라Milan Kundera는 『참을 수 없는 존재의 가벼움』에서 1968년 '프라하의 봄'을 이렇게 기록했다.

체코의 사진기자와 촬영기사는 그들이 그나마 할 수 있는 유일한 일을 할 기회가 주어졌다는 것을 깨달았다. 먼 미래를 위해 강간 장면을 보존하는 것. 테레자는 온갖 위험을 무릅쓰고 그 일주일 동안 거리에서 소련 군인과 장교들의 사진을 찍었다. 소련군은 속수무책으로 사진에 찍혔다. 그들은 누가 그들에게 총을 쏘거나 돌을 던질 경우 취해야 할 태도에 대해서는 정확한 지침을 받았지만, 카메라 렌즈 앞에서 어떻게 대응해야 할지는 아무도 그들에게 가르쳐주지 않았다.

쿤데라는 "사진과 영상을 통한" 기록 보관과 확산이 있었기에 "소련군의 침공이 비극"만이 아니라 "증오의 축제"였다고 적었다. 1989년 가을 동유럽의 소련군은 거리에서 '카메라 렌즈'에 대응하는 가장 정확한 방법을 숙지했다. 기지에 머물러 있는 것이었다. 다시 말해 서유럽과의 오랜 협력과 긴밀한 교류를 통해 동유럽 공산주의자들은 1989년 이제—1968년과는 달리—서방 언론과 세계 여론을 의식해야 했다. 동유럽 평화혁명이 공산주의를 견제하는 압박 정치나 대결 정책의 결과가 아니라, 오히려 진영 간 협력과 대화의 결과였음을 알 수 있는 대목이다. 동서 유럽 사이의 데탕트가 낳은 정보 교류와 상호 소통은 공산주의자들로 하여금 서방 언론과 여론에 비치는 자신의 이미지에 민감하도록 만들었다. 동유럽 공산주의 지도자들은 폭력 사용에 따르는 정치적 책임과 부담을 의식하지 않을 수 없었다.

요컨대 1989년 동독과 체코슬로바키아를 위시해 동유럽에서 평화혁명 또는 벨벳혁명이 이루어진 것은 혁명의 주체와 극복 대상 모두 통제하기 어려운 폭력 상황을 억제하려고 노력했기 때문이다. 일종의 이중적 '자기 통제'가 작용했다. 1989년 동유럽 혁명이 '협상혁명'이자 '개혁명'改革命(Refolution: Reform+Revolution)이었던 이유다.

'미완의 혁명'이라는 아쉬움보다는 또 다른 혁명으로

'협상혁명'은 혁명의 비폭력적 진행과 평화적 체제 전환이라는 결과를 보장했지만, 구세력과 신세력이 혼재하고 융합하도록 만들기도 했다. 뚜렷한 혁명 이념이나 방향이 존재하지 않았기에 다원주의 민주주의가 제도적으로 보장되자마자 반체제운동은 분열했다. 1989년 혁명의 결과로 선거 일정과 정당 분화가 현실로 닥치자 사회운동은 역동성을 잃었고 포럼은 깨졌다. 사회운동과 신생정당 간에 균열이 발생했고 간극은 커졌다. 게다가 동유럽 사회가 세계자본주의 체제로 빨려 들어가면서 삶의 기회와 개선 가능성 못지않게 파괴와 고통이 적나라했다. 신자유주의 공세로 인한 불평등과 유럽 통합으로 인한 긴축재정은 대중의 삶을 옥죄었다. 기대하고 열망했던 대안의 좌절로 인한 무력감은 정치적 저항과 연대의 조직화를 약화시켰다. 다원주의 과잉으로 보였던 정치 현실이 느닷없이 다원주의를 부정하는 포퓰리즘에 자리를 내주고 말았다. 민주주의 혁명의 영광을 뒤로하고 민족주의 선동정치와 우파 포퓰리즘이 거세게 밀려들었다. 동유럽이 혁명을 통해 이루어낸 민주주의가 다시 위기를 맞았다.

하지만 최근 동유럽의 곤혹스러운 현실에 직면하여 1989년 혁명

2016~2017년 겨울
한반도 남단의 촛불혁명
ⓒ한겨레

을 실패라고 평가할 수는 없다. 30년 전 그것은 당시의 긴급 과제를 혁명으로 해결했다. 이때 특정한 방향을 전제한 혁명 철칙이나 이상주의 지향에 의거하여 1989년 동유럽의 변혁을 '미완의 혁명'론으로 치부하는 것은 무용하다. 의사 출신의 동독 반체제운동가 옌스 라이히Jens Reich는 1989년에 품었던 희망이 다 이루어지지 못한 것은 사실이지만, "남은 과제와 새로운 문제들은 다음 세대가 또 해결하면 된다"라고 힘을 불어넣었다. 혁명의 목표를 이상화하거나 철칙을 내세우지 않고도 한 사회는 더 많은 희망을 품고 새로운 혁명과 실천에 나설 수 있다. 인습적인 혁명관을 걷어내면, 더 많은 혁명의 동력을 발견하고 확장할 수 있다. 20세기 말 동유럽의 혁명은 지금까지의 대혁명과 달라 21세기 혁명을 예시했다. 2016~2017년 겨울 한반도 남단의 촛불혁명도 그저 미완이라고 말하기보다는 또 하나의 성공한 '협상혁명'으로 볼 수 있다. 불만을 모으고 열망을 키우면 혁명은 다시 온다. 아마도 또 다른 '협상혁명'일 가능성이 높지만. 불만을 더 많이 조직하고 열망을 더 크게 키우면 '혁명'을 통한 '협상'의 결과가 더 나아질 것이다.

21세기의 새로운 전쟁
　　 ― 테러리즘과 '테러와의 전쟁'

또 다시 '폭력의 세기'

21세기도 4분의 1이 지났다. 역사가 연대기라면 21세기는 아직 18년을 헤아리겠지만, 역사에서 시간은 크로노스Chronos(연속된 시간)가 아니라, 카이로스Kairos(주관적 시간)다. 프랑스의 역사가 페르낭 브로델Fernand Braudel이 말했듯이 역사적 시간은 사회적 형성물이기 때문이다.

　인간 삶의 전환과 연속의 계기는 단순히 시간의 물리적 흐름에 따르지 않고 역사적 의미를 응축한 특정 사건에 의거한다. 영국 역사가 에릭 홉스봄Eric Hobsbawm의 말대로, 1989~1990년 동유럽 사회주의 체제의 붕괴와 국제 냉전의 종식은 '단기 20세기'의 종언을 뜻했다. 그 뒤 지금까지 인류가 겪은 28년은 21세기가 얼마나 위험하고 고통스러울지 선보였다. 아마도 앞선 세기 못지않게 이 세기는 더 험한 '극단의 시대'이거나 더 거친 '폭력의 세기'가 될지도 모른다.

　1991년 걸프전쟁 때만 하더라도 이제 무장충돌은 탈냉전기 '역사의 종말' 과정에서 발생하는 이행기 현상쯤으로 여겨졌다. 하지만 옛 유고슬라비아연방의 해체로부터 비롯된 보스니아 내전과 코소보 전쟁, 아프리카의 르완다 내전과 수단 내전 및 그 과정에서 발생한 '인종 청소'와 대량살상은 이번 세기가 20세기와는 다른 종류의 "새로운 전쟁"(메리 캘도어)으로 빨려 들어가고 있음을 드러냈다.

그 전쟁과 살상은 전통적 국민국가의 폭력 독점이 무너지고 그 정치적 지배의 정당성이 붕괴되면서 발생했다. 그것은 국민국가의 형성과 강화 또는 제국의 패권 구축을 위한 전통적인 20세기형 전쟁과는 상당히 달랐다. '새로운 전쟁'은 21세기 초엽 지역 질서의 혼란과 국제정치의 불안을 배경으로 등장한 무장의 사유화에서 비롯했다. 이것은 전통적·문화적 소속을 배경으로 한 정치적 정체성이 삶의 불안과 공포를 이용해 타 집단에 대한 증오와 파괴 본능을 강화하는 현상으로 확산될 것임을 예시했다. 지배 정당성이 없거나 민주적이지 못한 국민국가의 정치폭력은 감당하기 어려울 정도로 파괴적이지만, 국가 해체로 인해 그나마의 무기 독점이 약화되면 폭력은 완전히 새로운 차원을 맞게 된다.

곳곳에서 순식간에 새로운 선동가들이 등장하고, 무기 시장은 호황을 누렸다. 민족 소속감과 종족 정체성 또는 종교와 역사에 대한 낡은 서사가 급속도로 이데올로기화됐고, 이는 군사적 동원의 근거가 되었다. 대결하는 군사조직들은 서로 총질하는 것 못지않게 상대 쪽 민간인까지 무차별적으로 사냥했다. 전쟁 수행자와 폭력 가해자들은 '인종 청소'와 문명 파괴 외에는 달리 어떤 구체적 목표를 가지고 있지 않았다. 공포와 증오가 결집돼 폭력과 전쟁으로 전환되는 과정은 역동적이었고, 그 속도는 놀라웠다.

2015년 11월 프랑스 파리에서 일어난 IS 테러의 희생자들을 추모하는 현장.

    2001년 9월 11일의 알카에다 테러와 2015년 11월 13일 프랑스 파리에서 일어난 IS(이슬람국가)의 테러 공격은 이 '새로운 전쟁'이 탈냉전기 일부 지역의 예외적 현상이 아니라, 21세기 인류가 도처에서 부딪히게 될 일반적 상황임을 드러냈다. 2001년 9월 뉴욕 테러에서는 사망자가 3000명이 넘었고 부상자는 6000명을 헤아렸다. 2015년 11월 파리의 테러 희생자는 130여 명에 달했고, 680여 명이 부상당했다. 이슬람 근본주의자들의 테러 공격과 이에 대항하는 '테러와의 전쟁'의 시대가 활짝 열렸다.

    이미 9·11 테러 뒤 미국이 테러와의 전쟁을 명목으로 아프가니스탄과 이라크를 폭격하고 점령한 것처럼, 프랑스도 러시아, 미국과 함께 시리아와 이라크의 IS 근거지들에 융단폭격을 퍼부었다. 그 폭격이 사실상 효과가 없었다는 것은 금방 드러났지만, 그곳에서 얼마나 많은 민간인들이 피해를 입었는지는 아직 잘 모른다. 뉴욕과 프랑스의 테러 희생자들에 대한 세계 시민들의 애도와는 무관하게 상황은 전혀 나아지지 않았으며, 안타깝게도 테러로 인한 살상과 테러와의 전쟁으로 인한 살상이 탁구공처럼 오고 갈 듯하다.

테러로부터 안전한 곳은 없다

테러리즘은 현존 정치체제와 사회질서에 대항하며 불특정 다수를 희생시키거나 상해를 입히는 폭력 전략이자, 폭력행위를 통해 한편으로는 대중에게 불안과 공포를 퍼뜨리고, 다른 한편으로는 동조와 지지를 유인하는 투쟁 전략이다.

21세기 이슬람 테러리즘은 일면 20세기에 지구 곳곳에서 발생한 테러리즘의 연장이었다. 20세기에도 일부 극좌파 조직들이 사회혁명을 목표로 하는 테러를 저질렀다. 그때 테러는 주로 일국 내에서 사회체제와 정치질서의 전복을 겨냥한 것이었다. 반면 알카에다와 IS로 대표되는 21세기 이슬람 근본주의 테러 조직들은 국제적 연계를 갖고 최신 과학기술을 활용하며 세계 도처에서 전사와 지지자들을 빨아들이고 있다.

이슬람 테러리즘은 20세기 극좌파 테러 조직들과는 달리 특정 국가나 체제를 넘어 문명 세계, 즉 이슬람 근본주의를 거부하는 문명 세계 전체를 겨냥하고 있다. 서구 세계만이 아니라 아랍 지역 대부분의 국가와 시민들도 테러의 표적에서 벗어나지 못했다. 오히려 가장 심각한 테러 현장은 바로 그곳이었다. 세계 각지의 테러리즘

2015년 시리아에서는 테러가 일상이었다.

연구소들에 따르면, 테러 희생자는 2011~2013년 연간 1만 2500명
에서 1만 8000명에 달하는데 그중 80퍼센트가 이라크, 아프가니스
탄, 파키스탄, 나이지리아, 시리아의 주민들이다.

　다만 2015년 파리 테러 사건의 경우에는 9·11 때와 달리 테러
현장이 공연장이나 극장, 식당, 카페 등 서구 시민들의 일상적 삶의
공간이었다는 점에서 더욱 충격을 주었다. 2001년 9·11 테러 직후
프랑스 철학자 장 보드리야르Jean Baudrillard를 비롯한 분석가들이 테
러 장소인 미국 뉴욕의 세계무역센터가 갖는 상징적 의미, 즉 세계
경제 권력의 중심이라는 점을 부각했는데, 파리 테러에 의해 이제
지구상에 테러로부터 안전한 곳은 어디에도 없음이 증명되었다. 보
드리야르는 당시 "테러리즘 정신이 바이러스처럼 퍼져나가고 있다"
라고 했다. 이제 그 말이 현실이 되었다.

　　　　　　　　　　　　　　　5장 21세기의 새로운 전쟁

20세기 후반 유럽의 극좌 테러리즘이 최소한 사회해방이라는 정치 강령을 목표로 삼았다면, 21세기 이슬람 테러리즘은 테러행위 자체 이외에 지향하는 목표가 분명하지 않다. 물론 그들이 내건 구호는 '이슬람 땅'에서 서구 열강을 몰아내고 '배교자'들의 정권을 무너뜨려 칼리프를 복원하는 것이다. 하지만 구체적인 정치·경제·사회의 건설 강령은 모호하다. 그들은 세계 현실에 대한 총체적 거부를 살상과 공포 유발 말고는 달리 표현하지 않는다. 이슬람 종교의 '순수성'을 도구화하며 지하드(성전)를 내세우지만 많은 전문가들이 강조하듯이 테러리즘은 이슬람과 직접 관련이 없다. 세계 전역의 이슬람 단체들은 테러리즘을 규탄하고 유럽과 미국의 무슬림들 절대다수는 서구 민주주의를 높이 평가하며 수용한다. '테러'와 '테러와의 전쟁'이 '문명 충돌'이 아닌 근거 중 하나다.

역사의 복수

이슬람 테러리즘은 20세기가 창출하고 21세기가 가속화한, 하나의 단일한 세계 안에서 벌어지는 모순의 발현으로서 '세계 내전'의 성격이 짙다. 미국 중심의 패권적 국제질서가 낳은 세계화의 파괴적 유산과 불평등한 현실에 눈감으며 인습적인 '테러와의 전쟁'을 지속하면 21세기 인류는 '새로운 전쟁'의 형식인 이 테러리즘을 극복하지 못할 것이다. 지난 10여 년 동안 테러와의 전쟁이 오히려 세계의 무질서와 테러행위를 더욱 증폭시켰음을 인정해야 한다. 만성적인 세계 무정부 시대의 도래가 묵시록적 예언에 그치지 않을 수도 있다.

때로는 객관적 현실 자체보다 현실에 대한 인지와 해석이 더 중요하다. 파키스탄 출신 미국 시민권자인 파이살 샤자드Faisal Shahzad는 2010년 5월 1일 저녁 뉴욕 타임스퀘어에서 테러 폭발 시도로 체포됐다. 그는 같은 해 6월 21일 법정에서 이렇게 말했다.

"나는 유죄를 인정합니다. 앞으로 백 번이라도 유죄를 인정할 것입니다." 그는 말을 이었다. "미국이 이라크와 아프가니스탄에서 철군할 때까지, 미국이 소말리아와 예멘과 파키스탄에서 위협적 공격을 중단할 때까지, 미국이 더 이상 이슬람 땅을 점령하지 않고 더 이상 무슬림들을 살해하지 않을 때까지 우리는 미국을 공격할 것입니다."

"왜 죄 없는 민간인, 특히 어린이까지 죽이려 하느냐"라는 질문에 그는 담담하고 의연하게 답했다. "사람들이 그런 정부를 선택했기 때문입니다. 우리는 미국 정부와 민간인을 구분할 필요가 없습니다. 아프가니스탄과 이라크에서 폭격을 감행할 때 미국은 어린이들을 전혀 신경 쓰지 않았습니다. 그들은 여성과 아이들을 살해했습니다. 그들은 모두를 살해했습니다. 나는 내 행위를 범죄라고 생각하지 않습니다. 나는 미국의 법을 어겼다는 것을 알고 있습니다. 하지만 나는 지하드 전사이고 무슬림 군인입니다. 미국과 나토NATO(북대서양조약기구)는 이슬람 지역을 공격했습니다. 그것은 전쟁이고 나는 그 전쟁에 참여했습니다."

이슬람 테러리스트들의 이런 세계 인식과 자기 인식에 맞설 수 있는 대안적 전망이 제시돼야 할 것이다. 그들의 맹목적 반미주의나 반서구주의가 얼마나 정당한지도 따져 물어야 하지만, 오랜 식민주의와 서구 제국의 패권적 권력 행사가 낳은 '역사의 복수'를 껴안을 방법을 찾는 게 더 중요하다.

폭력의 바이러스가 병든 개인을 덮치고 있다

테러리즘에 맞서 싸워야 하지만 테러와의 전쟁은 그 해결책이 될 수 없다. 이미 테러리즘은 과거 방식으로 영토와 국민을 보유한 특정 국가에 의해 행해지는 것이 아니기에, 폭격과 점령을 통해서 해결할 수 있는 문제가 아니다. 세계화라는 이름으로 초래한 정치·경제적 불균형과 위계, 모멸과 공포의 양산 체제를 극복하지 못한다면 테러와의 전쟁은 또 다른 테러만을 계속 낳을 뿐이다.

게다가 비유럽 지역, 특히 국가 질서가 무너지거나 만성적인 무장 갈등을 겪는 아랍과 아프리카 지역에서 수많은 난민들이 유럽으로 건너오고 있다. 2016년 7월 중하순에 프랑스 니스와 생테티엔뒤루브레와 독일 뷔르츠부르크 근교와 뮌헨과 안스바흐에서 연이어 테러가 발생해 테러리즘 사상자와 부상자 수가 또 늘어났다. 특히 난민 수용에 가장 적극적이던 독일 사회의 충격은 컸다. 아랍인과 이슬람 근본주의자, 난민과 테러리스트를 엄격히 구분해야 한다는 이성적 주장을 테러 공포와 난민 혐오가 뒤덮었다. 2015년 이미 독일 내 난민들에 대한 위협과 폭력행위는 887건에, 난민수용소에 대한 물리적 공격과 혐오범죄는 1047회에 달했다. 2016년 상반기 발칸 루트의 봉쇄와 터키와의 협정으로 유럽과 독일로 들어오는 아랍 난민의 수는 현격히 줄었다. 2015년 독일이 수용한 난민은 약 110만 명이었지만, 2016년 독일에 도착한 난민의 수는 32만 명에 불과

독일의 난민 수용을 두고 드레스덴(2015년 8월 29일)과 쾰른에서 벌어진 찬반 시위.

(!)했다. 하지만 2016년 난민들을 겨냥한 범죄행위는 세 배나 늘었다. 범죄자들은 주로 극우세력이었지만 불만과 불안을 느끼는 지역 주민들인 경우도 적지 않았다.

물론 독일의 주류 언론과 정치 지도자들은 연속되는 테러행위가 이주민이나 난민 집단에 대한 혐오정치로 악화되는 것을 막기 위해 온 힘을 다하고 있다. 외부나 내부의 이질 세력을 '적'으로 만드는 선동 정치세력에 맞서 다문화 이주사회에 걸맞은 정치적 성숙과 개방적 공생을 옹호하고 있다. 적대적 타자 인식과 폭력 가속화의 악순환을 되풀이하지 않겠다는 결의다. 보수 정당인 기독민주연합(기민련)과 우파 정치가인 앙겔라 메르켈 총리가 난민 수용과 공생문화를 주도했다. 테러리즘 연구자들도 공포와 불안으로 공황과 적대 상태로 빠지지 않으려면 정상적 삶을 지속하면서 폭력의 악순환을 막는 신중함이 필요하다고 목소리를 모았다. 난민 유입으로 테러가 발생한 것도 아니고 난민을 받지 않는다고 테러를 막을 수 있는 것도 아니기 때문이다. 사실 독일과 달리 난민을 거의 수용하지 않은 프랑스와 벨기에도 테러를 겪었으며, 그곳에서 벌어진 IS 테러는 난민과 무관하다. 더군다나 시리아와 이라크 난민들이 들어오기 전에 이미 독일에는 이슬람 근본주의 테러 조직이 존재했다.

최근 독일에서 발생한 테러 폭력의 경우 범죄자들은 모두 테러 조직에서 훈련받은 전사들이 아니라 고유한 생애사적 좌절을 경험한 개인들이었다. 뷔르츠부르크와 안스바흐 테러범들은 이슬람 근본주의에 물들었음이 확인되었지만 그렇다고 그들이 처음부터 테러를 목적으로 입국한 것은 아니었다. 두 테러범 모두 정신질환을 겪거나 공격성의 징후를 보였고 '관찰 대상'이었음이 확인되었다.

뮌헨에서 무차별 살해를 저지른 가해자의 경우 이란계 독일인이지만 오히려 극우 파시즘 세계관에 빠져 있었다. 그는 히틀러의 아리아 인종 우월주의를 자기화('이란인은 원조 아리아인!')했기에 오히려 터키인과 아랍인들을 경멸했고, 이슬람 테러리즘에 영향을 받기보다는 노르웨이 극우 테러범 아네르스 베링 브레이비크Anders Behring Breivik를 모방했음이 밝혀졌다. 그는 수년 동안 동료 친구들로부터 놀림과 따돌림을 당했다. 그동안의 설움을 한 번에 역전할 행동을 오랫동안 준비했던 것이다.

테러의 동기와 과정이 이렇게 다르니 테러행위를 성급하게 난민 탓이나 이슬람의 문제로 환원하지 말 것을 요청하는 주장은 정당하고 이성적이다. 2016년 프랑스와 독일의 테러범들이 모두 이주민이나 난민 배경을 가졌지만 폭력의 피해나 희롱 및 소외로 좌절당한 남성 청(소)년이라는 데 더 주목해야 한다는 분석은 진지하고 신중하다. 심지어 독일의 정치학자 헤어프리트 뮌클러Herfried Münkler는 과민 대응을 경계하고 오히려 '영웅적 초연함'이나 '뚱한 무관심'을 테러의 공포에 맞설 문명 전략으로 제시했다. 냉소적으로 들리지만 그만큼 정상적 삶을 유지하는 것이 절박하다는 호소다.

테러는 이제 우리 모두의 문제다

독일과 프랑스 정부, 언론 및 지식인 사회의 이성적 대응과 '정상성 유지' 노력에도 불구하고 폭력의 바이러스는 이제 테러 조직을 넘어 좌절하고 병든 개인들을 덮치고 있다.

프랑스 파리의 바탕클랑 극장 앞에서 한 남성이 존 레넌의 〈이매진〉을 연주하고 있다. 2015년 11월 13일 파리에서 벌어진 테러는 이제 지구촌 어디에서도 일상이 안전하지 않다는 공포를 퍼뜨렸다. ⓒAP

최근 주목받는 폭력사회학의 분석에 따르면, 폭력은 '정상성'의 경계를 넘어서면서 점차 고조되는 경향을 띤다. 폭력이 정상성의 경계를 벗어나 이탈하면 행위자의 사유와 대응 방식을 변화시키고 힘을 발휘해 예상 못한 새로운 상황을 만들어낼 수 있다. 또한 불신을 증폭하며 비폭력 상황에서 가능한 모든 '정상적' 의사소통을 중지시킨다. 그 대신 명령과 위협, 공포와 불안이 상황을 지배한다. 폭력은 사람들이 평화로운 삶을 유지하는 데 필요한 사회적 공간을 전면적으로 변화시킨다. 즉 사회의 안전지대를 줄이거나 없애고 '폭력 공간'을 창출하고 확대한다. 그리하여 애초에는 누구도 의도하지 않은 방식으로 자가상승하고 경계를 넘어 곧 통제 불능의 상태로 나아간다.

지난 수년 동안 진행된 테러리즘과 '테러와의 전쟁'은 바로 그런

폭력의 경계 초월성과 역동성을 전형적으로 보여주었다. 알카에다에서 일부 세력이 떨어져 나와 IS를 조직하고, 이젠 심지어 두 집단이 서로 경쟁하고 대결한다. '세계적으로 생각하고 국지적으로 행동하는' IS는 알카에다도 상상해보지 못한 살상과 파괴를 일삼았다. 게다가 테러는 모방테러를 낳아 훈련된 조직의 전사뿐만이 아니라 보통의 '좌절한 개인들'에게도 바이러스처럼 전염되었다.

애초 미국이 창안했던 테러와의 전쟁에 이제 프랑스와 러시아와 터키가 빠져들고 있다. 또 여타 아랍 국가들도 '테러와의 전쟁'을 옹호하며 나설 채비를 하고 있다. 하지만 그들은 저마다의 이해관계가 달라 또 다른 갈등을 초래하거나 새로운 불안의 근원을 만들고 있다. 폭력은 그렇게 자신의 행위자들을 엮으며 폭력 공간을 확장한다. 그 공간과 시간의 끝이 어디일지는 누구도 모른다.

상황은 유동적이고 불투명하다. 다만 불안과 공포를 불러일으키는 혐오와 폭력에 맞설 다른 무기는 없다. 평화와 공생을 만들어본 문명의 경험과 지혜를 총동원하는 것 외에는. 그중 하나는 혐오에 혐오, 적대에 적대로 맞서지 않아야 한다는 것이다. 그 '영웅적 초연함'으로 민주주의 정치문화와 공생과 포용의 일상문화를 확대하고 강화하는 것으로도 부족하다면, 한 걸음 더 나아갈 필요가 있다. 영국 런던정치경제대학의 교수이자 평화운동가인 메리 캘도어Mary Kaldor가 주장했듯이, 일국적 안보 모델이나 블록 동맹 모델을 넘어 세계시민주의적 거버넌스의 모색에 희망이 없지 않다. 테러 희생자들에 대한 세계시민적 애도를 평화에 대한 세계시민주의적 접근으로 확장해야 할 것이다.

한반도의 우리에게도 이것은 단순히 남북 분단과 동아시아 지역 갈등의 해결 이후에 살필 문제가 아니다. 하나의 세계 속에서 '무질서'의 일부를 구성하는 우리에게도 테러리즘은 그저 심각한 '국제' 문제 중 하나가 아니라, 이미 '우리' 세계 '내부'의 문제다. 테러리즘을 우리의 문제로 받아들이고 세계시민주의적 거버넌스 논의에 참여함으로써 평화의 지혜를 얻을 수도 있다. '세계는 넓고 할 일은 많다'가 경제이익의 논리에 그쳐서는 안 된다. 한국 사회도 아랍지역의 위기 해결 거버넌스에 참여하고 난민 지원에 적극 동참해야 한다.

안타깝게도 평화와 인권, 상생과 공존의 기제는 폭력이나 전쟁과 달라 가속장치를 갖고 있지 못하다. 고장만 자주 날 뿐이다. 21세기 나머지 시간에 지금보다 더 나은 삶을 살려면 익히 아는 문명 수리 기구들을 단단히 챙겨야 할 것이다. 또 새로운 종류의 혐오와 적대와 폭력 바이러스에 맞설 새로운 문명 방어기제도 발명해야 한다.

2부

폭력과 책임

1장   아렌트는 아이히만에 속았다
― '악의 평범성'을 넘어

동갑내기 두 인물

철학자가 인간의 선과 악에 대해 크고 센 이야기로 세상을 미혹하는 경우는 드물지 않다. 기괴한 개념이나 선별적 지식에 의해 구원 이데올로기를 설파하는 것이 아니라면 그런 이야기는 세상사와 인간 삶을 이해하는 데 더러 유용하다. 특히 악의 존재(이유)와 발현 형식에 대한 고담준론은 인간 정신을 매혹한다. 하지만 그것이 악행을 저지른 범죄자에게 속은 결과라면 얘기는 좀 달라진다.

유대인 출신으로 미국으로 망명했던 정치철학자 한나 아렌트 Hannah Arendt(1906~1975)는 수백만 명의 유대인을 죽음의 학살 수용소로 이송시킨 책임자인 아돌프 아이히만Adolf Eichmann(1906~1962)의 연기에 속았다. 1961년 이스라엘 예루살렘에서 열린 아이히만에 대한 재판 법정에서였다. 아렌트는 미국 잡지 『뉴요커』The New Yorker의 요청을 받아 특파원 자격으로 재판을 참관하고 기고문을 쓴 뒤 1963년 『예루살렘의 아이히만』(한국어판은 번역 상태가 아쉽다. 새로 번역 출판되기를 희망한다)이란 저작을 통해 '악의 평범성' 테제를 제시했다.

1963년 출간한 『예루살렘의 아이히만』에서 '악의 평범성' 테제를 제시한 한나 아렌트.

테제의 핵심은 나치의 유대인 수송을 책임지며 학살에 가담했던 아이히만은 악마적 본성을 지닌 흉포한 인물이 아니라, 생각할 능력이 없는 그저 '평범'한 관료였다는 것이다.

　한나 아렌트와 아돌프 아이히만은 1906년 독일에서 출생한 동갑내기다. 한나 아렌트는 마르틴 하이데거와 카를 야스퍼스의 제자로 철학자의 길을 걷다 나치의 탄압을 피해 미국으로 망명해, 1951년 『전체주의의 기원』으로 학계의 주목을 받기 시작했다. 아렌트는 전체주의하의 범죄행위자를 자기 눈으로 직접 보기 위해 재판을 관찰하고 싶었고 그 기회를 얻었다.

　아돌프 아이히만은 나치 관료로 출세 가도를 달리다 전후 아르헨티나에 정착했다. 그의 소재는 1957년 나치 추적자로 유명한 서독 검사 프리츠 바우어Fritz Bauer에 의해 밝혀졌다. 이스라엘은 바우어 검사로부터 아이히만의 소재 정보와 체포 요청을 받고 미적거리다 뒤늦게 모사드Mossad(이스라엘 비밀정보기관) 요원들을 보내 아이히

1장 아렌트는 아이히만에 속았다

만을 납치했다. 이스라엘은 아이히만을 '전쟁범죄'와 '인류에 대한 범죄' 및 '유대민족에 대한 범죄' 혐의로 예루살렘의 법정에 세웠다. 아이히만 재판은 국제적 관심 속에 7개월 동안 열렸고, 결국 1962년 5월 31일 밤 아이히만의 사형이 집행됐다.

아이히만의 정체와 아렌트의 오해

법정에서 아렌트가 관찰한 아이히만은 반유대주의 이데올로기에 충실하고 나치즘을 자기 것으로 만든 신념에 찬 나치가 아니었다. 아렌트에 따르면, 아이히만은 파괴적 이념과 반인간적 정치에 물든 악마적 인간이 아니라 다만 선과 악을 구별할 줄 모르며 관료제적 타성과 인습적 관례를 따른 '명령수행자' 또는 '거대한 기계의 톱니바퀴'에 불과했다. 그는 셰익스피어 희곡에 나오는 주인공들, 즉 자기 악행을 의식하고 양심의 가책을 느끼는 맥베스와도 달랐고, 죄책감 없이 단호하게 악을 꾸미는 이아고와도 달랐다. 즉 아이히만은 전체주의에 길들여진, 판단력이 마비된 충직한 관료였다.

국내 인문학 독자들에게도 잘 알려진 이 이야기를 다시 끄집어내는 것은 아렌트의 아이히만 분석이 잘못되었다는 연구 결과를 알림과 동시에, 이제 '악의 평범성' 너머를 봐야 한다는 생각 때문이다. 아이히만은 아렌트가 관찰했던 것과는 반대로 나치 이데올로기에 충실한 반유대주의자였다. 그동안 알려지지 않았던 사료와 자료에 기초한 새로운 연구들에 따르면, '예루살렘 이전의 아이히만'(베티나 슈탕네트)은 '예루살렘의 아이히만'과는 달리 항상 유대인을 독일의 적으로 간주했으며 유대인 절멸을 지지했던 신념에 찬 나치였다. 독일 졸링겐에서 태어나 오스트리아 린츠에서 자란 아이히만은 학교를 중퇴한 뒤 정유회사의 영업사원으로 근무하다 1932년 오스트리아 나치당에 입당했다. 애초 친척의 권유에 따른 입당이었으나, 그는 곧 동료 나치들과 적극적으로 어울리며 핵심 인물이 되었다. 1933년 당이 불법화되자 독일로 가서 독일 나치당의 친위대에서 군사교육을 받았고, 1934년 베를린의 친위대 보안국에서 경력을 쌓았다. 주목할 점은 그가 린츠에서 독일로 이주한 이유가 무엇보다 '운동'에 적극적으로 참여하기 위해서였다는 사실이다.

게다가 1938년 오스트리아 빈에서 친위대 보안국의 유대인 추방을 떠맡았던 아이히만은 이미 권력지향적이며 냉혹한 나치로 이름을 알렸다. 그가 텔아비브 근처에서 태어나고 자라 히브리어에 능통하며 유대인 문화를 잘 알고 있었다는 것은 잘못된 정보였다. 하지만 그 소문을 자신의 출세에 활용할 정도로 기민했다. 그는 자기 부하로 하여금 소문을 계속 확산하도록 했는데, 그것으로 한편으로는 유대인 사회에 자신에 대한 두려움을 조장했고 다른 한편으로는 조직 내에서 전문가로서의 지위와 인정을 강화했다.

그 뒤 친위대 소속 대대장으로 진급했으며, 2차 세계대전 중에는 제국안전중앙부에서 유대인 수송 책임을 맡았다. 그는 유대인 추방과 수송의 전문가였다. 상황을 잘 모른 채 명령을 따르거나 묵묵히 자기 과업만을 수행한 '탁상 가해자'가 전혀 아니었다. 1941년 나치 지도부가 유대인 절멸을 결정했을 때 그는 집행을 위임받았다. 아우슈비츠를 비롯한 절멸수용소와 학살 현장을 답사하고 지도하며 도처에 출몰했다. 다시 말해 '최종 해결'의 발의자나 고안자는 아니었지만, '매니저'이자 '조직가'로서 '유대인 적'을 살해하는 과업을 누구보다 더 능동적이고 효과적이며 의식적으로 수행했다.

나치 독일이 패망한 뒤, 잠시 미군 수용소에 수감되었던 아이히만은 신분을 숨겨 재판을 피했고, 1946년에 그곳을 탈출했다. 그리고 옛 친위대 동료들과 가톨릭교회 및 아르헨티나 페론 정권의 도움을 받아 리카르도 클레멘트Ricardo Clement라는 가명으로 1950년 아르헨티나로 도주하는 데 성공했다. 망명지 아르헨티나에서도 나치 잔당과 계속 모임을 가졌고 독일의 청년세대에게 새로운 반유대주의 사명을 부과하고자 했다. 그곳에서 옛 친위대 동료이자 출판업자로 활약하던 빌렘 사센Willem Sassen과 인터뷰를 하며 자기 신념을 드러내기도 했다. 아이히만은 말했다. "당신에게 솔직히 말할게요. 우리가 1000만 명의 유대인을 죽였다면 만족했을 것이고 적을 절멸했다고 말할 수 있을 것입니다. 난 일반적인 명령수행자가 아니었어요. 만약 그랬다면 난 그저 얼간이에 불과한 거죠. 난 함께 생각했으며, 이상주의자였습니다." 심지어 자신의 재판도 유대주의에 대한 마지막 투쟁으로 간주했다. 아이히만의 상관이던 하인리히 뮐러Heinrich Müller는 "우리에게 50명의 아이히만이 있었다면 전쟁에서 이겼을 것"이라는 말로 아이히만의 실체를 요약했다.

그러나 예루살렘 법정에서 아이히만은 유대인을 학살하는 데 자신이 수행했던 능동적인 역할과 반유대주의 신념을 숨기고 단순히 법과 체제에 순응한 '선량한' 시민이자 공무원으로 행세했다. 이 같은 아이히만의 생애사와 내적 신념을 제대로 파악하지 못했던 아렌트는 아이히만의 자기변호와 거짓 진술에 의거해 잘못된 인상을 받고 '신념형 나치'를 '순진한 명령집행자'로 그렸다.

아돌프 아이히만은 적극적이고 의식적으로 유대인 학살을 수행했다. 나치 시절과 체포된 뒤 수감생활을 하는 모습.

　　물론 아렌트도 아이히만이 유죄라는 데는 이견이 없었고 사형선고에 공감을 표했다. 다만 아렌트는 아이히만이 잘못된 법과 정치에 복종한 죄를 범했다고 지적했다. 나치 국가와 히틀러 총통의 법과 명령에 충실한 결과 자기 고유의 사유 능력을 상실했지만, 그것으로 반인간적 학살과 정책을 수행한 범죄적 행위가 엄연히 유죄라는 사실은 변할 수 없다는 것이다. 아이히만의 범죄를 '인류에 대한 범죄'로 규정해 특별한 역사적 의미를 부여해야 한다는 것이 아렌트의 생각이었다.

1941년 오슬로를 방문한 아이히만의 상관 하인리히 뮐러(앞줄 왼쪽)와 라인하르트 하이드리히(앞줄 중앙). 뮐러는 "우리에게 50명의 아이히만이 있었다면 전쟁에서 이겼을 것"이라는 말로 아이히만의 실체를 요약했다.

악의 평범성

아이히만은 '평범'하지 않았다. 그러나 아렌트가 아이히만의 법정 연극에 속았다고 해서 아렌트의 '악의 평범성' 테제가 완전히 무의미해지는 것은 아니다. 그 테제는 전체주의와 독재체제에 순응하고 동참하는 과정을 설명할 수 있는 유용하고 비판적인 관점을 제공한다. 아렌트에 따르면, 전체주의 체제의 '악'은 근대적 개인의 자유를 압도했으며 인류의 일원 또는 인간이 가져야 할 보편적 판단 능력을 앗아갔다. 그 결과 전체주의 체제에서 '악'은 비범한 형식을 취하지 않으며, 다만 인간에게 가해지는 범죄를 인식하고 사유할 수 있는 능력을 박탈했다. 전체주의 체제는 인류 보편적 선과 악의 경계를 무화해, 극도의 체제 순응성을 낳았고, 이를 통해 폭력 발현과 유대인 학살 실천에 동참하고 이에 대해 무관심할 수 있었다는 것이다.

폭력은 마치 사랑처럼 인간 삶의 상수로 도처에 편재하고, 악은 선택 가능성으로 일상에 늘 붙어 다닌다. 또 심대한 배경이나 그럴 듯한 동기가 없어도 억압 체제에서 우리는 손쉽게 타인의 삶과 고통에 무관심해진다. 베른하르트 슐링크Bernhard Schlink의 『책 읽어주는 남자』의 주인공인 수용소 감시원 한나의 경우처럼 더러 상부의 명령에 따르는 것 외에 "달리 어떻게 행동해야 했을지" 정말 모르기도 한다. 덧붙여, 악이 그렇게 '평범'할 수 있다면, 그것은 반드시 전체주의 상황에만 해당하는 것이 아님에도 유의해야 한다. 우리는 거대한 구조 속에서 일상에 바쁘고 지쳐 타인의 입장에서 자기 행위를 생각할 줄 모르는 사유 부재의 상황으로 내몰릴 수 있다. '악의 평범성' 테제가 상당수 지식인들이나 일부 인문학 독자들에게 매혹적으로 보였던 것은 '영혼 없는 관료'들과 우리 일상의 무심함을 함께 비추는 것으로 보였기 때문이다. 이것은 분명 특정 상황의 인간 행위를 부분적으로나마 밝힐 수 있지만, 아이히만 같은 중급 내지 고위 관료의 능동적 행위를 은폐하고 왜곡한다.

주체적으로 생각하고 행동하는 '아이히만'들

최근 폭력 가해자 연구는 '악의 평범성'을 넘어 새로운 인식의 지평을 열고 있다. 평범한 시민들이 나치즘이나 독재에 '동조'하거나 폭력에 '무심'한 과정에 대한 논의와는 별도로 중상급 관료와 장교들의 행위에 대한 다양한 연구 결과가 나왔다. 전체주의 체제건 아니건, 독재와 억압은 단순히 지배 이데올로기나 관료제 또는 위로부터의 명령에 의해서만 유지되는 게 아니라는 것이 그 인식의 전제다. 독재와 억압에는 지배 구조에 동참하는 행위자들의 능동적인 집단적 자기형성의 과정이 항시 존재한다. 억압과 폭력의 가해자들 또는 동조자들은 위로부터의 명령이나 관료제적 구조에서 '선이냐 악이냐' 식의 실존적 결단을 요구받는 고립된 개인이 아니다. 지배는 익명의 체제나 관료제적 기제로만 작동되는 것이 아니다. 지배는 항상 집단적 실천을 전제하고 폭력은 항상 구체적 가해자를 필요로 한다. 그 실천과 가해행위는 대개 명령과 지시를 수동적으로 집행하는 이들보다는 오히려 자기 일을 정확히 인지하고 의미를 부여할 줄 알며 심지어 관료제나 위로부터의 명령을 뛰어넘는 행위자들에 의해 더욱 광포하게 이루어진다.

이를테면 나치 시기 유대인 추방과 수송 및 절멸에 가담했던 외무부 관료들에 대한 최근 연구 또한 그들이 단지 관료제의 틀에서 '생각할 능력 없이' 수동적으로 상황에 순응한 명령집행자가 아니었음을 확인해준다. 그들은 위로부터의 지시나 관료제적 강제가 없었음에도, 나치 비밀경찰에 유대인에 대한 정보를 적극적으로 제공했으며 유대인의 수송과 살해에서 자기 조직의 입지를 강화하고 주도권을 발휘하기 위해 다양한 노력을 전개했다. 히틀러를 비롯한 나치 지도부가 아직 유대인에 대한 최종 해결책을 마련하기 전에 친위대 간부들과 외무부 직원들은 유럽 점령지 유대인을 모두 프랑스의 식민지인 마다가스카르로 수송하는 내용의 '마다가스카르 계획'을 입안하기도 했다. 상부의 지시가 없었음에도 스스로 상황을 해석하고 정책을 입안했던 것이다.

홀로코스트는 사실 히틀러를 비롯한 나치 권력의 정점에 있는 일부 인물들의 의도나 결심에 의해서 이루어진 '한 번의 행위'가 아니다. 앞선 단계와 시점부터 계속 누적되고 가속화되었던 행위의 상승과 과격화 과정이었다. 홀로코스트는 불명료한 명령과 이데올로기적 광신이 뒤섞인 가운데 점점 복잡해진 상황의 산물이면서, 동시에 그 과정에서 고유의 역동성을 발휘하게 된 다양한 층위의 행위자들이 가세한 '누적적 과격화'kumulative Radikalisierung(한스 몸젠)의 결과였다. 다시 말해 '최종 해결'은 처음부터 명료했던 절멸 의지의 발현이 아니라 상황이 압박하는 가운데 일종의 탈출구로 등장했다. 인종 박해는 일단 개시되고 제도화되자마자 점점 더 중요한 정치적 무게를 지니게 되었고, 결국 그 상황과 논리의 가속화와 다양한 행위 주체들의 행위 역동성으로 인해 점차 포괄적인 강령과 학살의 구체적인 계획과 실행으로 귀결되었다. 이때 아이히만 같은 관료들은 단순한 명령집행자로 물러서 있지 않았고, 폭력 가해를 적극적으로 주도하고 거기에 참여하며 집단적 과격화를 이끌었다.

수용소 감시원들에 대한 최근 연구도, 베른하르트 슐링크가 『책 읽어주는 남자』에서 한나에 대해 묘사한 것과 달리 감시원들이 자신의 행위를 명확히 인지했으며 상당히 능동적으로 행동했음을 알려준다. 게다가 동유럽에서 나치의 인종학살은 많은 경우 수용소에서의 '관료제적 처리'가 아니라, 현장에서 자율적으로 행해진 것이었다. 그와 같은 '킬링필드'에서 발현된 가해행위자들의 주체적 능동성은 계속 상승했다. 나치 이데올로기의 내면화뿐 아니라 출세 이기

1장 아렌트는 아이히만에 속았다

주의와 조직 보신주의, 충성 경쟁과 과시욕 및 경제적 이익 등 다양한 동기와 요인이 학살의 고유한 동력과 자율성을 발휘하도록 자극했다.

능동적 가해자로서의 자기형성은 대부분 직위를 맡은 뒤 갖게 된 동료들과의 상호작용과 경쟁 및 집단적 학습 과정의 결과였다. 아이히만의 경우도 마찬가지였다. 폭력의 행위자들은 수동적으로 명령을 수행하는 것이 아니라 끊임없이 상호작용하며, 가해자들로 형성되고 또 재형성되는 과정을 거쳐 집단적인 정치적 사회화를 통해 파괴력을 증대한다. 그렇기에 근대 관료제나 '악의 평범성' 문제보다 지배 체제와 폭력기구의 다양한 행위자들이 능동적으로 펼치는 네트워크와 상호작용을 통한 과격화 과정에 더 주목해야 한다. 폭력 가해자들은 과격한 이데올로기나 개인적 이익과 출세라는 동기 외에도 주로 집단적 결속감의 과시와 동료애 실천 같은 상호작용과 사회화를 통해 더욱 능동적이고 파괴적으로 폭력을 사용하고 살해에 가담했다. 아이히만처럼 투철한 신념을 가진 이도 있었지만, 이데올로기보다 집단적 결속 문화나 남성적 공격성의 과시가 더 중요한 이들도 많았다. 핵심은 그들 모두 '능동적 행위자'로 형성되었다는 사실이다.

지난 시기 한국 사회가 겪었던 국가폭력이나 정치 탄압에서도 단순히 이데올로기나 지배 엘리트 비판을 넘어 그 네트워크와 상호작용의 역할을 살필 필요가 있다. 최고 권력자의 '검은' 지시보다 각종 권력기구에서 매끈한 신사들이 모여 앉아 나누는 술자리 담화가 때로 더 무섭다.

수년 전 나는 이명박 정부의 한 부처 자문회의에 몇 차례 참석한 적이 있다. 고위 관료들과 우파 학자들 사이에서 처음에는 좀 삐딱한 발언으로 분위기를 망쳤지만 점차 고립과 경멸의 분위기를 감당하기 힘들었다. 어느 날 공식 회의가 끝나고 저녁 뒤풀이 자리에서 그들이 비판적 시민사회와 진보 학자들의 주장을 조롱하는 데 어느새 '분위기'를 맞추고 순응하는 또 다른 나를 발견하고 화들짝 놀랐다. 그렇다. 사람은 누구나 네트워크와 동료 집단을 통한 사회화를 거치면서 끊임없이 새로 형성된다. 누구와 밥을 먹고 차를 마시고 술자리를 갖느냐에 따라 생각과 실천이 달라진다. 우리 안의 '아이히만'들도 그렇게 만들어진다. 그들은 그렇게 주체적으로 생각하고 말하고 행동한다. 그래서 그들은 더 위험했고, 지금도 여전히 더 위험하다.

2장　'작은 나치'는 살인을 선택했다
— 절멸기구의 일부는 유죄

"아우슈비츠에서는 협력하지 말았어야 합니다"

"아우슈비츠는 인간을 살해할 목적으로 만들어진 기제였습니다. 그것에 협력한 사람은 누구나 살인방조의 죄를 저지른 것입니다." 2015년 7월 15일 독일 중부 니더작센주 뤼네부르크 지방법원의 재판장 프란츠 콤피슈Franz Kompisch가 피고 오스카어 그뢰닝Oskar Gröning에게 징역형 4년을 선고했다. 그해 4월 중순 하노버시의 니더작센주 검찰은 95세의 노인 오스카어 그뢰닝을 살인방조죄로 기소했다. 3개월의 심리 끝에 검찰은 1944년 5월부터 7월까지 최소한 30만 명 이상의 헝가리 유대인들을 아우슈비츠 수용소에서 학살하는 데 도움을 주었다는 혐의로 그뢰닝에게 3년 6개월을 구형했는데, 법원은 거기에 6개월을 더 얹었다. 양측의 항소는 기각되었고, 2016년 9월 연방대법원은 징역형 4년을 확정했다. 변호사들은 그뢰닝이 고령이라는 이유로 징역형의 면제를 요청했으나 연방헌법재판소는 기각했다. 다시 변호사들은 그뢰닝의 건강을 문제 삼아 법무부 장관에게 사면을 요청했다. 2018년 3월 최종 결정을 앞두고 그뢰닝은 사

'작은 나치' 시절의 오스카어 그뢰닝(왼쪽). 그뢰닝은 아우슈비츠 수용소에서 자행된 유대인 학살에 도움을 주었다는 이유로 징역형 4년을 선고받았다(앞줄 두 번째). 독일은 기존의 기조를 바꿔 학살 범죄의 조력자에게도 법적 책임을 확실히 묻고 있다. ⓒ로이터

망했다.

이 판결로 전후 홀로코스트에 대한 법적 심판은 새로운 역사로 진입했다. 폭력 가해자와 가해 조력자에 대한 법적 심판의 기준이 바뀌었다. "아우슈비츠에서는 협력하지 말았어야 합니다." 콤피슈 판사가 판결문에서 가장 강조한 말이다. 판사는 아우슈비츠에서 실행된 인간 절멸 기제에 어떤 형태로든 협력한 사람은 이미 살인방조의 죄를 저질렀다고 판결했다. 그럼으로써 그 판결은 그전까지 독일 검찰과 사법부가 나치 범죄의 조력자들, 이른바 '작은 나치들'을 법적으로 처리했던 방식을 전복했다.

전후 전승국과 독일은 지난 70년 동안 홀로코스트 범죄의 주역이었던 핵심 인물들에 대해서는 법적 심판을 진행했지만, 국가기구

　　　　　　　　　　　　　2장 '작은 나치'는 살인을 선택했다

의 하급 관료와 직원 및 친위대의 하급 군인들에 대해서는 가해 가담 행위와 관련해서 분명하고 구체적인 증거가 없으면 기소나 처벌을 하지 않았다. 그렇기에 1977년과 1985년 당시 서독 검찰은 두 차례나 이미 그뢰닝과 관련한 자료를 모아 조사했지만 증거 부족을 이유로 기소도 하지 못했다.

그런 일은 허다했다. 1945년부터 2005년까지 서방 연합국이나 독일의 사법기관을 통해 나치 범죄로 조사받은 사람은 17만 2294명이나 되었지만, 유죄판결을 받은 사람은 6656명이었고, 5184명은 아예 증거 부족 등의 이유로 방면되었다. 유죄판결을 받은 가해자들도 대부분, 즉 약 60퍼센트는 1년 이하의 징역형을 선고받았으며, 9퍼센트 정도만이 5년 이상의 징역형을 선고받았다. 특히 아우슈비츠 수용소에서 근무했으며 전후에도 생존했던 친위대원 6500명 가운데 유죄판결을 받은 사람은 서독과 동독에서 각각 29명과 20명에 불과했다.

전후 연합국과 독일 검찰과 법원의 그런 법 적용은 문제가 있었다. 홀로코스트 범죄의 증인들은 대부분 살해당한 뒤였고, 일부 생존자들도 이른바 육하원칙에 따라 정확히 가해자와 가해행위를 증언하기란 매우 어려웠기 때문이다. 그런 와중에 '작은 나치'들은 "상부의 명령에 복종하지 않을 수 없었다"라든지 "체제의 작은 톱니바퀴에 불과했다"며 자기변호로 일관했으며 곧 '정상 사회'로 복귀했다. 독일 국민도 상당 기간 '전범'이 아니라 전범 '재판'들을 비판하며 지켜워했다. 1960년대 후반 급진 청년세대의 등장 후에야 비로소 독일 사회는 민족사에 대한 비판과 성찰을 집단적 국민 정체성의 핵심 내용으로 만들기 시작했다.

"아우슈비츠에서는 협력하지 말았어야 합니다." 같은 말을 피고인도 그대로 반복했다. 아울러 그뢰닝은 지난 3개월의 재판 과정에서 "희생자들 앞에서 겸허한 마음으로" 자신의 "행위를 뉘우치며 죄를 인정"한다고 사과했다. 그의 참회와 반성은 재판정에 앉아 있던 사람들 누구에게나 진심으로 전달되었다. 사실 그뢰닝은 오래전부터 홀로코스트를 부정하는 세력들에 맞서 "자신이 그곳에서 모든 것을 보았다"며 아우슈비츠의 진실을 증언했다. 그는 네오나치들로부터 조롱을 받기도 했지만 언론을 통해 나치 범죄를 증언하는 데 앞장섰다.

그럼에도 그는 법정에서 자신의 행위는 살해와 직접 관련이 없고 자신은 그저 '장부 관리인'으로서 수인들의 돈을 세고 정리해 상부에 보내는 작은 역할만을 수행했다고 변호했다. 친위대 하사였던 그뢰닝은 아우슈비츠에서 어떤 일이 일어나는지를 잘 알고 있었지만, 자신은 살해에 협력하지 않았으며 "그것을 그저 보기만 했다"고 주장했다. 또 아우슈비츠 수용소에서 벗어나기 위해 세 번이나 전출을 요청했다고 덧붙였다.

증인으로 출석한 역사가들과 검찰은 그의 말이 "'작은 나치'들의 전형적인 자기변호" 방식이라고 맞섰다. "홀로코스트가 범죄인 것은 맞지만 나의 행위는 그것과 직접 관련 없다"라는 주장으로 자신의 '도덕적 죄'를 인정하지만 '형사상의 죄'를 부인하는 것이다. 그러나 재판관이 보기에 나치친위대 군인으로서 홀로코스트에 적극적으로 협력했음에도 '형사상의 죄'를 부인하면서 단지 '도덕적 죄'를 시인하는 것은 어불성설이었다. 철학자 카를 야스퍼스가 말한 형사상의 죄와 도덕적 죄의 구분을 악용하는 사례였다.

"저는 당신을 겁쟁이라고 부르고 싶지는 않습니다. 하지만 당신 스스로 탁상에서의 일을 결정했습니다. 아우슈비츠 근무는 당신의 결정이었습니다. 물론 당시의 상황에서 보면 어쩔 수 없는 측면도 있지만, 그렇다고 해서 그것이 강제적인 일이었던 것은 아닙니다." 그렇게 콤피슈 판사는 그뢰닝의 자기변호를 직접 겨냥했다.

판사가 그렇게 단호하게 응수할 수 있었던 것은 그동안의 역사 연구를 통해 나치와 학살기구의 하급 군인과 직원들이 도처에서 자율적으로 행동하고 일정한 선택권을 갖고 있었음이 밝혀졌기 때문이다. 아울러 그뢰닝이 전출을 요청한 증거는 없었으며 심지어 그런 증거가 있다고 하더라도 1944년 여름의 그 '헝가리 작전'에 간접적으로나마 참여해 학살에 가담한 사실을 부정할 수는 없었다. 그는 장부 관리인으로서 수용소가 순조롭게 운영되고 학살이 진행되는 데 보조적인 역할을 했을 뿐 아니라, 권총을 차고 있었으며 도주한 수인을 추적하는 데 참여한 적이 있었다. 법원은 그런 정황을 유죄의 근거로 삼았다.

'작은 나치'를 법정에 세우기까지—데마뉴크와 리프시스

오스카어 그뢰닝 재판은 2011년 존 데마뉴크John Demjanjuk 재판과 2013년 한스 리프시스Hans Lipschis 기소의 연장선상에 있는 것이었다. 데마뉴크 재판과 리프시스 기소는 새로운 사법 정의의 중간 정점이었다. 2011년 5월 12일 당시 92세의 데마뉴크는 뮌헨 지방법원 법정에서 2만 8060명에 대한 살인방조의 죄로 5년형을 선고받았다.

건강상의 이유로 징역형은 집행되지 못했고, 이튿날 18개월의 수감 생활과 법정 싸움을 뒤로하고 석방되었다. 그리고 2012년 5월 끝내 잘못을 뉘우치지 않은 채 독일의 한 요양소에서 죽음을 맞이했다.

데마뉴크보다 한 살 많았던 리프시스도 데마뉴크와 마찬가지로 나치 수용소의 감시원이었다는 혐의로 2013년 체포되어 기소되었다. 리프시스는 치매 상태였기에 재판이 이루어지지 못했다. 그도 곧 방면되었다. 두 사람은 각기 우크라이나와 리투아니아 출신의 친위대 하급 군인이었다는 점에서 강제성의 문제를 둘러싸고 법적 논쟁이 벌어졌다. 하지만 둘 다 직위와 역할로 보건대 나치친위대 조직에 자발적으로 지원했고 살해 기제에 적극적으로 협력했을 것이라는 혐의를 벗지 못했다.

데마뉴크는 우크라이나인으로 2차 세계대전에 소련군으로 참전했다가 1942년 독일의 전쟁포로가 되었다. 곧 대독 협력자로 전환해 나치친위대 보조 부대의 일원으로 수용소 운영에 투입되었다. 1943년 3월 말부터 나치 점령지 폴란드의 소비부르 절멸수용소 감시인으로 근무했고, 같은 해 10월부터 독일 바이에른 지역의 플로센뷔르크 수용소에서 근무했다.

리프시스도 비독일 출신 수용소 감시원이라는 점에서 데마뉴크의 삶과 유사하다. 리투아니아 크레팅가에서 태어난 리프시스는 나치의 대량학살 시기에 아우슈비츠-비르케나우 수용소에서 감시원으로 일하며 9000여 명의 살인을 방조한 혐의로 체포되었다. 증인에 따르면, 그는 아주 끔찍한 친위대원으로서 어린아이를 직접 살해하는 등의 만행을 저질렀다. 리프시스는 그와 같은 살인죄나 여타 살인방조죄 혐의를 전면 부인했다. 자신이 그 수용소에서 일했던

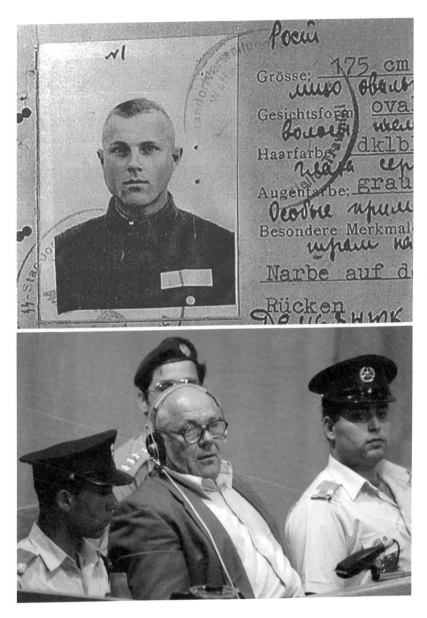

존 데마뉴크는 나치친위대 보조 부대의 일원으로 절멸수용소 감시인으로 근무했다. 2011년 92세의 고령임에도 뮌헨 지방법원에서 2만 8060명에 대한 살인방조의 죄로 5년형을 선고받았다.

것은 사실이지만 단지 요리사에 불과했다며 무죄를 주장했다. 슈투트가르트 검찰은 1941년부터 리프시스가 수용소의 감시자로 일하며 '가스실 해당자 선별' 작업을 수행했으며, 1943년 독일인으로 귀화했고 나치친위대의 해골돌격단Totenkopf-Sturmbann에 소속되었다고 주장했다. 해골돌격단의 주요 임무는 친위대가 세운 수용소의 감시와 감독이었다. 슈투트가르트 검찰에 따르면, 해골돌격단의 일원이었던 그는 당시 수용소에서의 학살에 협력한 죄에 대한 책임이 있었다.

리프시스의 체포와 기소의 맥락은 데먀뉴크의 경우와 조금 다르지만 둘은 서로 관련이 있었다. 데먀뉴크는 이미 1970년대부터 조사를 받았고, 1980년대 중반 이스라엘에서 전범 혐의로 체포되어 재판해 회부되었다 방면되었다. 그 후 다시 2001년부터 미국 법정에서 진행된 수년의 재판 끝에 유죄를 인정받아 독일 뮌헨 법정으로 송치되었다. 반면 리프시스는 오랫동안 과거 행적을 숨긴 채 살았다. 그는 1956년 미국으로 이민 가서 살다가 1983년 독일로 돌아와 바덴-뷔르템베르크주의 작은 도시 알렌에서 살았다. 미국을 떠난 것도 친위대 경력이 드러나 추방되었기 때문이었지만, 독일에서는 2013년 5월 초까지 아무런 사법 조치 없이 무사히 지낼 수 있었다. 그런데 갑자기 왜 독일 검찰이 그를 체포하고 기소하게 되었을까?

이유는 단순히 나치 전범 추적의 권위 있는 국제 NGO인 시몬-비젠탈센터가 2013년 초 그를 나치 전범 리스트 4위에 올려서만은 아니다. 이미 독일의 '나치 범죄 규명을 위한 루트비히스부르크주 법무행정 중앙청'(이하 루트비히스부르크 중앙청)은 1980년대 미국에서 추방된 리프시스를 심사했다. 하지만 당시의 사법적 기준에 따

2장 '작은 나치'는 살인을 선택했다

Durch H-erg.Stelle | Zuständige Heimatformation: | Eintritt i. d. W-H 23.10.41 | 1.Stabskomp.
wen Nordost I | Volksdeutscher H | Übernommen in die KL. Verst. als: H-Schütze | Einheit:
einge-zogen? Königsberg | Nr. | | 1633/100

Ernannt zum:	am:	
Sturmmann	1.2.43	Name: Lipschis Vorname: Hans H-Nr.:
Rottenführer	1.2.44	geb. am: 7.11.1919 in: Krottingen /Lit. Kreis
Befördert zum Unterführer:		*) Ledig. geschieden, verheiratet seit: —— mit —— geb.
U.-Scharführer		Kinder: männlich weiblich ; unehelich Konfession: evang.
Scharführer		Heimatadresse: Vater: Johann L., Schneidemühl/Umsiedlungslager
O.-Scharführer		Beruf: Bäcker
H.-Scharführer		
Befördert zum Führer:		Verwendung im K. L.:
U.-Sturmführer		Parteieintritt: Parteinummer:
O.-Sturmführer		R.-Sportabz.in SA-Sportabz.in
H.-Sturmführer		Zur KL. Verst. eingezogen am 23.10.41 zum KL. 6/H-T-Stuba K.L.Au.
Sturmbannführer		versetzt am: 1.2.43 wohin? 4/H-T-Stuba K.L. Au.
O.-Sturmbannführer		1.4.43 1 Stabskp. H-T-Stuba K.L.Au.
Standartenführer		

*) Zutreffendes unterstreichen

한스 리프시스는 절멸수용소에서 살해에 가담하고 학살을 방조한 혐의로 체포되었다. 아우슈비츠-비르케나우 수용소에서의 친위대 신원기록부(ⓒWelt Am Sonntag)와 말년의 모습(ⓒMartin U. K. Lengemann).

르면 혐의자 개인의 구체적 전범 행위를 입증하지 못하면, 재판에서 유죄선고가 내려질 가능성이 없었기 때문에 기소하지 않았다. 그런데 2011년 데마뉴크 재판으로 인해 처벌 기준이 달라졌다. 개별 행위자들의 구체적 범죄행위에 대한 명백한 증거가 불충분하더라도 역사학적 연구에 기초해 특정 직위와 역할로 인해 범죄행위에 가담하거나 협력했음이 추정될 때에는 유죄판결이 가능해진 것이다. 데마뉴크에게 유죄를 선고한 뮌헨 지방법원에 따르면, 데마뉴크의 구체적 가해행위가 제대로 밝혀지지는 않았더라도 체계적이고 상시적으로 인종학살을 저지른 수용소의 감시원으로 근무한 것이 드러났기에 그는 "절멸기구의 일부"로 유죄였다. 게다가 뮌헨 지방법원은 그가 그곳에서 어떤 일이 일어나는지를 잘 알고 있었고 그렇게 인지된 살해에 능동적으로 동참한 것이기에 수용소 감시원으로 근무했다는 증명서와 관련 증언만으로도 유죄가 충분하다고 판결했다. 이제 이러한 법적 기준에 의거해 아직 생존해 있는 다른 '작은 나치' 범죄자들도 새롭게 죄를 추궁해 처벌할 수 있게 되었다. 2013년 갑자기 리프시스가 체포되고 기소되었던 이유다.

데마뉴크와 리프시스가 각각 우크라이나와 리투아니아 출신의 친위대원이라는 사실은 문제를 복잡하게 만들었다. 데마뉴크와 변호사들은 재판에서 "독일 도처에 산재한 진짜 나치들은 내버려두고 나치에 협력할 수밖에 없었던 비독일인을 일종의 속죄양으로 만들고 있다"고 비난했다. 왜곡이다. 최근 수년 동안 나치 범죄 때문에 추적을 받거나 체포되어 기소된 독일인의 수는 적지 않다. 1958년 설립되어 현재까지도 여전히 나치 범죄자들을 추적하고 있는 루트비히스부르크 중앙청은 지금까지 7480여 건의 사건을 심사했으며

루트비히스부르크 중앙청에 보관된 나치 관련 자료들.

그 대상은 대부분 독일인이었고, 혐의가 분명한 경우 해당 지역 검찰로 사건 조사를 넘기고 있다. 또 루트비히스부르크 중앙청은 2013년 4월 리프시스처럼 아우슈비츠-비르케나우 수용소의 감시원으로 근무했던 독일인 50명을 심사하고 있다고 발표했다. 시몬-비젠탈 센터가 매년 발표하는 나치 전범 리스트 10명 가운데 상당수가 독일계 나치 전력자들이다.

　나치 전범의 경우에는 이미 독일계냐 아니냐가 중요하지 않다. 2차 세계대전기에는 출세 욕구나 이데올로기적 신념에 의거해 자발적으로 나치 독일에 충성하고 심지어 친위대원이 되어 전쟁범죄에 협력한 나치 부역자들이 적지 않았다. 그중 많은 이들, 특히 수용소에서 근무했던 이들은 나치에 대한 충성을 대가로 독일 국적을 부여받은 '비非게르만' 무장 친위대원이 되었는데, 전후에 다양한 방식으로 오히려 자기 신원과 행위를 숨기며 살아오다 독일 사법기구와 시몬-비젠탈센터 등의 노력으로 최근에야 법의 심판을 받게 된 것이다.

2014년 2월 기소가 중단되어 교도소에서 나온 리프시스는 2016년 6월에 사망했다. 2012년 데마뉴크가 사망했을 때 데마뉴크 재판은 아직 끝나지 않은 상태였다. 검찰과 변호사 모두 항소했기에 1심 판결은 확정되지 못했다. 그런 면에서 오스카어 그뢰닝에 대한 유죄판결은 대법원에서 확정되었기에 이 과정을 매듭짓는 의미를 지녔다.

홀로코스트 '가해자 연구'의 성과

최근 '작은 나치'들만이 법정에 서는 이유는 순전히 생물학적 연령 문제에 있다. 나치 범죄의 핵심 가해자들은 모두 사망했지만, 당시 비교적 어린 나이로 하급 역할을 맡았던 이들은 아직 생존해 있기 때문이다. 그들이 오랫동안 "명령 때문에 어쩔 수 없었다"라든지 "수용소에 근무했지만 아무 일도 하지 않았다"라는 말로 법적 심판을 피했다면, 이제 새로운 법적 준거, 즉 '절멸기구의 일부도 유죄'라는 기준이 엄격한 심판의 근거가 되었다. 수용소 감시원이나 장부 관리인이었다고 하더라도 대안적 행위 여지와 선택의 가능성이 없지 않았다. 그곳에서 상당 기간 아무 문제 없이 근무했다면 그것 자체가 바로 범죄 가담을 증명하는 것이었다.

이 홀로코스트 재판에서 결정적으로 중요한 것은 유죄판결의 관건이 이제 더 이상 수용소에서의 구체적 행위가 아니라는 사실이다. 특정 직위와 역할이 어떤 형태로든 학살 기제의 작동에 도움이 되었다면 그 직위 담당자는 홀로코스트의 범죄자로 확정될 수 있다. 다시 말해 개별 행위자들의 구체적 범죄행위에 대한 명백한 증거가 불충분하다고 하더라도 역사학적 연구에 근거해 해당 직위와 역할이 범죄에 가담하고 동조했다고 추정될 때에는 유죄판결이 가능해졌다. 직접 살해하지 않았더라도 살해 의도를 알면서 살해 도구를 빌려주거나 망을 봐주었다면 그 또한 유죄이기 때문이다.

'작은 나치'에 대한 법적 심판을 가능하게 한 것은 폭력 '가해자 연구'라는 분과 학문의 성과였다. 오랫동안 학계를 지배했던 홀로코스트에 대한 인식은 최근 연구들로 인해 근본적으로 수정되었다. 1990년대 초반까지는 근대 문명 또는 억압적 근대국가가 이질적인 세력을 조사하고 감시해 명령과 복종에 의거하는 관료제를 수단으로 삼아 대량으로 학살했다는 인식이 지배했다. 이른바 대량살해의 산업적 기제나 기술 문명의 내재적 파괴성 또는 근대의 익명적 관료제에 대한 논의가 산더미를 이루었다. 그와 같은 인습적 인식에 따르면, 수용소를 운영하고 관리하며 학살에 가담한 대다수 나치 중·하급 관리들과 친위대원들은 국가 체제의 관료제적 운영을 통해 직접 수인들을 접하지 않고도 탁상 앞이나 서류상의 일로써, 특히 분업체계 속에서 자기 의무를 이행한 것이었다. 이른바 '탁상 가해자'였다. 익명적 관료체제나 근대적 분업체계를 통해 그들은 자기 죄에 대한 부담을 덜고 직접적인 책임의식을 갖지 않았다는 식의 설명이었다. 근대성의 필연적 결말이니 근대 기술 문명의 역설이니 하는 설명들이 뭔가 근본적인 성찰인 양 뒤따랐다.

물론 홀로코스트라는 거대한 문명 파괴와 인명 살상의 기제 앞에서 그런 정적인 관찰도 의미가 없지는 않다. 그러나 그런 방식으로는 왜 특정 국면에서 특정 행위자들이 그렇게 과도한 파괴와 살상을 저지르는지를 충분히 해명하지 못한다. 행위 과정의 역동성이 잘 보이지 않기 때문이다. 1989~1990년 유럽 냉전이 종식되어 서방 국가의 역사가들에게도 동유럽과 소련의 문서를 볼 수 있는 기회가 생겼다. 아울러 그곳 노인 세대에 대한 생애사 연구 프로젝트가 광범위하게 진행되었다.

지난 20여 년 동안 사료 탐구와 구술사 작업을 통해 동유럽 국가들과 옛 소련 지역에서 전쟁 기간 발생한 독일 나치 군인과 기관들의 학살 과정을 살펴본 역사가들은 동유럽 지역의 홀로코스트는 서유럽의 경우와 달리 '대면 학살'이 빈번했고, 지그문트 바우만Zygmunt Bauman 같은 이들이 묘사했던 것과 달리 '킬링필드'에 더 가까웠다는 사실을 밝혔다.

이 새로운 '가해자 연구'가 거둔 중요한 성과 중 하나는 동유럽에서 나치 군인과 관리들은 위로부터 명령을 받을 겨를이나 필요가 없어 도처에서 자율적 행위를 일삼았고, 그 행위 '과정'을 통해 더욱 과격해지면서 파괴적으로 학살을 일삼았다는 것이다. 다시 말해 오히려 근대 관료제적 규율과 명령의 계통을 넘어서니 더욱 파괴적인 폭력의 증폭 현상이 발생했다는 것이다. 근대국가체제가 문제가 아니라 국가 규율의 정지가 대량학살의 근원이었다. 이런 관점을 대표하는 미국의 티머시 스나이더Timothy Snyder는 『블랙 어스』Black Earth에서 관료제로 인한 유대인의 죽음을 완전히 부정하지 않으면서도 "유대인을 죽인 것은 관료기구의 제거라고 말하는 것이 더 진실에 가까울 것"이라고 말했다.

관료제는 복잡한 절차와 과정이 요구되고 진정이나 뇌물 같은 외부 요인들도 작동하기 때문에 일처리가 느리고 틈이 생기기도 한다. 독일의 관료제는 위로부터의 명령과 집행체계, 명료한 표현과 통계 작업을 비롯한 각종 서류 작업을 필요로 하기에 그 과정에서 여러 방식으로 유대인의 생명을 살릴 수 있는 기회를 만들어내기도 했다. 그런데 동유럽에서 국가기구가 파괴되자 그런 제어장치가 사라졌다. 스나이더는 "독일 관료기구는 다른 곳에 관료기구가 없는 지대가 확립된 후에야 유대인을 죽일 수 있었다"라고 상황을 요약했다. 홀로코스트의 상당수 희생자들은 가스실이 아니라 수용소 작업장 또는 들판과 산속에서 총살당했는데, 많은 경우 가해자들은 스스로 살인을 결정하고 선택한 살인자 또는 살인방조자였다.

수용소나 '킬링필드'에서 폭력과 학살에 가담하기를 거부하는 군인들의 경우 심각한 불이익을 당하는 일은 거의 없었다. 그만큼 나치친위대 군인들과 관리들은 자기의 삶의 방식과 타인의 죽음을 선택할 수 있는 가능성을—제한적이나마—누렸고, 오히려 문제는 그것을 악용해 스스로 역동적 파괴의 주체로 발전해갔다는 사실이다.

국가폭력의 가해자들은 어떻게 만들어지나

사법적 진실과 역사적 진실이 항상 일치하는 것은 아니다. 그렇지만 폭력의 가해와 피해가 법정에서 공적으로 인정되는 것은 매우 중요하다. 기소와 판결이 쉽지 않은 경우, 협애한 사법적 근거로 역사적 진실을 무시하는 경우가 적지 않았다. 최근 '작은 나치'들에 대한 독일의 법적 심판은 새로운 '가해자 연구'에 기반을 둔 역사적 진실에

아우슈비츠-비르케나우 수용소의 현재 모습.

의거해 법적 판결의 기준을 뒤집었다. 역사 연구의 성과에 근거해 검찰과 사법부는 '역사 정의'를 세우는 데 참여했다. 학문이 밝힌 역사적 사실에 의거해 사법적 진실의 차원이 달라졌다. 그렇게 함으로써 사법부는 오랫동안 가해(조력)자들에게 면죄부를 부여했던 자기의 과거조차 법정에 세워 자기비판을 수행했다.

물론 '절멸기구의 일부'로서 유죄라는 기준은 소비부르, 벨제크, 트레블링카와 아우슈비츠-비르케나우처럼 실제 학살이 집행된 '살해 공장'의 종사자에게만 적용된다. 그 기준을 모든 종류의 나치 탄압 현장이나 노동수용소에 그대로 적용하기는 쉽지 않다. 탄압과 학살의 장소와 상황에 대한 정밀한 역사학적 연구가 더 필요하고 공적 토론이 함께 진행되어야 할 것이다.

독일도 여기까지 오는 데 꽤 오랜 시간이 걸렸다. 이제 중요한 것은 국가폭력의 가해자들이 왜, 어떻게 형성되는지를 더 살피는 일이다. 국가기구를 파괴하고 문명제도의 규칙을 깨버린 야만은 관료제를 따른 익명적 기제보다도 더욱 포악했다. 거기에는 기괴한 이데올로기의 맹신이나 음험한 사적 이익 이외에도 특별한 종류의 집단적 결속과 동료애 문화가 있었다. 국가폭력의 가해자나 가해 조력자로 형성되는 과정과 배경은 단선적이지 않다. 가해자 형성의 복합적이고 다양한 과정을 살펴, 각종 정치적 장벽과 문화적 제어장치를 더 만들어야 한다.

생존으로 저항한 여성들
　　　— 나치의 강제 매춘과 수용소 '성노예'

유럽의 '위안부'

2차 세계대전 중 어떤 여성들은 국가권력이 만든 유곽에서 강제로 '섹스노동'을 제공해야 했다. 그 '성노예' 여성들은 하루에 6~8명의 남성을 상대해야 했는데, 휴일에는 그 수가 늘어 심지어 15~20명의 남성들과 강제로 섹스를 해야 했다. 혹시라도 임신하는 경우, 그들은 냉혹히 버려졌고 다른 여성들로 교체됐다. 몸은 망가졌고 마음은 피폐했다.

　그러나 1945년 종전 뒤 홀로코스트와 전쟁범죄에 대한 재판과 피해자 보상 및 기억과 책임을 일깨우는 과거사 정리 과정에서 성노예 여성들의 역사는 주목받지 못했다. 강제 섹스노동 제도를 만들었던 국가와 그 시설을 향유했던 남성들은 오히려 여성들에게 책임을 떠넘기며 그 여성들은 성노예가 아니라 오히려 '자유의사'로 원하던 일을 해서 이득을 봤을 뿐이라고 강변했다. 사회는 침묵했다. 아니 도리어 멀쩡했다. 여성들은 숨죽이며 보이지 않는 곳에서 늙어갔다. 오늘날까지 여전히 가해자 국가의 정부는 그 성노예 여성들에게 공식 사과와 배상을 하지 않고 있다. 그러는 가운데 생존 여성의 수는 줄어들고 있다.

　일본군 '위안부' 이야기가 아니다. 독일 나치 치하에서 성노예로 섹스노동을 수행했던 유럽 '할머니'들의 이야기다. 독일에서도 전시 성노예 여성들의 역사는 1990년대 후반까지 학계와 언론에서 완전히 잊힌 상태였다. 나치 체제의 성노예 역사는 두 가지로 구분된다. 하나는 나치 점령지에서 친위대나 독일군을 위해 섹스를 제공했던 민간 유곽과 군 유곽이고, 다른 하나는 수용소 내 유곽 시설이다.

독일군과 강제 매춘

나치 독일의 강제 매춘과 성폭력에 대해서는 여전히 연구가 부족하다. 오랫동안 독일에서도 이 주제는 학문과 정치에서 사실상 금기였고, 사회적 관심도 낮았다. 그 이유는 매우 복합적이다. 홀로코스트의 파괴적 규모에 대한 충격과 전쟁범죄 및 인종살해의 구조적 원인과 과정들에 대한 분석에 매달려 젠더-특수적인 차원은 시야에서 사라졌다. 전범재판이나 나치 가해자 재판에서 성폭력 문제는 다른 주제들의 급박성에 묻혔다. 사료상의 한계도 많았다. 그러나 "단지 자료가 미비해서만은 아니었다. 무엇보다 사회학이나 역사학이 일상으로부터 멀리 떨어져 있기" 때문이었다. 다만 일부 연구자들의 선구적 연구를 통해 1990년대 중반부터 나치 독일군의 성폭력과 강제 매춘 및 성노예에 대한 연구가 본격화되었다.

　독일방위군Wehrmacht(나치 독일군)과 친위대의 '강제 매춘'은 2차 세계대전 시기 독일군 점령지에서 독일군 지도부에 의해 설치된 유곽에서의 매춘을 말한다.

1940년부터 1945년까지 독일군이 감독하고 통제하고 '운영'한 유곽은 점령지 전체에서 약 500여 개가 존재했다. 독일 점령지 중 덴마크에만 독일군 유곽이 존재하지 않았다. 독일군 점령지 중 가장 일찍 그리고 가장 많은 독일군 유곽이 있었던 곳은 프랑스였다. 심지어 노르웨이의 독일군 유곽에서도 프랑스 여성들이 섹스노동을 제공했다.

독일군은 초기에 점령 이전부터 그 지역에서 이미 매춘행위를 하고 있던 여성들을 끌어들였다. 점령 초기에는 이미 존재하고 있던 유곽들을 접수하고 그곳 매춘 여성들을 관리하고 통제했다. 하지만 곧 체계적인 통제와 감독 방식을 도입했고 강제와 유인을 결합했다. 그들은 모집과 강제가 혼합된 방식으로 매춘 종사자들을 충원하고 관리했다. 다만 매춘행위가 존재하지 않았던 소련 지역의 경우에는 폭력과 협박을 통한 납치와 강제가 일반적이었다.

가장 많은 연구가 이루어진 프랑스를 보자. 1939년 9월 9일 나치 독일의 제국내무부 장관 빌헬름 프리크Wilhelm Frick는 독일 국방군 '작전 지역'의 매춘에 대해 경찰력을 사용해 통제할 것이라는 행정명령을 발표했다. 허가받지 않은 매춘을 금지하고 탄압함으로써 독일 군인들의 건강을 보호한다는 조치였다. 매춘은 이제 "단지 특별히 정해진 장소에서 독일 위생제도의 관리하에서만" 이루어질 것이라고 결정했다. 군인의 섹스행위를 원칙적으로 금지하면 성범죄가 늘고 동성애 위험이 증가할 것이라고 보았다. 그러니 통제되고 관리를 받는 유곽을 공급할 필요가 있었다는 것이다. 이 행정조치는 육군최

3장 생존으로 저항한 여성들

고사령부OKH 총사령관 발터 폰 브라우히치Walther von Brauchitsch에 의해 군의 명령으로 이행되었다. 그는 독일군에게 "위생이 통제되지 않는 여성과의 섹스를 금지한다"라고 명령했다. 군이 통제하는 유곽을 도입한 이유는 독일군과 프랑스 민간 여성 사이의 섹스 금지, 성병 예방, 사기 진작, 첩보원 침투와 군 정보 유출 방지 등이었다.

1940년 7월 그의 명령에 기초해 군의관과 참모 보급 장교들은 두 가지 지침을 마련해 점령지 프랑스에서 군인들을 위한 유곽을 설치하고 허가받지 않은 매춘을 금지하도록 조치했다. 1940년 9월 23일 프랑스에 주둔하던 한 상급 군의관은 다음과 같이 보고했다.

> 군인들을 위한 유곽이 거의 모든 큰 지역들에서 설치되었다. 게다가 비아리츠, 보르도, 라로셸, 낭트, 앙제, 반, 라볼과 로리앙에도 '임시 호텔'이 설치되었다. 자유로운 매춘과 관련한 검거는 거의 모든 큰 지역 담당 군사령부 소속 군의관의 지시에 따라 프랑스 경찰에 의해 수행되었다. 성병에 걸린 다수의 불법 매춘 여성들이 체포되어 치료소로 송치되었다.

매춘 관리는 기본적으로 독일군 위생 담당자들에 의해 주도되었다. 1940년 6월 22일을 기점으로 프랑스 영토의 3분의 2, 이른바 북부 지역은 독일군의 통제를 받았다. 그 지역은 4~5개 군 점령지로 분할되었고 통제권은 군 명령권자, 즉 야전사령관이나 지역 통수가 행사했다. 모든 군 통치 권역과 지역에는 사령부 군의관과 위생장교들이 배치되었고, 이 위생군들이 육군최고사령부와 독일군총사령부OKW 직속 위생부대와 함께 매춘 감시의 책임을 맡았다. 프랑스에 주둔한 독일 군의관들은 자국 군인들에 대한 의료행위에 그 역할을 한정하지 않았고 오히려 독일군을 위해 유곽을 운영하고 매춘 여성들을 통제하고 징계하는 일에 몰두했다.

1941년 말 독일군의 점령지인 북부 지역의 3분의 1에 해당하는 점령지 A에서만 143개 유곽 1166명의 여성이 군의 통제를 받으며 매춘에 종사했다. 예를 들면 항구 도시인 라로셸에만 최소 250명의 프랑스 여성들이 독일군을 위한 유곽에서 일했다. 대도시의 경우 사병들과 하사관 및 장교들을 위한 유곽이 따로 있었는데, 1941년 4월 파리에는 29개의 유곽이 있었다. 그중 장교 전용 유곽에 대한 자료는 남아 있지 않다. 원칙적으로 장교들은 금욕적 생활을 모범적으로 수행해야 한다고 강조되었기 때문이다. 하지만 실제로는 여행 중인 장교들을 위한 '임시 호텔'이 따로 설치되었는데, 파리에만 3개가 있었다.

유곽은 내규를 가지고 있었고, 영업시간과 행동 규칙과 가격이 정해져 있었다. 대부분의 경우 가격은 2~3제국마르크였고, 시설이 깔끔하고 좋은 유곽은 5제국마르크였다. 방문객은 섹스 후 위생병에게 위생 검사를 받아야 했다.

여기서도 중요한 것은 자발적이었는지 아니면 강제적이었는지 하는 문제일 것이다. 먼저 스스로 원해서 매춘에 종사한 여성들도 있었고, 포주의 폭력 때문에 벗어나지 못한 여성들도 있었다. 애초 생계를 위해 매춘을 하던 여성들의 경우 길거리에서의 '자발적' 매춘이 경찰의 통제와 처벌로 금지된 상황에서 다른 길을 찾지 못해 독일군 유곽에 들어오는 경우가 많았다. 그리고 유곽에서의 매춘 노

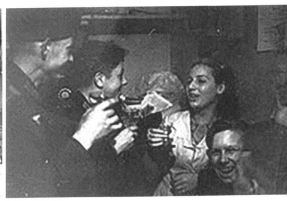

2차 세계대전기의 독일군 유곽.

동은 직접적인 행정조치와 강제에 의해 수행되었다. 매춘은 철저히 군의 감독과 관리 속에서 진행되었던 것이다. 프랑스인 경찰과 의사들도 여기에 적극적으로 협력했다. 매춘 여성의 체포에는 프랑스 경찰이 중요한 역할을 했고, 성병 검사에는 프랑스 의사들이 참여했다.

매춘의 감독과 관리는 정해진 거처에 매춘 여성들을 수용한 뒤 독일군 유곽으로 인도하는 방식이 일반적이었다. 이를테면 1941년 10월부터 1944년 11월 사이에 프랑스 중부 로리앙에서는 303명의 여성들이 매춘부로 분류되어 체포되고 수용되어 유곽으로 넘겨졌다. 1941년 10월 오를레앙의 야전사령부 위생장교는 프랑스 경찰에게 독일군 유곽 외에서 매춘하는 여성들을 체포해 수용소로 보낼 것을 명령했다. 1941년 12월부터 프랑스의 독일 점령군 당국은 수용소에 수감된 매춘 여성들을 독일군이 관리하는 여러 유곽으로 분산배치했다.

형식적인 차원에서 보면 유곽 노동은 수감 여성들의 동의나 신청으로 이루어졌다. 그러나 실제로 그들이 수용소를 떠날 수 있는 가능성은 거의 없었다. 일부 여성들은 유곽 노동을 '신청'하기 전에 수용소를 떠나기 위해 여러 가지 노력, 즉 개인적 청원과 외부의 조력 요청 또는 탈출을 시도했지만 실패했다. 이 사실은 그 매춘 여성들의 '자원'自願이 사실상 강제된 것이었음을 말해준다. 아울러 야전사령부는 그 여성들의 유곽 선택 '신청'을 들어주기보다는 직접 여성들을 선발해서 해당 유곽에 임의로 배치했다. 나치 군지도부는 이 강제 매춘 제도에 만족했다. 1943년 1월 27일 나치군의 한 문서는 "유곽 운영이 꼼꼼하게 잘 통제되고 있으며, 수용된 여성들이 독일 위생장교들에 의해 잘 관리되고 있다"고 밝혔다.

다른 지역의 독일군 유곽에 대한 체계적인 연구가 아직 나오지 않았지만, 프랑스 점령 독일군을 위한 유곽 체계는 다른 독일군 점령지에도 동일하게 적용되었다. 현재까지의 연구 결과에 따르면, 프랑스 점령지의 독일군 유곽은 독립 매춘 여성들을 구금하여 수용소에 가둔 뒤 유곽으로 끌고 간 점이 특징적이다. 이에 비해 동유럽에서는 전선의 이동이 심해 유곽의 신설과 폐쇄 및 이동이 잦았다. 게다가 동유럽에서는 나치의 인종주의적 멸시로 인해 강간이 빈발했기에, 강간한 뒤 납치하여 군 유곽이나 친위대 유곽에서 성노예로 삼는 경우가 많았다. 죽음의 공포와 위기에 빠진 그 여성들이 살아남을 수 있는 유일한 길은 '강제' 매춘을 '선택'하는 것이었다.

수용소의 성노예

나치군이나 친위대를 위한 유곽의 경우 나치 국가의 강제성과 통제적 성격이 분명히 드러난다. 하지만 수용소 유곽은 그곳 여성들이 어떤 자유나 선택의 권리가 없었고 실질적인 금전적 대가를 받지 못했다는 점에서 더욱 폭력적이었다. 더군다나 나치 폭력의 희생자였던 여성 수인들이 친위대가 아니라 동료 남성 수인들에게 '몸을 바쳐야 했다'는 점에서 수용소 유곽은 더욱 참담했다.

1942년부터 1945년 사이에 친위대는 총 열 곳의 강제수용소에 별관을 지어 유곽을 만들었다. 폴란드 땅의 아우슈비츠 수용소뿐만 아니라, 뮌헨 근처의 다카우, 함부르크의 노이엔감메, 베를린 근교의 작센하우젠과 라벤스브뤼크, 바이마르 인근의 부헨발트와 미텔바우-도라, 바이에른 북동부 플로센뷔르크, 오스트리아 북부 마우트하우젠과 구젠 등에 소재한 (남성) 강제노동수용소에는 섹스를 제공하는 유곽이 들어섰다.

베를린의 문화인류학자 로베르트 좀머Robert Sommer의 연구에 따르면, 총 210명의 여성들이 그 별관 유곽에서 강제 섹스노동을 수행했다. 그들은 전부 이미 수용소에 끌려와 있던 수인들이었다. 좀머는 오랜 자료 추적 작업 끝에 그중 174명의 여성 신원을 밝혀냈다. 성노예 여성 중 30퍼센트는 정치범이었고, 나머지 대부분은 '사회 부적격자'라는 범주로 묶인, 17~35세의 젊은 여성들이었다. 독일 여성이 65.5퍼센트에 달했고, 폴란드 여성이 27퍼센트였으며, 러시아와 우크라이나를 비롯한 동유럽 국가 출신 여성과 신티·로마('집시') 여성들도 있었다. 다만 유대인 여성들은 인종적 멸시로 배제되었다. 인종차별 정책을 성폭력 제도에까지 철저히 적용한 셈이다. 그런데 정책이나 규정은 더러 실제 현실을 가리기도 한다. 유대인 여성들의 일부는 친위대 유곽에서 섹스를 제공했고, 심지어 친위대 장교들이 유대인 여성들을 개인적으로 성적 노예로 삼는 경우도 많았다.

사실 나치의 강제노동수용소와 섹스를 제공하는 유곽은 얼른 보기에는 서로 어울리지 않는다. 나치의 수용소는 본디 인간에게서 인간다움을 박탈하고 인간을 '사물'로 전락시키며 철저한 규율과 전면적 통제로 사적 욕망을 짓뭉개는 곳이었기 때문이다. 친위대는 수용소 바깥, 즉 민간 사회에서는 유곽을 엄격히 관리하며 사회의 '청결함'과 인종적 '순결함'을 유지하고자 했는데, 오히려 수용소에서는 유곽을 세워 그것에 반하는 일에 앞장서는 모순을 보였다.

나치가 수용소에다 유곽을 만든 이유는 강제노동수용소의 남성 수인들에게 노동력 증대를 유인하기 위함이었다. 수용소 유곽을 설치하는 구상은 나치친위대 대장인 하인리히 힘믈러Heinrich Himmler로부터 나왔다. 그는 마우트하우젠 수용소를 방문하고 돌아온 뒤 친위대 경제-행정청 책임자 오스발트 폴Oswald Pohl에게 보내는 1942년 3월 23일자 편지에서 "부지런히 일하는 수인들에게 유곽의 계집을 제공할" 필요가 있다고 말했다. 친위대 지도부는 남성 수인들로부터 더 철저한 복종과 노동력 증대를 꾀하기 위해 물질적 혜택과 보상을 제공했으며, 성과가 좋은 남성 수인은 수용소 내 위계에서 높은 자리를 차지하도록 조치했다. 일종의 특권과 성과제를 도입한 것이다. 피억압자들을 구별하고 분리하며 위계를 만들고 차별하는 것은 그들 사이의 내적 결속과 연대를 파괴하고 동요와 갈등을 유발하는 전형적인 지배 관리 방법이었다. 그와 같은 특권과 성과제의 일환으로 힘믈러는 일을 열심히 하거나 친위대를 적극적으로 돕는 수인들에게 수용소 유곽에서 섹스를 할 수 있는 기회를 제공했다.

유곽을 찾고픈 남성 수인들의 경우 신청서를 작성해야 했다. 물론 친위대가 허락하는 특권층에게만 기회가 주어졌다. 그들은 2제국마르크에 해당하는 대행 카드를 지불하고 15~20분 정도의 섹스 시간을 가질 수 있었다. 유대인과 소련군에게는 그런 기회를 박탈했다. 정치범들은 수용소 유곽의 비인간성을 비판하며 방문을 조직적으로 거부하기도 했다. 그런데 인간 삶에서 흔히 그렇듯, 특권을 향유하게 된 사람들이 그들이 가진 그 특별한 기회를 그냥 지나치기란 쉽지 않았다.

여성 성노예들은 섹스의 대가로 2제국마르크를 받았지만, 그중 1제국마르크 50페니히는 친위대가 가져갔고, 5페니히는 "감독하는 여성 수인들"이 챙겼으며, 나머지 45페니히가 성노예에게 할당되었다. 수용소에서 나가게 되면 그 돈을 지급한다고 했지만 그런 일은 일어나지 않았다. 대신 섹스노동을 위해 그들에게는 상대적으로 좋은 음식이 제공되었다. 이것을 다행이라 해야 할까, 불행이라 해야 할까? 참혹하고 난감할 뿐이다.

남성 수인들에게 유곽에서의 섹스는 단순히 친위대의 폭력 체제에 대한 굴종이나 동물적 본능의 충족을 넘어서는 것이었다. 그들은 유곽 방문을 잃어버린 남성성을 찾는 것으로 스스로 정당화했고 몸을 통한 개체성의 확인 기회로 받아들였다. 때로 그들은 '죽기 전에 여자 한 번 보고 싶다'는 소박한 열망 때문에 유곽을 방문하기도 했다. 그럼에도 유곽을 방문하는 남성 수인은 수용소에서 1퍼센트도 안 되는 '특권층'이었다. 수용소의 '지옥'에서 그런 특권을 갖기 위해 필요한 것은—드물게 찾아오는 행운을 뺀다면—흔히 배신과 밀고, 음모와 술수뿐이었다. 요컨대 친위대는 강제노동을 강화하고 그 제도의 효율을 높이기 위해 새로운 종류의 강제노동, 즉 강제 섹스노동을 도입했고 이를 통해 수인들을 다시 차별과 특권의 방식으로 지배 관리하는 또 다른 가해와 공모의 장으로 몰고 갔다.

'자발성' 신화 깨기

1945년 이후 오랫동안 독일 사회가 수용소에서 강제 섹스노동을 수행했던 성노예들을 나치의 피해자로 인정하지 못한 것은 그들이 원래 '매춘부'였고 그곳에서 더 나은 대우를 받기 위해 자발적으로 그 일을 맡았다는 인식이 지배적이었기 때문이다. 그런 '신화'는 엄밀한 사료 검토와 연구를 통해 최근 들어서야 어렵게 극복되었다.

친위대가 초기, 즉 1942년에 막 수용소 유곽을 개설했을 때 사회에서 성매매 경험이 있는 '전문 인력'을 선발했던 것은 사실이다. 그들은 모두 라벤스브뤼크와 아우슈비츠-비르케나우 수용소의 여성 수인들이었다. 애초 친위대는 수용소에 구금된 '매춘부'들로 하여금 '자원'하도록 '강제'했다. 그러다가 1943년부터는 그전의 직업은 전혀 중요하지 않았다. 친위대는 생존 가능성이 낮은 작업반을 의식적으로 골라 여성 수인들에게 '자원'하면 살 수 있다고 유인했고, 심지어 '6개월 동안 유곽에서 봉사하면 수용소에서 나갈 수 있다'고 약속하기도 했다. 물론 그 약속은 거짓이었다. 그렇더라도 여성 수인들

라벤스브뤼크 수용소에서 노역하는 여성 수인들.

에게 성적 착취의 수용 여부는 삶과 죽음의 선택이기도 했다. 성노
예로 일하는 것은 그나마 생존의 마지막 기회였다. 그런 한 그것은
'자원'의 형식을 빌린 강제이자 기망을 통한 노예화였다. 얼마 뒤 그
약속이 거짓임이 수인들에게 알려지자 친위대는 강제로 여성 수인
들을 선별해 유곽으로 끌고 갔다. 친위대의 임의적인 선발이 곧 결
정적이 되었고, 이때 여성들의 건강과 육체 상태가 중요한 선발 기
준이었다. 이제 여성들은 어디로 가고 무엇을 하게 되는지도 모른
채 유곽으로 끌려가는 경우가 다반사였다.

　전면 통제와 감시 속에서 진행되는 '강제 섹스'가 정상적일 리가
없었다. 유곽의 여성들은 노동 작업반처럼 일정한 시간과 공간에서
정해진 남자들과 성교를 맺어야 했고, 원칙적으로 사적 관계는 허용
되지 않았다. 그들은 특정 '고객'을 거부할 수도 없었고 '고객'의 수
를 결정할 수도 없었다. 심지어 친위대는 성행위 자체를 관찰하며

나치 수용소의 여성 수인들은 성노예 역할을 강요받기도 했다.

감시를 체계화했다. 유곽의 각 방의 문에는 구멍이 뚫려 있어 친위대원이나 고용 감시원들이 성행위를 수시로 살펴볼 수 있었다. 성행위가 끝난 뒤 성노예 여성들은 수용소 의사들에게 보내져 성기를 세척해야 했다. 결국 여성들은 마치 컨베이어벨트처럼 조직화된 성착취의 희생자였다. 일부 여성들은 공포와 고통 속에서 자해하며 저항하거나 자살을 시도하기도 했지만, 또 다른 일부는 깊은 절망 속에서 점차 무심해져 그 성노예 자동장치에 '적응'하기도 했다.

수용소의 성노예들은 점차 저항이나 거부보다는 무심함과 순응이 생존 전략이자 삶의 방편으로 더 효과적이라는 사실을 배웠다. 여성들은 제한된 조건 속에서 다양한 생존 전략을 찾았다. 특히 나치의 감시와 통제 속에서도 '권력'을 지닌 정기 고객은 있게 마련이었다. 여성들은 특정 남성 '고객'에게만 섹스를 제공하는 대가로 특별한 물질적 보상을 받기도 했다. 아울러 그것은 상대해야 할 '고객'

3장 생존으로 저항한 여성들

의 수를 줄이는 데도 도움이 되었다. 이를테면 라벤스브뤼크의 여성 수용소에서 부헨발트 수용소 유곽으로 끌려온 막달레나 발터는 두 명의 고객으로부터 번갈아가며 방문을 받고 섹스를 하는 대신 보호와 보상을 받았다. 그러나 그런 보호/피보호 관계는 완전하지도 않았을 뿐 아니라 발터의 적극적인 의지에 따른 것도 아니었다. 다만 그 어떤 것이든 생존과 안전 및 '빵 몇 조각 더'를 위해서라면 여성들에게 큰 의미가 있었다. 친위대 군인들과의 관계도 단일하지 않았다. 상습적으로 폭력을 휘두르는 친위대 군인이 있는 한편, 유곽의 여성들에게 먹고 마실 것을 챙겨주며 심지어 소설을 읽어주던 군인들도 있었다. 제한적이나마 그들 사이에도 '사랑'과 '우정' 비슷한 것이 생겨나기도 했다. 하지만 그것은 협박과 공포의 체제, 무책임과 절망의 상호작용 속에서 빛을 잃었다.

피해 여성들의 '강제된 선택'과 생존 전략

최근에야 비로소 독일과 유럽의 역사기억재단들이 옛 나치 수용소 자리에 수용소 유곽의 존재를 드러내는 조형물을 설치하고 성노예 희생자들을 추모하기 시작했다. 수용소에서 조직적으로 성적 착취를 당했던 여성들을 희생자로 인정하고 그들의 삶을 역사적으로 복원하는 데는 오랜 시간이 걸렸다. 여성들이 수용소 유곽으로 가게 된 과정과 그곳에서의 생존 방식에 대한 오랜 '신화'를 깨고 나서야 비로소 그들에 대한 추모와 기억이 가능해졌다.

절망의 죽음의 체제 앞에서 여성들이 생존과 안전을 위해 행한

'작은' 선택에서 '공모'와 '자책'의 근거를 찾아 가해자들의 변호 논리를 재생산할 수는 없다. 그 '강제된 선택'과 순응적 수용은 속수무책의 폭력 기제에 노출된 여성들의 고유한 생존 전략이었다. 그렇게 '살아남은' 것만으로도 그들은 절멸 체제인 나치즘과 살해 기제인 수용소에 제대로 '저항'한 것이다. 그 과정이 반드시 정치적으로나 인간적으로 '순결'했을 것이라고 단정할 수는 없을지라도 말이다. 수용소에서 처참한 몰골로 가까스로 생명을 부지한 이들과 재와 연기로 사라진 수백만 명의 희생자를 생각하면, 그들이 당시와 전후 초기에 쉽게 나치 범죄의 피해자로 받아들여지지 않았던 것도 이해할 수 있다. 그렇지만 나치가 창출한 기괴한 폭력 공간은 굴곡지고 촘촘했다. 범죄의 가해자들도 복합적이고 다층적이었지만 폭력의 희생자들도 다양한 방식의 희생과 고통을 겪었고 때로 받아들이기 어려운 방식의 생존 기회를 활용했다. 그것 또한 가해자의 범죄가 지닌 방대한 규모와 심대한 차원으로 규정해야지, 피해자의 무책임과 기회주의로 볼 수는 없다.

새로운 사료를 발굴한 것도 아니고 역사적 사실에 대해 정밀히 탐구하지도 않고, 폭력 체제의 복합성과 다양한 행위자들의 선택 가능성(과 불가능성)에 대한 사유도 부족한 채 일본군 '위안부' 문제와 관련해 '민족주의' 인식을 깬다고 덤벼드는 사람들이 있다. 정치적으로 현명하지 못하고 학문적으로 참담하다. 위안부 역사 문제에 대한 한국 사회의 민족주의적 단순화와 과도한 집단감정 동원이 지닌 문제에 대한 비판은 부당하지 않다. 다만 '위안부' 생존자들과 정대협(한국정신대문제대책협의회)을 비롯한 운동가들의 지난한 투쟁의 역사를 단순히 민족주의의 악용으로 간주하는 것은 사실에 대한 왜곡이자 '제2의 역사'(과거사 정리 운동)를 일군 행위자들에 대한 모독이다. 민족주의적 단순화를 해체한다고 덤벼들어 맥락을 이탈한 채 단편적 사실의 침소봉대와 과잉해석을 일삼는 것은 심각한 오류다. 오히려 폭력 체제, 특히 성폭력 체제의 다양한 메커니즘에 대해 더 많은 관심이 필요하다. 강제와 압박, 유인과 기망이 함께 결합된 폭력 기제의 복합성과 행위자들의 다양한 생존 전략 및 동기에 주목해야 한다. 기괴한 담론을 만들어 나름의 '성찰'을 되레 역사의 피해자들에게 강요할 게 아니다. 사료를 더 찾고 맥락을 더 더듬어야 한다. 그래야 폭력의 실체가 드러난다. 그럴 때 지키고 확장해야 할 사회운동의 결기와 개척해야 할 인식 지평이 함께 보인다.

역사의 의인, '로렌초'들을 기억하라
— '선의 평범성'을 찾아

'로렌초'의 의미

아우슈비츠 생존 작가 프리모 레비Primo Levi(1919~1987)에겐 로렌초
가 있었다. 20세기 최고의 증언문학 『이것이 인간인가』에서 레비는
참혹한 나치 수용소에서 자신을 버티게 한 생존의 힘을 로렌초에게
서 찾았다. 강제노동에 몰려 공포를 먹고 절망을 입고 사는 레비에
게 이탈리아 민간인 노동자 로렌초는 여섯 달 동안 매일 빵 한 조각
을 가져다주었고 옷과 엽서를 전달해주었다. 레비에게 그것은 구체
적이고 물질적 도움이기도 했지만 무엇보다 새로운 세계의 가능성
을 알리는 빛이었다.

레비는 말했다. "'선행'을 행하는 너무나 자연스럽고 '평범'한 그
의 태도를 보면서 수용소 밖에는 아직도 올바른 세상이, 부패하지
않고 야만적이지 않은, 증오와 두려움과는 무관한 세상이 존재할지
모른다고 믿었다. 정확히 규정하기 어려운 어떤 것, 선의 희미한 가
능성, 하지만 그것은 충분히 생존해야 할 가치가 있는 것이었다."(작
은따옴표 표시는 필자) 로렌초 덕에 레비는 나치의 광포한 위계질서와

아우슈비츠 생존 작가 프리모 레비는 수용소에서 여섯 달 동안 매일 빵 한 조각을 가져다준 '로렌초'를 통해 자신이 "인간이라는 사실을 잊지 않을 수 있었다."

그것이 만들어낸 수인들 사이의 인간성 파괴와 내적 황폐 속에서도 "인간이라는 사실을 잊지 않을 수 있었다."

지난 세기 파시즘을 비롯한 각종 정치체제의 폭력과 사회적 신뢰를 단절시킨 처참한 재난적 사건들은 파도처럼 사람을 덮쳤고 바다처럼 문명을 삼켰다. 흔한 사상적 체제 비판과 철학적 문명 비판을 넘어 그것을 살피면 구체적이고 다양한 행위자들이 눈을 또렷이 뜨고 물음을 던진다. 구조의 모순이나 체제의 결함이 아니라 행위와 현상에 더 초점을 맞추면, 가해자나 책임자의 동기와 목적 또는 행위 과정을 제대로 따질 필요가 생기고, 희생자와 피해자를 추모하고 기억하는 것을 넘어 그들(과 가족들)의 고통과 불안, 절망과 고독에도 탈출구가 더 다양하게 마련돼야 함을 알게 된다. 아울러 정치적 집단행동에 특별한 관심을 가진 사람들은 과거의 저항 투사들에 새로운 숨결을 불어넣을 줄 안다.

그런데 문명이 '가라앉는' 순간 희생자들에게 손을 내밀고 구조에 뛰어든 의인들은 쉽게 잊힌다. 기껏 미담의 주인공으로 잠시 세간의 관심을 받다 '숨은 영웅'Unsung Hero으로 사라진다. 문명과 사회가 파괴되는 상황에서 타인의 생명과 안전을 지킨 의인들이 있었다는 사실은 에피소드로 전락하며 특별한 의미를 갖지 못하는 경우가 다반사다.

　　현대사 연구 분야에서 가장 다양한 성과를 보인 홀로코스트 연구에서도 오랫동안 구조자Judenretter(유대인 구조자) 또는 조력자 Judenhelfer(유대인 조력자)에 대한 관심이 적었다. 홀로코스트의 가해자와 희생자 및 저항 투사들에 대한 연구는 산더미처럼 쌓였다. 나치 억압과 인종살해를 수용하고 추종했던 평범한 시민들에 대한 연구도 다양했다. 하지만 나치의 살해체제에 쫓기고 죽음의 벼랑에 몰린 사람들을 숨겨주고 구해준 행위자들의 역사는 망각에 빠졌다. 식민 폭력이나 공산주의 인권 유린과 군사독재 억압과 관련해서도 위기에 몰린 이들을 도운 의인에 대한 역사학적 분석은 얕다. 의인들은 무엇보다 상황의 압박이나 '객관적 조건'의 제약에 매달리는 폐쇄적인 역사 이해를 해체시킨다. 그들은 역사의 대안 가능성을 부각하며 행위의 여지를 그대로 드러내기에 특별한 의미를 지닌다. 그들의 존재와 행위는 독재와 억압의 가해자들과 동조자들이 만든 신화와 위선을 벗겨낸다.

홀로코스트의 의인들

최근에야 홀로코스트 역사의 행위자 범주로서 구조자 또는 의인 연구에 대한 관심이 증대했다. 2002년을 전후해 볼프강 벤츠Wolfgang Benz와 볼프람 베테Wolfram Wette를 위시한 역사학자들과 이스라엘의 야드 바셈 홀로코스트 박물관Yad Vashem Holocaust Museum이 2차 세계 대전기 유대인을 구조하는 데 나선 의인들을 연구해서 그 개요를 밝혔다. 2014년 1월 야드 바셈 홀로코스트 박물관의 통계에 따르면, 2차 세계대전 동안 유대인을 구조하는 행위에 참여한 것으로 확인된 의인 수는 2만 5271명이다. 확인되지 않은 의인들이 적지 않기에 그 수를 놓고 뭐라 말하기는 어렵다. 인상적인 것은 독일인 의인을 553명으로 헤아렸는데, 그중 100명 정도는 나치 군인 또는 경찰 신분으로서 유대인의 은신과 구조에 나섰다는 사실이다. 이른바 '제복을 입은 구조자'였다. 군과 경찰에서조차 명령에 복종하지 않을 수 있는 행위 여지가 있었고, 실제로 그런 사람들이 존재했다는 사실은 매우 중요하다. 당시 독일 군인이 1800만 명이었다는 것을 염두에 두면, 100명이란 수에 실망할 수 있다. 하지만 그 구조 행위와 행위자를 기억하는 것이 홀로코스트를 이해하는 데 얼마나 중요한지도 금방 알 수 있다.

1933년 6월 중순 독일에는 약 50만 명의 유대인이 거주했다. 곧 탄압과 수송과 절멸이 이어졌지만, 1942년 독일 전역에서 아직 유대인 1만 2000명이 숨을 죽이고 몸을 낮추고 있었다. 그 유대인 피신자 중 약 6000명이 베를린에 숨어 있었다. '불법' 거주 유대인 외에 강제노동자로 끌려와 베를린에서 일하고 있던 '등록' 유대인은

야드 바솀 홀로코스트 박물관의 의인 추모비.

1943년 초 기준 약 1만 5000명이었다. 강제노동자 중 일부도 구조자의 도움을 받아 은신하는 데 성공했지만, 대다수는 1943년 2월 말의 체포와 수송, 그로 인한 절멸을 피할 수 없었다. 1945년 종전 때까지 살아남은 유대인 수는 단지 베를린에서만 확인되었다. 1945년 8월 연합국에 등록된 베를린 소재 유대인 수는 1314명인데, 미등록 인원까지 합치면 약 1500명 정도였다. 그들은 모두 독일인 구조자들의 도움으로 은신하며 생존할 수 있었다.

은신 중이던 유대인 가운데 연합군의 폭격과 검문을 통한 발각 등으로 '해방'을 맞지 못한 경우가 많았다. 게슈타포가 투입한 '유대인 수색대'도 동료 유대인을 배신하고 은신처를 찾아내는 데 앞장섰

다. 30명의 유대인 부역자 중 특히 슈텔라 골트슐라크Stella Goldschlag
는 유대인 은신처와 접선지들을 기가 막히게 알아맞혀 독일인 구조
자들에게도 두려운 존재였다. 골트슐라크는 300명 넘는 유대인들을
발각해 게슈타포를 기쁘게 했지만, 정작 자신의 부모와 남편이 아우
슈비츠와 테레지엔슈타트 절멸수용소로 보내지는 것을 막지 못했
다. 유대인도 살기 위해 궁지에 빠진 동료 유대인을 배신하는 상황
에서 독일인이 유대인 구조에 나선다는 것은 특별한 일이었다. 그들
또한 '구조활동'으로 인해 생명의 위협을 느꼈다. 1941년 10월 말
괴벨스는 "유대인에게 호의를 베푸는 사람도 유대인처럼 대우하겠
다"라고 경고했다. 유대인 구조에 나섰다가 발각되면 처형되거나 수
용소로 이송되었고, 최소한 직업상의 불이익과 감시를 받았다.

유대인 피신과 구조에 가담한 구조자 수를 둘러싸고 이견이 있
지만, 역사가 볼프람 베테는 6000만 명이 넘는 독일인 가운데 많이
잡아도 구조자가 3만 명이 넘지 않았을 것이라고 냉정하게 평가했
다. 그 비율이 낮을지라도 의미는 작지 않다. 그중 카를 플라게Karl
Plagge와 안톤 슈미트Anton Schmid는 '제복을 입은 구조자'로서 후대에
기억되고 있다.

플라게 대위(1941년 소령 진급)는 독일 점령지 리투아니아에서 약
1000명 이상의 유대인을 구출했다. 그는 다름슈타트 공대에서 기
계공학을 공부했고, 1931년 나치당에 당원으로 가입했다. 플라게
는 전쟁 발발 직후 리투아니아 빌뉴스에서 운송 부대 차체수리소 책
임을 맡았다. 병으로 약간 걸음걸이가 불편했던 그에게 최적의 일
인 것처럼 보였다. 애초 나치 이데올로기를 따랐지만 동유럽에서 발
생한 학살에 충격을 받고 유대인을 구조하는 일에 나서기 시작했다.

일회적인 행위가 아니라 신중하게 지속된 구조활동이었다. 그는 유대인 게토에 음식과 의복을 제공했고 게토에서 유대인들이 절멸수용소로 이송되는 것을 보고는 자신의 작업장에 수백 명의 유대인을 숨겨주었다. 1944년 친위대가 그의 작업장을 접수하기 직전에 긴급히 350여 명의 유대인들을 모아놓고 도피하도록 했다. 그 덕분에 250명이 생존할 수 있었다. 플라게는 전후 자신을 의인으로 내세우기는커녕 나치 동조자라며 오히려 부끄러워했다. 그는 가난하고 외롭게 살다 1957년에 세상을 떠났다.

안톤 슈미트 상사는 오스트리아 빈에서 전자상가를 운영하던 중 1940년 독일군에 징집되었다. 리투아니아 빌뉴스에서 낙오병 집결지를 책임지게 되었고 동시에 그곳의 공장을 떠맡아 운영했다. 그는 공장에서 일하는 유대인 강제노동자들에게 위조 문서와 통행증을 발급해 그들이 학살지로 수송되는 것을 피하게 했고, 그들 중 일부를 정기적으로 벨라루스 지역의 안전지대로 도주시켰다. 1942년 1월까지 구출한 인원이 약 350명이었다. 심지어 유대인 저항 조직의 투사들을 자신의 집에 숨겨주었고 바르샤바 봉기를 위해 유대인들에게 트럭을 제공하기도 했다. 결국 밀고당하여, 1942년 4월 군사법정에서 사형을 언도받고 교수형에 처해졌다. 처형이 집행되는 날 아침 안톤 슈미트는 부인과 딸에게 작별의 편지를 썼다.

> 내 사랑 슈테피, 그레테, 나를 용서해줘. (……) 이곳의 유대인 노동자들이 여기서 나가게 해달라고 나한테 도움을 요청했어. 그렇게 해야 한다고 생각했어. 내가 마음이 약하다는 걸 당신도 잘 알지. 더 생각할 것도 없이 도와주었어. (……)

4장 역사의 의인, '로렌초'들을 기억하라

'다름슈타트의 쉰들러' 카를 플라게(위).
그의 도움으로 생존한 유대인들과 그 후손들.

약 350명의 유대인을 구출하다가 처형된 독일군 안톤 슈미트.
가족 및 동료들과 함께한 모습.

나는 단지 사람이라면 해야 하는 일을 했을 뿐이야. 나는 정말 누구한테도 해를 끼치고 싶지 않았어. 당신이 내 편지를 받을 때 난 이 세상 사람이 아닐 거야. 더 이상 편지도 못 쓸 거야. 하지만 더 나은 세상, 하느님과 함께하는 세상에서 우리는 꼭 다시 만날 거야.

유럽 전역에서 구조자들이 나섰는데, 그중 외교관들이 특별한 역할을 수행했다. 『블랙 어스』의 저자 티머시 스나이더의 말처럼 "유대인을 대규모로 구할 수 있었던 사람들은 국가와 직접 연결되어 있고 국가의 보호를 나누어줄 권한을 지닌 사람들뿐이었다." 외교관은 "상호 의존하는 인간세계로의 초대장"인 여권이나 여행증명서를 발급해줄 수 있었기 때문이다. 스웨덴의 외교관 라울 발렌베리Raoul Wallenberg는 1944년 여름 나치가 점령했던 헝가리로 들어가 수만 명의 유대인들을 구출했고, 빈 주재 중국 영사 허펑산何鳳山은 1938년부터 1940년 사이에 오스트리아 지역의 유대인들에게 상하이로 이주할 수 있는 중국 비자를 발급해 최소 4000명의 유대인을 구출했다. 몇 년 전 국내에도 알려진 '일본의 쉰들러' 스기하라 지우네杉原千畝와 '이란의 쉰들러' 파리 주재 이란 공사 압돌-호세인 사르다리Abdol-Hossein Sardari도 수천 명에 달하는 유대인을 구출했다. 파리 이슬람 사원의 원장이었던 시 카두르 벵하브리트Si Kaddour Benghabrit도 종교와 문화의 경계를 넘어 구조활동에 나섰다.

국가별로는 폴란드와 덴마크인들의 구조활동이 빛났다. 나치 점령하의 폴란드인들은 양면적이었다. 유대인을 밀고하고 그들의 재산을 앗아간 처참한 역사가 한편에 있지만, 유럽의 그 어떤 민족

'일본의 쉰들러' 스기하라 지우네(왼쪽에서 두 번째).

도 폴란드인만큼 많은 유대인을 구출하지는 못했다. 지하조직 제고타Żegota는 바르샤바 게토의 유대인들을 구출하고 돕는 활동을 왕성하게 벌였다. 뒤에서 미국 유대인 민간단체와 폴란드 망명정부가 지원했지만 목숨을 건 구조활동에 직접 참여한 사람들은 대부분 '평범한 사람들'이었다.

평범한 사람들의 역할과 관련해서는 덴마크의 유대인 구조 역사가 가장 빛났다. 1940년 4월 9일 덴마크는 나치 독일에 의해 최종적으로 점령됐다. 당시 덴마크에 거주하던 유대인 수는 8000명 정도였는데, 처음부터 코펜하겐의 병원과 대학, 교회 종사자들은 유대인들을 보호하고 도왔다. 특히 1943년 10월 1일 밤을 기해 나치가 덴마크 거주 유대인들을 체포해 전부 수용소로 이송하려 했을 때, 덴마크의 구조자들은 결속해 그 계획을 무력화했다. 구조자들, 이를테

4장 역사의 의인, '로렌초'들을 기억하라

'이란의 쉰들러' 압돌-호세인 사르다리(왼쪽에서 세 번째).

면 덴마크의 평범한 어부들의 도움으로 7742명에 달하는 덴마크 유대인들은 수용소가 아니라 스웨덴으로 안전하게 배를 타고 피신할수 있었다. 덴마크 경찰과 해안경비대는 못 본 척 눈감아주었다. 이때 500명 정도의 유대인만이 테레지엔슈타트 수용소로 끌려갔다. 하지만 덴마크인들은 그들을 구조하기 위해 계속 노력했고, 그 결과 350명 이상의 유대인들이 목숨을 건져 다시 덴마크로 돌아올 수 있었다. 결국 나치의 유대인 절멸정책에도 불구하고 덴마크 유대인의 98퍼센트가 생존했다. 덴마크가 유대인 구조에 그토록 과감하게 나설 수 있었던 것은 다른 독일 점령지에 비해 덴마크가 내정의 독립성을 보장받았기 때문이다. 덴마크인들은 나치의 유대인 절멸정책에 대한 거부감을 기존 국가기구와 사회적 네트워크를 통해 구조행위로 전환시킬 수 있었다.

누가 왜 유대인들을 도왔나

홀로코스트의 유대인 구조자와 조력자들은 특정 계층이나 사회 소속과 아무 관련이 없었다. 유대인 구조자와 조력자들의 출신과 직업은 천차만별이었다. 기업가와 관료, 노동자와 소상인도 있었고 주부나 매춘부도 있었으며, 심지어 일부는 범죄 전과자였다. 역사가들은 아직 그들을 연결시키는 어떤 끈들, 즉 생애사의 유사성이나 행위 동기의 공통성을 충분히 발견하지 못했다. 통계에 따르면, 연령별로는 40대와 50대가 가장 많았고, 고등교육을 받았거나 부유한 사람도 있었지만 대개 평범한 사람들이었다. 그 사실에서 특별한 의미를 찾기는 쉽지 않다. 외교관이나 기업가나 장교의 경우 평범한 사람들보다 구조행위가 발각되기 더 쉬웠고 더 위험했기 때문이다. 독일 의인들의 경우 3분의 2가 여성이라는 사실에도 잠시 눈길이 멈추지만, 적극적인 결론을 내리기가 조심스럽다. 저항 투사 중엔 여자들이 그만큼 많지 않았고, 50만 명 이상의 독일 여성들이 '국방군 도우미'가 되어 전쟁에 참여했는데, 그중 절반 이상은 자발적으로 참여했다. 게다가 2375명의 독일 여성들이 악명 높은 친위대 보조단에 모두 자원하여 활약했다.

구조행위의 동기도 다양하고 복합적이었다. 인류애나 종교적 이유나 정치적 신념으로 구조활동에 조직적으로 뛰어든 사람들이 가장 많았다. 하지만 친구나 지인을 위험에 홀로 내버려두지 않겠다는 소박한 우정과 인간적 의리 때문에 나선 사람들도 있었다. 심지어 길에서 우연히 만난 유대인의 절실한 부탁을 받아들여 3년이나 숨겨준 사람들도 있었다. 모든 게 다 아름답지만은 않았다. 경제적 이

4장 역사의 의인, '로렌초'들을 기억하라

익이나 물질적 보상, 사랑이나 섹스를 대가로 구조해준 경우도 있으며, 한때 구조자였지만 곧 능동적 학살자로 변신한 경우도 있었다. 반유대주의나 인종주의를 지녔지만 후일의 복수가 두렵거나 보상을 염두에 두고 구조활동에 참여한 약삭빠른 이들도 있었다.

다만 대부분의 의인들은 자신의 행위를 인간으로서 당연한 의무를 이행한 것으로 간주했다. 설사 '순결한 동기'가 아니었더라도 구조자와 조력자들은 유대인을 최소한 인간, 즉 고통을 겪고 궁지에 몰린 '동료 인간'으로 바라보았다. 설령 어떤 대가를 받았어도 구조행위는 극도로 위험했기에 구조자들은 궁지에 몰린 사람과의 관계에서 새로운 의미를 찾아냈다. 즉 구조행위를 통해 자신과 삶을 새롭게 발견하고 개척했다. 구조행위는 구조자 자신에게도 삶과 인간성에 대한 존중을 뜻했다. 그들이 가장 빈번하게 말했던 "인간으로서 차마", "같은 사람으로서 달리 어쩔 수 없어서"라는 말은 의인의 자기인정이기도 했다. 선행의 보상이 존경이 아니라 절벽인 상황에서 타인을 구조하는 행위는 자기 삶을 새롭게 설정하는 행위였다. 항상 현재의 위험에 대비해야 하고 미래를 계획해야 했기 때문이다. 구조행위는 선한 삶의 순연한 연속을 넘어 외줄을 타듯 조심스럽고 돌산을 타듯 묵중한 행동, 즉 최대한 신중하되 단호한 의식적 실천이었다.

홀로코스트의 의인들은 1945년 이후 과거 선행에 훈장을 달고자하지 않았다. 구조자들은 대개 자신들의 구조 이야기를 하지 않았다. 겸손일 수 있지만, 여기에는 두 가지 이유가 있다. 첫째, 구조자들은 자신의 행위가 '특별하다'고 생각하지 않았다. 그들은 "도움이 필요한 사람들을 돕는 것이 지극히 정상적이고 '평범'한 일"(작은따

옴표 표시는 필자)이라고 여겼다. 그러니 그들은 특별히 얘기할 게 없었다. 둘째, 자신들의 구조행위가 충분하지 않다고 생각했다. 오히려 "더 많은 사람들을 구할 수 있었는데 그러지 못한" 죄책감에 시달렸다. 모든 '쉰들러'들이 그랬다. 그러니 그들은 말하기가 어려웠다. 깊은 침묵을 감싼 것은 짙은 슬픔이었다.

세월호의 의인들

세월호 참사는 재난과 관련된 것이기에 정치폭력과는 성격과 양상이 근본적으로 다르다. 그러나 행위자에 초점을 맞추면 접점이 없지 않다. 정치폭력의 경우와 마찬가지로 세월호 참사에서도 진상을 밝혀 책임자들을 처벌해야 한다. 희생자들에 대한 추모와 기억을 제도화하고, '(살아)남은' 사람들의 고통과 불안에 대한 치유와 극복에 큰 관심이 이어져야 마땅하다.

참사에서 제대로 조명받지 못한 또 다른 행위와 행위자가 있다. 의인들과 그들의 구조행위도 걸맞게 기억돼야 한다. 먼저, 그들의 행위를 통해 재난 당시 도주하거나 방관한 책임 당사자들의 범죄적 행위들이 더 명료히 드러날 수 있기 때문이다. 애초 재난 구조에 나서야 했을 선원들과 국가기관의 무책임, 무능력 및 소극성이 구조자들의 능동적 행위와 대비되어 부각되고, 책임 추궁이 더욱 명료해진다. 어쩔 수 없는 상황이 아니었기 때문이다. 세월호의 의인들은 당시 구조의 가능성과 대안적 행동 여지를 여실히 보여주었다. 대규모 희생은 '어쩔 수 없는 상황' 때문이 아니라, 그 '가능성과 대안'을 선택하지 않았고 활용하지 않았기 때문에 발생했다.

의인들의 구조행위를 통해 우리는 인간적 가능성의 도덕적 의미를 찾을 수 있다. 사무장 양대홍, 학생 정차웅, 교사 남윤철과 최혜정, 화물차 기사 최재영, 승무원 박지영 등과 '파란 바지의 구조자' 김동수 등은 모두 특별한 훈련을 받은 사람들이 아니었다. 그럼에도 절체절명의 순간에 자신을 던져 구조에 나섰다. 집단적 재난과 파국적 위험에 직면해 타인을 구조하기 위해 나선 인간적 행위는 이미 사회적 의미를 지닌 행위이고 역사적으로 기억되어 마땅한 실천이다. 아울러 그들의 구조행위는 공동체의 신뢰를 회복할 수 있는 자산이다. 공동체 구성원이 타인과 자신에게 여전히 인간적 도리에 대한 기대와 사회의 문명적 성격에 대한 희망을 걸 수 있는 힘이다.

2014년 4월 16일 전라남도 진도 앞바다의 '로렌초'들, 즉 세월호의 의인들을 기억해야 하는 이유는 젖어들고 싶은 영웅적 미담이 부족하기 때문도 아니고, 그들을 통해 순전히 인간적 위로를 받을 수 있기 때문만도 아니다. 의인들이 온몸을 던져 만들어낸 '선의 희미한 가능성'을 더 짙게 만들어 공동체적 삶의 새로운 토대로 삼을 수 있기 때문이다. '가라앉는' 문명 속에서 로렌초를 통해 '생존해야 할 가치'를 찾은 프리모 레비처럼, 우리도 가라앉은 세월호에서 공동체를 존속시킬 근거를 건져 올려야 한다.

인간과 사회에 대한 신뢰

의인들의 역사를 더듬다 고개를 들면 하늘에서 푸른 눈이 내릴 것

같다. 지평선 끝자락에서 누군가 말을 타고 달려올 것만 같다. 하지만 쪽빛 하늘과 굳건한 땅을 닮은 그들의 용기와 헌신에 기대어 사유를 중단할 수는 없다. 그들을 천사나 영웅으로 간주하고 나면 평온할 듯하지만 사실 불편하다. 홀로코스트에서든 세월호에서든 타인의 생명과 안전을 위한 구조행위는 분명 영웅적인 일이었다. 그런 행위는 우연히 발생하거나 무심히 생겨나지 않기 때문이다. 하지만 그것은 동시에 '평범한' 인간의 일이기도 했다. 의인들은 대개 "인간으로서 당연한 일을 했다"라고 말한다. 실제 그들은 저항 투사와 달리 조직화된 정치 훈련을 경험하지도 않았고 특정한 신념을 결의해 체제나 상황에 전면적으로 도전하지도 않았다. 그들은 그저 '인간'으로서 행동했을 뿐이다. 그들 또한 '인간'으로서 우리처럼 누군가와 불화를 겪고 부끄러운 실수도 했을 것이며 삶의 곡절을 겪었을 것이다. 구조자들을 '흠 없는 영웅'으로 전제하면 더 이상의 질문이 불가능하고 답은 동어반복적일 수밖에 없다. '그들은 영웅이기 때문에 영웅적으로 행동했다'라는 식으로 말이다. 우리들 대부분은 천사도 영웅도 아니기에 '나라면 저렇게 하기 어려웠을 거야' 하고 물러서기 바쁘다.

요컨대 의인들을 '영웅적 모범'으로 만들어 오히려 낯설게 하는 것은 우리의 삶과 실천에 큰 도움이 되지 않는다. 오히려 우리처럼 매일 모순과 주저 속에서 평범하게 살았던 그들이 어떤 동기와 의지로 그 섬광의 순간에 눈부신 용기와 탁월한 헌신을 발휘할 수 있었을까를 살피는 것이 현실적인 태도다. 한나 아렌트가 말한 '악의 평범성'이라는 경각심 못지않게 프리모 레비를 살린 '선의 평범성'("선행을 행하는 너무나 자연스럽고 평범한 태도")의 비밀에 다가갈 수 있을 때 비로소 우리는 공동체의 신뢰를 새롭게 만들 수 있다. 망가진 국가와 찢어진 사회에서 어떻게 헌신적 용기와 인간적 연대를 발휘할 수 있었을까라는 질문에 접근 가능하고 소통 가능한 말들을 찾아야 한다.

〈당신이라면 어떻게 하겠어요?〉What Would You Do?라는 미국의 프로그램을 보았는가? 어려움에 처하거나 부당한 일을 겪는 타인에게 평범한 미국 시민들이 어떻게 행동하는지를 몰래카메라를 통해 관찰한 실험이다. 그중 한 장면이다. 빵가게 직원이 시각장애인 고객에게 거스름돈을 속여 돌려줄 때 다른 사람들은 침묵하고 있는데 용기 있게 나서 시각장애인을 도운 한 여성이 등장한다. 연기자들의 연기가 끝나고, "다른 사람들은 침묵하고 있는데 어떻게 그렇게 행동할 수 있었나요?"라고 진행자가 물었다. 그러자 그는 "제 생각에는 그렇게 하도록 교육받은 것 같아요. 누군가 위험하거나 부당한 대우를 받으면 무언가를 해야 한다고 말이에요"라고 말했다.

이 말에 힘을 얻어 '교육이 바로 답'이라고 무릎을 치고 싶은 마음 간절하다. 하지만 우리는 그런 결론을 따를 만큼 순진해서는 안 된다는 것을 알고 있다. 같은 교육을 받아도 사람들은 완전히 다르게 행동하며, 학식이 높고 교육을 많이 받아도 오히려 이기적으로 행동하는 사례가 너무나 많기 때문이다. 물론 평화와 인권을 주제로 한 '시민의 용기'Civil Courage 교육 프로그램은 유용하다. '시민의 용기'의 반복 학습과 훈련은 분명 '미약'하나마 '선이 평범'해지는 하나의 길이 될 것이다.

그 미국 여성의 발언에서 인상적인 것은 교육으로 대표되는 사회에 대한 깊은 신뢰다. 그는 의로운 행위를 개인적 인성의 덕이 아니라 사회화의 자연스러운 결과로 간주했다. 교육을 통해 전승된 공동체의 가치와 인간 도리에 대한 자연스러운 믿음이 선과 의의 출발일지 모르겠다. '내가 그렇게 하도록 교육받았'고, '다른 사람도 나처럼 행동할' 것이라는 말이 지닌 무게를 재야 한다. 의인의 역사를 통해 우리는 인간으로서 자신과 타인과 공동체에 대한 깊은 신뢰가 문명의 근거임을 깨닫는다. 티머시 스나이더는 의인들이 "평소에 윤리적 규범과 사회적 규범을 약간 엄격하게 받아들일 것 같은 사람들 또는 자신들을 지지하고 지켜준 제도가 사라진 뒤에도 자신들이 표명한 원칙을 성실히 지킨 사람들인 경우가 많았다"라고 중간보고했다. 약삭빠르지 않고 고지식하며, 시류에 영합하지 않고 스스로 체화한 인간적 도리와 사회적 원칙을 묵묵히 따르는 사람들이 주로 의인이었다는 것이다. '선의 평범성'의 비밀은 이 정도 발견되었다.

사실 평범한 사람들을 끊임없이 영웅적 선행과 의로운 선택의 순간들로 실험하는 사회와 국가는 불안하고 위험하다. 1954년 독일 시인 베르톨트 브레히트가 말한 대로, "영웅이 없는 나라가 불행한 것이 아니라 영웅을 필요로 하는 나라가 불행하다." 그러나 영웅을 필요로 하지 않는 나라를 만들기 위해서라도 우리는 일단 로렌초 같은 숨은 영웅들을 기억해야 할 것이다. 기억은 암기가 아니기에 이해를 필요로 한다. 죽이거나 죽은 사람들 또는 살아남은 사람들만이 아니라 살아남도록 도운 사람들에 대해 우리는 더 알아야 한다. 그들이 던진 공동체적 삶에 대한 근본 질문을 계속 숙고하고 토론해야 한다. 선과 의가 더욱 '평범'해지려면 어떻게 해야 할까? 낯선 사람들에 대한 근거 없는 적대와 혐오를 더욱 낯설게 만드는 노력과 함께 위기와 위험에 빠진 타인에게 인간이라는 이유만으로도 손을 내

밀 줄 아는 문화 층위를 쌓아야 한다. 그동안 지구 전역에서 아무 이유도 없이 살해되거나 죽은 사람이 너무도 많았다. 이제는 위기와 위험에 빠진 사람들을 아무 이유도 없이, 다시 말해 '인간이라는 이유' 하나만으로도 구조할 필요가 있지 않겠는가?

나치 강제노동에 대한 배상
— 역사 정의의 '도덕경제'

증언자 필로메나 프란츠

"내게 진짜 배상은 강연 때 만나는 청소년들입니다." 96세 할머니 필로메나 프란츠Philomena Franz는 학생들에게 자기 생애사를 들려주기를 좋아한다. 필로메나는 1922년 독일 남서부 비베라흐에서 '집시' 집안의 딸로 태어났다. 아버지는 첼로 연주자였고 어머니는 가수였다. 부부는 일곱 남매를 두었고 행복했다. 길거리 악단이 아니라 슈투트가르트와 베를린의 근사한 공연 무대에 초청받는 음악가 가족이었다.

비둘기 같은 프란츠 집안에 나치의 발톱이 덮쳤다. 1938년 필로메나는 '집시'라는 이유로 고등학교에서 쫓겨났다. 1939년부터 나치는 '집시'에 대한 탄압을 강화했다. 필로메나의 부모는 악기와 자동차를 뺏겼고, 가족 전체가 강제수용소나 노동 막사로 내몰렸다.

열일곱 살 필로메나는 슈투트가르트의 군수공장으로 끌려가 노동해야 했다. 1944년 4월 필로메나는 아우슈비츠-비르케나우 수용소로 보내졌다. 그곳 '집시 막사'에서 수용되어 죽음을 기다리다

필로메나 프란츠의 젊은 시절과 청년들에게 생애사를 들려주는 현재의 모습.

1944년 5월 베를린 근교의 라벤스브뤼크 노동수용소로 옮겨졌다. 3000여 명의 동료 '집시'들은 살해되었지만, 필로메나는 노동 능력을 인정받아 절멸수용소를 벗어날 수 있었다. 노동수용소는 절멸수용소와 달리 일단 노동을 통해 죽음을 피할 수 있었다. 필로메나는 그곳 탄약공장의 중노동을 견디다 못해 탈출을 시도했다. 발각되어 만신창이가 되도록 구타와 고문을 당한 뒤 아우슈비츠 수용소로 보내졌다. 가스실로 들어가기 직전 요행으로 살아남은 필로메나는 라이프치히 근처인 비텐베르크의 한 공장으로 보내져 그곳에서 일하다 탈출한 뒤 1945년 해방을 맞았다.

　부모와 다섯 형제뿐 아니라 삼촌과 조카들도 모두 나치 수용소에서 검은 연기로 변했다. 필로메나는 다시 일어서기가 쉽지 않았다. 특히 아우슈비츠에서 의료실험의 대상이 되어 몇 주 동안 정기적으로 주사를 맞았는데, 전후에도 후유증으로 마비 증상을 겪으며 오랫동안 고통에 시달렸다. 잠시 가수로 무대에 서 보았으나 정신질환을 겪어 노래를 부를 수가 없었다. 그는 1985년 자서전 『사랑과 미움 사이에서』Zwischen Liebe und Hass를 출간해 나치가 '집시'에 가한 포라이모스Porajmos(롬어로 파괴, 말살을 뜻함)를 증언했다.

2000년 8월 2일 독일 베를린에서 기억·책임·미래 재단EVZ(Stiftung 'Erinnerung, Verantwortung und Zukunft')이 설립되었다. 재단은 필로메나의 강제노동에 대해 7000유로(약 900만 원), 생체실험에 대해 6700유로를 배상했다. 필로메나는 자신이 당한 피해와 고통에 비해 배상금이 너무 적다며 불만을 토로했다. 고령에도 불구하고 그는 강연을 통해 역사를 증언한다. 강연에서 청년들을 만나는 것이 그 부족한 배상금을 메우고도 남는 더 큰 보상이라고 말한다.

기억·책임·미래 재단

기억·책임·미래 재단은 나치 시기 강제노역에 내몰렸던 사람들에 대한 배상을 위해 설립됐다. 물론 전후 서독은 나치 독일의 점령과 범죄로 피해를 본 국가들에 수차례 배상했다. 1952년 9월 10일 당시 콘라트 아데나워 서독 총리는 룩셈부르크 협정에 서명해 이스라엘에 30억 마르크의 현물을 배상금으로 지급했고, 유대인 희생자 단체들을 대표하는 '유대인청구권회의'Jewish Claims Conference에 4억 5000만 마르크의 배상금을 지급하기로 약속했다. 서독 정부는 10여

나치 시기 강제노역에 내몰렸던 사람들에 대한 배상을 위해 설립된 기억·책임·미래 재단.

년에 걸쳐 그 약속을 이행했다.

1959년부터 1964년까지 서독은 11개 서방 국가들과 각기 협정을 맺어 총 9억 마르크 상당의 배상금을 지급했으며, 1975년에는 폴란드와 협약을 맺어 나치 독일에 청구권을 가진 폴란드인에 대한 연금과 사고보험 기탁금 방식으로 13억 마르크를 지급했다. 소련은 이미 동독으로부터 전쟁 배상금을 대신해 공장과 자본 설비를 이전해갔다. 하지만 1990년 통일 과정에서 독일은 다시 폴란드에 5억 마르크, 소련에 180억 마르크를 배상금으로 지급했다.

서독에 거주하는 나치의 희생자 집단들, 특히 유대인을 비롯해 정치나 종교를 이유로 박해받은 사람들에 대해서도 배상 조치가 이루어졌다. 1953년 10월 1일의 연방보상법과 1956년 6월 29일의 연방보상법은 나치 독일로부터 박해받은 희생자들에게 물질적 배상과 사회보장 혜택을 받을 수 있도록 조치했고, 수혜 범위를 점차 넓혔다.

하지만 신티·로마('집시')와 동성애자, 탈영병, 강제노동자는 오랫동안 수혜자가 되지 못했다. 1980년대 후반에야 비로소 그들에 대한 학문적 관심이 증대했고 피해를 보상해야 한다는 주장이 제기됐다. 독일 기업들도 개별적으로 자신들의 나치 과거사에 대한 역사 정리 작업에 나섰다. 일부 기업은 이미 1988년 '유대인청구권회의' 쪽에 배상금을 지급했다. 그것은 전체의 일부였을 뿐이다. 왜냐하면 나치 시기 강제노동자의 대다수는 당시 동유럽에 거주하고 있었는데, 전후 냉전으로 인해 정작 그들은 혜택을 받기는커녕 고려조차 되지 못했기 때문이다.

독일 통일과 냉전 해체 뒤인 1990년대 독일에서는 강제노동자 문제에 대한 관심이 증대했고, 배상 문제가 본격적으로 제기되었다. 국가 배상과 별도로 개인 배상이 필요했다. 그 문제를 결정적으로 자극한 것은 미국 내의 움직임이었다. 미국의 유대인 피해자 단체는 미국 정부의 도움을 받아 독일 기업들에게 집단배상 소송을 준비했다. 독일 기업들은 이미지 악화로 수출에 영향을 받을 것을 우려해 법적 분쟁을 꺼렸다. 경제적 이익에 대한 관심이 과거사 정리를 촉진한 예였다.

그 후 강제노동자 배상 문제는 독일과 미국뿐 아니라 동유럽에서도 핵심 정치 이슈로 등장했다. 시간이 얼마 남지 않았기에 상황은 급했다. 나치 시기 강제노동자 중 대다수, 즉 열에 아홉은 이미 사망했다. 국내외의 압력에 직면해 1998년 가을 집권당인 사회민주당(사민당)SPD과 녹색당의 좌파 연립 정부는 문제를 해결하기 위해 적극적으로 나섰다.

그해 총선 기간에 두 당은 이미 강제노동자에 대한 배상을 선거 강령으로 내걸었다. 사민당의 게르하르트 슈뢰더 총리는 총리실 산하에 직속 부서를 만들어 나치 시기 강제노동자들에 대한 배상 규모와 방식을 논의하기 시작했다. 배상에는 독일 기업들의 참여가 절대적으로 중요했다. 총리는 기업들과 협상을 원활하게 진행하기 위해 당시 야당인 자유민주당(자민당)FDP의 고위 정치가이자 전 경제부 장관이었던 오토 그라프 람스도르프Otto Graf Lambsdorff를 강제노동자 배상을 위한 총리 직속 특별전권자로 임명했다. 야당 정치 지도자를 정부의 중점 정책 과제인 과거사 정리의 책임자로 임명한 것은 정치적 합의 문화를 과시하는 것이었다. 기업 친화적인 인물을 임명한 것은 독일 기업의 이익을 최대한 반영하면서 동시에 기업의 배상 참여를 독려하는 의미가 있었다. 그 후 2년에 걸쳐 독일 정부와 기업, 미국과 동유럽 국가의 정부 대표뿐 아니라 다양한 피해자 단체들이 모여 격렬한 논쟁과 진중한 협상을 진행했다. 그 자체가 하나의 새로운 역사였다. 국제적 차원의 피해자 배상을 통해 역사 정의와 인권 규범을 세우는 과정이었다.

고난으로 점철된 강제노동자의 생애

기억·책임·미래 재단은 먼저 '기억'해야 할 역사에 대한 학문 연구를 독려했다. 나치 시기 강제노동자에 대한 연구가 가닥이 잡혀가면서 배상이 진행되었지만, 그것에 끝나지 않고 사료와 구술증언을 수집해 심층 연구가 이어지도록 했다. 가해 국민으로서의 '도덕적 의무와 정치적 책임'을 규범적으로 확인하는 것만으로는 피해자 배상 문제와 사회적 기억과 세대 전승 과제를 돌파할 수 없다. 역사 연구는 피해 상황과 이익 취득에 대한 구체적인 보고를 통해 다양한 이해 당사자들을 계속 묶어 토론하도록 만들었고, 첨예한 이익 충돌과 과도한 감정정치를 조정하고 제어할 수 있었다. 아울러 그것은 온갖 종류의 발뺌과 무관심을 무너뜨렸고, 맥락과 의미를 다양하게 전달해 독일인들의 집단적 자기인식에 기여했다. 수용소의 검은 연기만이 아니라 살아남은 노동자들의 몸과 삶에 깊이 박힌 상처도 독일인들이 책임질 일임을 깨닫게 했다. 역사 연구의 대상은 지방 소도시와 마을로까지 확산되었다.

유럽 전역에서 나치 지배하의 강제노동자가 대략 2000만 명에 달했던 것으로 밝혀졌다. 그중 1200만 명은 나치에 의한 납치와 위협과 공포 아래 독일제국에서 일했다. 나머지는 동유럽을 비롯한 나치 점령지에 산재했다. 그들은 주로 수용소 수인이거나 전쟁포로였지만, 동유럽 출신의 민간인도 적지 않았다. 1942년 독일은 소련을 패퇴시킬 전격전에 실패하자 장기적인 총력전으로 전환해야 했고, 전시경제를 떠받칠 노동력이 필요했다. 독일의 젊은 남성들은 대부분 전쟁에 동원되었기에 노동력은 점령지에서 보급되어야 했다. 외국인 노동력을 투입해야만 무기 제조를 비롯해 독일 주민들을 위한 생필품 공급이 가능했다. 사실 독일 기업가의 입장에서 보면 강제노동은 자유임금 노동에 비해 그다지 이롭지 않았다. 강제노동자를 동원해 공장을 유지하려면 감시와 통제 비용이 들었을 뿐 아니라 강제노동자들의 태업을 우려했기 때문이다. 그렇지만 생산과 경제를 유지하려면 달리 대안이 없었다. 요컨대 나치 시기 독일 기업가들은 노동 착취나 이윤 증대 때문에 강제노동에 의지한 것이 아니었다. 강제노동 없이는 경제 운영 자체가 불가능했기 때문이다.

강제노동자들은 모든 산업 분야, 즉 군수공장이나 농장만이 아니라 공공서비스와 가사노동에도 활용되었다. 공장이나 광산의 경우 심지어 60퍼센트에서 80퍼센트에 달하는 노동력이 강제노동자

5장 나치 강제노동에 대한 배상

1942년 독일, 노역에 동원된 강제노동자들.

였다. 철도와 우체국, 시청과 병원 등의 공공기관도 강제노동자들 없이는 운영이 불가능했다. 호텔과 가게에서도 잡무를 보는 강제노동자들이 많았다. 이를테면 1944년 여름 약 600만 명의 동유럽 주민들이 독일로 끌려와 공장이나 농장 또는 공공기관과 가정에서 일하고 있었다. 대부분은 폴란드와 소련 주민들이었다. 폴란드 강제노동자는 300만 명이었고, 그중 3분의 1은 여성이었다. 때로 그들은 아이들과 함께 납치되어 감시를 받으며 일했다. 1944년 당시 민간인 외에도 수용소 수인 200만 명도 노예노동을 수행했다. 민간인으로 끌려왔든, 수용소로 잡혀왔든 그 강제노동자들을 감시하고 통제하는 일은 모두 친위대와 게슈타포가 맡았다. 지역에 따라서는 나치 국방군이나 노동청도 적극적으로 관여했다. 독일 주민들은 고발과 협력으로 공권력의 감시와 통제를 도왔다. 전쟁 말기에 이르자 독일 주민들은 패전과 강제노동자들의 저항에 대한 두려움 때문에 감시와 밀고를 더욱 강화했다.

　강제노동자들은 장소에 따라 조금씩 달랐지만 공장의 경우에는 대개 12시간씩 일했고 항상 굶주렸다. 그들은 일하러 갈 때를 제외하고는 수용소나 막사를 떠날 수 없었고, 어디서든 'OST'(동부)나 'P'(폴란드의 약자)의 징표를 가슴에 단 감시 대상이었다. 독일인들은 그들을 "동부 노동자"라고 부르며 멸시했고, "노동을 통한 절멸"이란 구호로 겁박했다. 그들은 나치 독일과 독일 점령지 도처에 존재했기에 일상에서 쉽게 목격되었다. 베를린에는 3000개, 함부르크에는 1300개의 강제노동 막사가 설치되었다. 뮌스터 같은 중간 규모 도시에도 180개의 숙소가 존재했기에, 강제노동자들은 독일 주민들의 일상 환경을 구성했다. 독일인들은 슬라브인들에 대한 인종주의 이데올로기를 노동과 생활 현장에서 일상적으로 실천할 수 있었다.

　하지만 그들은 평범한 독일인들에게 '보이지 않는' 유령 같은 존재이기도 했다. 당시 독일인들이 남긴 사진이나 사적 기록에 강제노동자들이 등장하는 경우는 거의 없었다. 조직적인 은폐가 아니라 인종주의 배제가 낳은 '자연스러운 결과'였다는 점이 더욱 비극적이다. 연합국이 독일 도시를 폭격할 때 가장 큰 피해를 입은 사람들도 동부 노동자들이었다. 방공호에 들어갈 수 있는 권리가 없었기 때문이다. 사적 접촉도 금지되었다. 여성 노동자들이 성추행이나 강간을 당하는 일이 잦았지만 침묵의 도가니에 갇혔다. 강제노동자들을 남몰래 돕는 독일 의인들이 있기는 했지만, 이는 예외였다.

　1945년 종전도 그들의 삶에 빛을 비추지 못했다. 대개 혼자 힘으로 어렵게 고향에 돌아왔지만 고통은 끝나지 않았다. 귀향한 강제노동자들은 고향에서 부역자로 몰렸다. 폴란드에서도 그랬지만 특히

1943년 독일 니더작센 볼펜뷔텔의 시골 마을 폴춤으로 끌려와 독일 농민들을 위해 강제노동을 했던 우크라이나 출신의 가족.

소련에서 그들은 배신자로 낙인찍혔다. 강제노동 전력은 소련을 비롯한 동유럽 공산주의 국가에서 오랫동안 조국에 대한 배신이나 나치에 대한 동조의 증표로 간주되거나, 아예 그것에 대한 언급이 금기시되었다. 상당수는 다시 부역자나 간첩으로 간주되어 수용소로 보내졌다. 곧 당 중앙에서 강제노동자들에 대한 차별 철폐를 약속했지만, 실제 하부 당 기관과 지방에서는 그런 조치가 전혀 먹히지 않았다. 강제노동자들은 조국이 풍전등화에 놓였을 때 적을 위한 노동으로 이적행위를 했고, 일신의 안위만을 챙긴 집단들로 사회적 지탄을 받았다. 여성들의 경우는 결혼하기 어려웠을 뿐 아니라, 결혼하더라도 배우자가 알코올중독자이거나 근로무능력자인 경우가 많아 생계 부양을 떠맡으며 사회의 구석자리로 내몰렸다. 그들은 가족이나 친구들에게조차 자신의 삶을 터놓고 이야기하지 못했다. 공산주의 반파시즘 승리의 집단 서사에 직면해 그들 스스로도 자신의 삶을 이해할 방법을 찾지 못했다. 1945년 이후 소련으로 돌아간 강제노동자들의 경우 독일에서 강제노동할 때가 실제 삶보다 더 나은 경우도 많았다. 그런 이유로도 그들은 자신들의 강제노동 경험을 제대로 말하지도 못했다. 이해도 설명도 불가능했다.

배상을 통한 '고통' 인정

기억·책임·미래 재단의 첫 번째 과제는 배상의 기준과 규모를 정하는 것이었다. 배상금 지불의 취지는 미지불 임금에 대한 사후 지불이 아니라, 역사의 불의와 그로 인한 고통에 대한 보상이었다. 임금의 사후 지불이면 금액으로 한정이 가능하고 배상을 통해 문제가 종결되겠지만, 불의로 인한 고통은 측정이 불가능하고 그런 만큼 책임은 무한하다. 강제노동자를 나치의 희생자로 공식 승인했기에 그에 따른 정치적 의무와 도덕적 책임이 따랐다. 배상은 책임을 감당하겠다는 의지의 표현이자 의무를 이행하는 구체적 실천이었다. 배상은 온갖 종류의 관료주의 장벽과 규정상의 불편을 넘어 신속하고 투명하게 진행되도록 조치되었다. 배상 신청자들이 고령이라는 상황을 배려한 것만은 아니었다. 피해자들이 이 일로 다시 고통받거나 절망하거나 트라우마를 갖는 일이 없도록 해야 한다는 취지였다. 피해자 개인이 법정에서 장기간 사실관계를 따지며 설명하고 증명하고 방어하고 설득하는 일을 없애도록 집단보상 절차를 정했다. 기억·책임·미래 재단 외에 7개의 국제 파트너 단체가 재단과 협력하며 피해자들의 신청 접수, 타당성 결정과 보상 이행을 떠맡았다.

2001년 6월 15일 처음으로 보상금이 지급됐고, 2007년 6월 12일 공식적으로 지급 완료가 선언됐다. 230만 명 이상이 보상금 지급 심사를 신청했고, 그중 약 165만 7000명에게 지급 결정이 내려졌다. 독일 연방정부와 기업들은 각각 절반씩을 부담해 100억 마르크(약 6조 5000억 원)의 기금을 마련했다. 독일 기업들은 납부를 강요받지는 않았지만, 사회적 책임에 근거해 자발적으로 기금을 냈다. 특히 나치 시기에 존재하지도 않았던 전후 신생 기업들이 기금을 납부하기도 했다. 그 비율이 전체 6544개의 기업 중 약 40퍼센트에 달했다. 국가와 기업과 사회의 공동 책임의 양상이었다. 그것이 가능했던 것은 기업과 정치가들이 독일 경제의 집단적 이미지 제고와 이를 통한 이익에 관심을 가졌기 때문이다. 1970~1980년대 이래 본격화된 과거사에 대한 집단적 학습 과정도 기업가와 경영인들에게 영향을 미쳤다. 더 결정적인 것은 독일 기업과 사회가 강제노동자들에게 집단적인 부채가 있다는 역사적 사실을 인정했다는 점이다. 1945년의 패전에도 불구하고 독일 경제가 다시 부활하고 발전하는 데 나치 시기 강제노동자들의 노동이 크게 공헌했다는 사실을 부인할 수 없었다. 독일 경제가 단절되지 않고 운용된 것은 전적으로 강제노동자들의 덕이었다. 그렇기에 1945년 이후 신생 기업의 성공도 나치 시기 강제노동자들의 노동과 무관할 수 없었다. 그렇게 집단 책임이 수용되었다.

배상금 수혜 대상은 크게 두 범주로 나뉘었다. 먼저 게토나 수용소로 끌려와 그곳에 구금된 채 강제노동에 종사해야 했던 사람들을 A그룹으로 정했다. 그들에게는 1만 5000마르크(약 960만 원)까지 지급하도록 했다. 반면 자국에서 독일이나 독일 점령지로 끌려와 자유가 제한된 상태에서 강제노동에 종사해야 했던 사람들은 B그룹으로 정했다. 그들은 대개 5000마르크(약 320만 원)를 지급받았다. 역사학 자들은 전자를 노예노동자, 후자를 강제노동자로 구분해서 부른다. 당사자가 1999년 이후에 사망했을 경우 유가족이 배상 청구와 수혜의 권리를 가졌다. 서유럽에서 끌려온 강제노동자들은 구금 상태에서 노동했음을 증명하는 게 쉽지 않아 수혜 대상에서 배제되었다. 1999년 이전에 사망했거나 강제노동을 증명하지 못하거나 신빙성이 없는 사람들도 배제되었다. 수용소에 갇히지 않았던 소련 포로들의 경우도 처음에는 수혜 대상에 들지 못하다가 나중에 조정되어 수혜를 받았다. 165만 7000명의 수급권자에게 총 43억 1600만 유로 (약 5조 5000억 원)가 지급됐다. 그렇게 해서 독일은 강제노동 범죄에 대한 배상을 종결지었다. 나치의 강제노동과 관련해서는 개별적인 법적 소송이 불가하다는 국제 합의가 이루어졌다.

가장 중요한 것은 피해자의 고통에 대한 국제적 인정이었다. 오랫동안 독일에서 강제노동은 전쟁 상황에서 어쩔 수 없이 발생한 일이며, 설사 안타깝더라도 그저 지불되지 않은 노동에 불과했다. 그 노동의 '강제'와 '노예'성, 즉 납치와 구금, 착취와 멸시에 대해서는 망각되었다. 이미 밝혔듯이 동유럽에서도 독일을 위한 노동은 항상 의심의 대상이었고, 금기시된 주제였다. 여기서도 '강제'와 '노예'성은 망각되었다. 이에 독일 정치 지도자들은 명확하게 입장을 밝혔다. 1999년 12월 17일 당시 독일 대통령 요하네스 라우는 말했다.

재단을 발의한 독일 국가와 기업은 과거의 범죄로 인해 발생한 공동의 책임과 도덕적 의무를 다할 것을 선언합니다.

노예노동과 강제노동은 받아야 할 임금을 뺏긴 것만을 의미하지 않습니다. 그것은 납치, 근거지 상실, 권리 박탈, 잔인한 인권 유린을 의미합니다. (……) 많은 사람들에게 돈은 그렇게 중요한 것이 아님을 저는 알고 있습니다. 강제노동자들은 자신들의 고통이 고통으로 인정받기를 원하고, 자신들에게 가해진 불의가 불의라고 불리기를 원합니다. 오늘 저는 독일의 지배 아래 노예노동과 강제노동을 수행해야 했던 모든 사람들을 기억하며 독일 민족의 이름으로 용서를 구합니다.

2007년 6월 베를린에서는 당시 독일 대통령 호르스트 쾰러가 기억·책임·미래 재단의 배상 작업을 종결지으면서 "고통을 돈으로 배상하는 것은 사실상 불가능합니다. 하지만 이 재단이 수행한 배상 지불은 고통이 고통으로 인정되고 죄와 책임이 물질적으로 드러날 수 있도록 표현되는 데 기여했습니다"라고 말했다. 라우는 좌파 사회민주당(사민당) 소속이고, 쾰러는 우파 기독민주연합(기민련) 소속이었다. 가해자 국가의 정치 지도자들이 정파를 불문하고 모두 피해자들의 고통과 배상 지불의 연관관계를 명확히 밝힌 것이었다.

화해에 앞서 정의를

독일 정치가들은 그 배상을 '최종적이고 불가역적'이라고 말하지 않았다. 법적 구속력을 가진 배상은 완료되었고, 독일 기업은 더 이상 소송을 당하지 않도록 보장받았다. 하지만 '도덕적 의무와 정치적 책임'에 기초한 물질적 지원과 사회적 기억은 지속되고 있다. 기억·책임·미래 재단은 나치 억압의 희생자 범주와 피해 규모에 대해 개방적이어서 물질적 수혜 대상과 지원 방식을 넓혔다. 또 재단은 2007년 배상 지불을 완료한 후 재단법에 따라 3억 6000만 유로(약 4600억 원)의 '기억과 미래' 기금을 따로 책정해서 역사와 인권 교육을 비롯해 청소년 토론과 교류 프로그램과 장학 사업을 진행하고 있다.

배상을 통한 고통의 인정과 기억의 공유는 새로운 종류의 '도덕경제'를 열었다. 국가와 기업과 사회가 정의를 위해 돈을 모으고 지출하는 경제행위를 수행했다. 기억은 정의의 시작이고 책임의 근간이다. 정치폭력과 억압 체제의 고통과 상흔을 기억하는 것은 역사속 불의를 인정하는 과정이다. 폭력과 억압에 대한 기억은 개인에게서 일어나는 고립적이고 수동적인 현상이 아니라, 집단적 상호작용이자 사회적 실천이어야 한다. 그렇기에 역사의 불의와 그로 인한 고통에 대한 정치적 책임의 가장 의미 있는 형식은 공동체의 기억문화다. 집단적 기억을 통해 고통은 정의와 책임으로 지양된다.

가해자 측의 공식 사과와 고통 인정은 피해자들의 집단적 정체성을 강화했다. 피해자들은 이제 비로소 자신들의 생애사 서사의 방식과 위치를 찾았다. 자신이 무엇을 했고 누구인지에 대해 가족과 이웃에게 처음으로 제대로 이야기할 수 있었다. 반면 사회적 기억화 작업이 없는 물질적 보상은 피해자와 사회를 다시 분열시키고 흔든다. 배상 협상이 진행될 때 동유럽 피해자들의 상당수는 더 큰 인정과 더 많은 배상을 요구하며 포괄적인 집단배상을 비판했다. 강제노동자들 사이에 서로 경쟁하는 양상도 나타났다. 배상이 각 개인들의 손실과 피해 또는 개별적 비극과 운명에 맞춰진 것이 아니었기 때문에, 여러 형태의 거부와 비판이 따랐다. 오히려 피해의 서열화를 요구하는 이들도 등장했다. 배상금에 만족하는 수혜자들도 있었지만 불만을 드러내는 이들이 더 많았다. 게다가 폴란드와 러시아에서 배상금 수혜자들은 손쉽게 주변 이웃들의 시기 대상이 되었고 절도나 강도 범죄의 표적이 되었다. 배상이 곧장 피해자들과 공동체에 의미 있는 결과를 만들지 못했다.

그나마 배상을 둘러싼 불만과 불안을 가라앉힐 수 있었던 것은 미래를 위한 사회적 기억화라는 두 번째 과제에 재단이 심혈을 기울였기 때문이다. 재단 명칭이 '기억'과 '책임'으로 시작해 '미래'로 이어지는 것은 매우 함축적이다. 그 흔한 화해라는 말이 빠진 것도 인상적이다. 기억과 책임과 미래가 겨냥하는 것은 맹목적 화해가 아니기 때문이다. 재단법은 제2조 설립 목적에서 화해를 전혀 언급하지 않았다. 배상 지불 외에 재단의 목적은 철저히 역사를 사회적으로 기억하고 미래 세대에게 전승하는 것이었다.

물론 동유럽인들과 독일인 사이의 '상호 이해'가 사회적 기억화의 일부로 여겨질 수 있다. 화해가 과거사 정리의 궁극적 목표라는 것도 분명하다. 하지만 정의가 분명하지 않은 곳에서 화해를 위한 기준과 원칙을 잡기는 사실상 불가능하다. 가해자 측이 함부로 화해를 말할 수는 없다. 바로 그런 이유로 재단법 제2조의 설립 목적은 화해 대신 '사회적 정의'라고 규정되었다. 나치 시기의 불의와 고통을 규명하고 회복하는 '역사적 정의'를 넘어서 1945년 이후부터 강제노동자들이 겪고 처한 사회적 고통과 현재의 곤경도 정의의 대상

2018년 8월 27~31일까지 독일 외무부 차관은 나미비아 정부의 문화부 장관과 나마족 희생자 유가족 대표를 비롯한 74명의 대표단을 맞이해 1904~1908년 독일제국이 벌인 식민폭력을 사과하고, 그동안 독일 박물관과 연구소에서 소장하고 있던 희생자 유해를 반환했다. 독일 외무부 차관과 독일교회연합 대표들이 나미비아 대표단 및 유가족들과 함께 베를린의 한 교회에서 추모 예배를 진행하는 모습.

이 되어야 했다. 역사적 정의와 사회적 정의 외에도 당사자 간 합의와 배상 진행의 공정성에 의거한 '절차적 정의'도 부각되었다. 이 여러 정의의 차원들이 현실로 구현될 때 비로소 화해가 성립할 것이다. 화해는 가해자들의 책임 회피 수단이거나 방관자들의 무심한 알리바이가 될 수 없다. 그것은 '정의들'의 결과다. 정의'들'이 구현되기 전까지 화해는 피해자의 특별 권리로 남겨두어야 한다.

그렇게 '과거사 정리'의 또 한 페이지를 썼다. 남은 과제는 이제

5장 나치 강제노동에 대한 배상

1904~1908년 독일제국이 아프리카 남서부에서 헤레로족과 나마족을 살육한 사건에 대한 사과와 배상 및 역사 기억화 작업이다. 이미 수년 전부터 독일 정부와 사회는 이 '과거사'의 진실규명과 정리작업을 위해 희생자 유족과 협의하고 있다. 그 결과가 '식민폭력'에 대한 과거사 정리의 새로운 역사로 이어져 여타 지역과 국가의 '식민폭력'의 정리작업에도 큰 영향을 주기를 기대해보자.

3부

냉전과
평화

1장 1952년의 두 날
— 전쟁 판타지 또는 평화의 가능성

1952년 5월 10일의 암살범

1952년 5월 10일은 토요일이었다. 오후 2시 유고슬라비아 대통령 티토Josip Broz Tito는 대통령 집무실이 있는 백궁에서 세르비아 바바니스트 지방에서 온 농부 120명을 접견했다. 그들 사이에는 소련의 지령을 받은 코민포름(국제공산당 정보기관) 비밀요원 2명이 숨어 있었다. 모스크바에서 테러 훈련을 받은 페트로비치와 보를리치는, 세상에는 신과 같은 존재가 있는데 스탈린이 바로 그러한 존재라고 철석같이 믿었다. 스탈린은 시종 눈엣가시였던 티토를 더 이상 내버려둘 수 없었다.

반면 티토 대통령의 경호실장 랑코비치 장군도 모스크바의 위협을 잘 알기에 몇 명의 부하 요원을 농부로 위장해 무리 속에 섞어두었다. 1시 58분 티토가 바바니스트 농부들에게 다가오자 그들은 일제히 "티토 만세"를 외쳤고 〈티토, 우리의 흰제비꽃〉이라는 찬가를 불렀다. 티토와 농민들의 거리는 약 6미터쯤으로 좁혀졌다. 여덟 살 소녀 마리아 세르디치가 티토에게 화환을 건넸을 때, 페트로비치와 보를리치는 잎에 물고 있던 시가 모양의 폭탄을 티토에게 던졌다. 폭탄 터지는 소리가 궁전을 울렸다. 랑코비치의 요원들은 주변 농부들을 살피느라 암살을 막지 못했다.

그와 동시에 유고슬라비아의 수도 베오그라드는 친소련 쿠데타 세력에 의해 점령됐다. 오후 2시를 기해 유고슬라비아 심포니 오케스트라 단원 6명이 연주하고 있던 방송국 스튜디오를 점령해 "티토가 죽었다"고 발표했다. 소련의 지원을 받은 민병대와 티토에 불만을 품은 민중들은 '파시스트'이자 '월스트리트의 종'인 티토를 몰아내기 위해 무기를 들었다. 루마니아와 불가리아, 헝가리와 알바니아 군대가 소련 적군의 지휘 아래 순식간에 유고슬라비아로 진격했다.

다행히 티토는 죽음을 면했다. 고립된 티토를 구하기 위해 미국 대통령이 나섰다. 트루먼 대통령은 라디오 연설을 통해 스탈린에게 "당신이 평화를 원한다면 지금이야말로 바로 평화의 시간입니다. 지금이 아니면 영원히 그 시간이 오지 않을 것"이라고 경고했다. 스탈린은 단호히 응수했다. 스탈린의 지시를 받은 국가보안위원회KGB 요원들은 미국 뉴욕시 그랜드센트럴역에 폭탄을 투척해 미국 시민 22명을 죽음으로 몰았다. 백악관은 들끓는 분노의 여론에 떠밀려 반격을 미룰 수 없었다. 5월 14일 미국의 요청을 받은 유엔은 회원국의 압도적인 지지를 받아 소련을 상대로 전쟁을 선포했다. 그로부터 32개월은 인류 역사에서 가장 참혹한 시간이었다. 마침내 3차 세계대전이 발발했다.

초기에는 미국과 유엔군이 수세에 몰렸다. '에그노그 작전'이란 이름으로 진행된 미국의 반격은 소련의 산업시설과 군사 요충지에 대한 선제 핵폭탄 투하가 핵심이었다. 이에 대항해 소련군은 서독을 비롯한 서유럽과 아랍 지역으로 진입했으며, 한반도와 일본에서 미군을 몰아냈다. 상당 기간 소련은 우위를 점했고 민간인에 대해 원자폭탄 공격도 서슴지 않았다. 런던, 시카고, 뉴욕, 워싱턴 D.C., 로스앤젤레스와 샌프란시스코 등이 타격을 받았다. 그렇지만 미국은 방공호와 민방위 조직에 힘입어 큰 피해를 모면했다. 트루먼은 대규모 반격을 명령했고, 1953년 7월 22일 모스크바는 핵폭탄으로 사막이 돼버렸다.

전쟁의 마지막 향방은 미국의 공수부대에서 차출된 1만 명의 자살특공대가 결정지었다. 그들은 우랄산맥에 공중 투입돼 그곳 벙커에 숨겨져 있던 소련의 마지막 핵무기를 파괴하는 데 성공했다. 스탈린은 신묘하게 사라졌고, 소련과 소련의 위성국가들에서 주민들이 체제에 반대하는 봉기를 일으켰으며, 연합군의 진격을 도왔다. 1955년 초 유엔은 전선 도처에서 소련 군대를 압박해 마침내 모스크바를 점령했다. 유엔의 점령 통치하에서 그곳은 정치적 자유와 언론의 자유가 보장되는 민주주의 국가로 탈바꿈했다. 수백만 명의 희생자와 핵전쟁의 가공할 파괴를 낳은 3차 세계대전은 미군 장교와 방사능에 오염된 러시아 여성 간의 아름다운 사랑 이야기로 끝이 난다.

1951년 10월 27일 미국의 유명 잡지 『콜리어스』Colliers에 실린 가상 전쟁 기사다. 130쪽 분량의 세계대전 가상 시나리오는 「원치 않는 전쟁 미리 보기: 러시아의 패배와 점령 1952~1960」이라는 제목으로 여러 장의 화보와 함께 실렸다. 『콜리어스』 편집국은 플롯과 내용에 대해 정부기관 담당자들을 비롯해 외교 문제 전문가들과 사

1951년 10월 27일에 발행된 미국 잡지 『콜리어스』 표지(왼쪽)와 잡지 안에 실린 그림. 이 잡지는 「원치 않는 전쟁 미리 보기」라는 제목의 3차 세계대전 가상 시나리오를 게재했다.

전에 논의했고, 저명 작가 및 언론인들과 함께 상당 기간 토론한 뒤 시나리오 집필을 맡겼다.

시나리오 집필진 20명 중에는 퓰리처상을 받은 작가 로버트 셔우드Robert Sherwood, 언론인이자 역사, 특히 구술사의 개척자인 앨런 네빈스Allan Nevins, 공상과학소설 작가인 필립 와일리Philip Wylie, 그리고 언론인이자 나중에 매카시즘에 저항해 더욱 유명해진 에드워드 머로Edward R. Murrow가 포함되었다. 그들은 소련과도 장기적 협력이 가능하다고 믿었던 루스벨트주의자들에 대항해 소련과의 즉각적인 전쟁 준비를 옹호하는 입장을 대변했다. 1888년에 창간된 이 주간지는 이미 큰 인기를 얻고 있었으나 이 가상 전쟁 기사로 인해 판매량이 50만 부 늘어난 390만 부를 기록했다. 기사가 나간 뒤 수만 달러의 후원금이 쏟아져 들어왔고 광고 수익도 두 배나 늘었다.

전쟁 판타지의 배경

이 시나리오는 한국전쟁을 계기로 격화된 반공 및 반소 전면전쟁의 불가피성을 수용하는 당시 분위기를 압축적으로 보여주었다. 편집자는 서문에서 "우리가 서술한 전쟁은 의심할 여지 없이 가설이지만 그렇다고 해서 무책임한 판타지나 억지 창안물이 아니"라고 뻗대었으며, 소련이 전체주의에 사로잡혀 유럽을 철의 장막으로 쪼개고 있는 한 "내일 당장 핵전쟁이 일어날 수 있음"을 상기시키고자 했다. 아울러 소련과 전쟁이 일어나면 당연히 핵무기를 선제적으로 사용해야만 승리할 수 있다고 강조한 것도 충격적이다.

시나리오는 냉전 초기 양 진영의 심리적·정신적 태도를 잘 보여준다. 미국과 서유럽에서는 공산주의 진영이 언제든 자유 진영을 공격해 '붉은 제국'을 팽창시킬 것이라는 두려움이 컸다. 또한 공산주의 소련이 암살 테러와 민간인 학살에 주저하지 않음도 부각했다. 2차 세계대전의 짙은 그림자와 핵무장의 굉음은 3차 세계대전 발발과 그 파국을 상상하도록 계속 이끌었다.

유고슬라비아가 3차 세계대전의 시발지로 간주된 것은 흥미롭다. 당시 유고슬라비아는 냉전의 약한 고리로 여겨졌다. 전후 티토는 독자적으로 소비에트화를 추진하며 소련과 긴밀한 관계를 발전시켰다. 그는 소비에트화에 방해되는 정치범들을 처형했고, 그리스 내전에서 공산주의자들을 지원했기에 서방과의 갈등이 불가피했다. 하지만 2차 세계대전 중 독일과 이탈리아에 맞선 영웅적 게릴라 투쟁과 해방에 대한 자의식이 강했던 티토는 1947년부터 이미 스탈린과도 의견이 충돌했다. 티토는 발칸 지역에서 불가리아와 함께 발칸

1950년대 중반, 방공호 피신 훈련 중인 미국의 가정. 2차 세계대전의 음영과 핵무장의 굉음이 이러한 파국을 상상하도록 이끌었다.

연합 건설을 추진했다. 스탈린은 처음에는 긍정적인 반응을 보였지만 곧 그런 식의 독자적인 국가연합이 자신의 헤게모니를 약화시킬 것을 우려해 반대했다. 게다가 유고슬라비아는 소련의 지시를 받지 않고 독자적인 사회주의 모델을 발전시켰다. 1948년 6월 28일 스탈린은 코민포름에서 유고슬라비아를 축출함으로써 티토를 궁지로 몰았다. 소련은 유고슬라비아 공산당으로 하여금 티토에 맞서도록 조종했고 그를 국제적으로 고립시키려 했지만, 티토는 오히려 당내 소련파들을 숙청하는 데 성공하고 서방과의 관계를 개선했다. 소련 공산당 기관지는 티토를 겨냥해 공개적으로 "트로츠키의 운명을 알 필요가 있다"라고 경고했다. 1949년 11월 29일 코민포름 회원국들은 티토주의와의 투쟁을 천명하며 티토의 실각을 노렸다. 유고슬라비아는 소련과의 전쟁에 대비했고, 서방과의 관계 개선을 위해 그리스 공산주의자들에 대한 지원을 중단했다. 1951년에는 미국과 군사지원 협정을 체결했다. 미국은 소련이 유고슬라비아를 공격하면 손을 놓고 있지 않겠다고 경고했다.

공포와 오해의 악순환

전쟁 판타지는 그렇게 현실을 반영했지만 현실은 달랐다. 소련은 유고슬라비아를 침공하지 않았고, 3차 세계대전을 궁리하지도 않았을 뿐 아니라 전혀 다른 구상에 몰두했다. 최근 냉전사 연구가 밝혔듯이, 냉전 초기, 즉 1947년부터 1955년까지 소련은 그 어떤 팽창 의도도 갖지 않았다. 오히려 소련은 매우 절제된 외교정책을 수행했다. 전후 폐허로부터의 경제 재건이 가장 긴급한 과제였던 소련은 미국의 도움과 서유럽과의 협력이 절실히 필요했기 때문이다. 특히 냉전의 발원지인 독일에서 스탈린은 신중했다. 그는 독일 분단이나 공산주의 동독을 원하지 않았다. 독일이 군사적 중립을 통해 통일국가를 유지하는 것이 소련의 이익에 가장 부합하는 것이었다. 소련은 다만 2차 세계대전으로 확보한 동유럽에서 영향력을 잃지 않고자 봉쇄에 매달렸다. 동유럽에서 자유선거를 받아들일 수 없고 티토 같은 이질 세력을 용납하지 못하는 이유는 안보 위협에 대한 소련의 두려움에 있었다. 두 번이나 독일의 침략을 받아 세계대전을 직접 경험하며 막대한 피해를 입었던 소련은 향후 자국의 안보를 위해서는 일정한 전략적 완충지가 필요하다고 보았다. 스탈린은 전쟁 승리에 대한 결정적 공헌으로 소련이 그럴 만한 자격과 지위를 충분히 갖추었다고 생각했다. 팽창 계획과 침략 의도가 아니라, 안보 위협에 대한 두려움이 소련 세계 정책의 관건이었다는 말이다.

그렇기에 소련 지도부는 미국이 소련의 팽창 시도를 걱정하는 것을 이해할 수 없었다. 반면 진짜 전쟁 위험은 미국의 세계 지배 정책에서 나온다고 보았다. 이를테면 워싱턴 D. C. 주재 소련 대사 니콜라이 노비코프Nikolai Novikov는 1946년 9월 27일 본국으로 보내는 전문에서 미국의 독점자본과 제국주의 세력이 세계 정복을 도모하며 소련에 대해 전쟁을 준비 중이라고 알렸다. 물론 그것 또한 미국과 자유 진영에 대한 두려움과 공포로 인해 나타난 상황 인지의 실패와 오해의 한 사례에 불과했다. 미국은 전후 초기에 명료한 외교 정책을 갖고 있지 않았고 소련에 대해 전쟁을 준비할 하등의 이유도 없었다.

이를테면 1947~1948년 영국과 프랑스의 외무부 장관, 즉 어니스트 베빈Ernest Bevin과 조르주 비도Georges Bidault가 대서양동맹을 제안했을 때 트루먼 행정부는 주저했을 뿐이다. 당시 미국 정치 엘리트들은 전통적인 유럽식 권력정치로부터 거리를 두려는 이상주의적 면모를 보였지만 군비 지출 부담을 우려하는 현실주의자이기도 했다. 그렇기에 미국은 애초 소련에 대한 전쟁은커녕 서유럽 국가들과의 군사동맹 결성에도 신중했다.

주저와 신중을 날려버린 것은 상대 진영에 대한 공포와 오해였다. 군사적 예방 전략과 초기의 소극적 방어 구상은 '안보 딜레마' 논리를 통해 곧장 공포와 오해의 악순환을 이끌게 마련이었다. 적대 세력으로부터 자국과 자기 진영을 방어하기 위해 안보를 강화하면,

곧장 그 적대자로 간주된 타국과 타 진영 또한 두려움과 공포를 갖게 되며 그들 역시 안보를 강화하기 위해 더 강력한 조치를 취하게 된다. 공포와 오해의 악순환 메커니즘에서 각 진영은 상대 진영의 어떤 행위도 합리적으로 인지하기 어렵다. 항상 최악의 상황에 대비해 최고의 예방조치를 취하기 마련이고, 그것은 다시 상대에게도 최악의 상황을 가정하게 해서 최고의 예방조치를 취하게 한다. 상대 진영의 선한 의도나 진정성 있는 제안은 그저 선전 술책이나 음험한 의도로 간주된다. 이제 상호 간의 이성적인 정치적 의사소통은 불가능해지는 것이다.

20세기 후반 냉전이 형성되고 지속된 근본 원인은 이렇듯 공포와 오해가 악순환하는 데 있었다. 전통주의자들이 폭로하듯 공산주의 이데올로기에 의거한 소련의 세계혁명 시도도 아니었고, 수정주의자들이 분석하듯 미국의 자본주의적 이윤 추구와 헤게모니 전략도 아니었다. 냉전을 특정 진영과 국가의 책임만으로 돌릴 수 없다. 물론 공포와 오해가 냉전의 근원이라고 해서 국제 냉전의 모든 갈등과 적대가 상호 간의 의사소통 문제로 충분히 설명되는 것은 아니다. 지역과 시기에 따라서는 실제 공격성도 확인되었고 '작전'도 펼쳐졌다.

그럼에도 최근 냉전사 연구는 자유 진영(자본주의 국가들의 자기규정)과 평화 진영(공산국가들의 자기규정)이 상대 진영에 대해 비합리적 감정인 공포에 갇혀 서로에 대한 나름의 선한 의도와 이성적 구상들을 얼마나 놓치고 말았는지를 풍부히 보여주고 있다. 선의와 신의에 기초한 합의를 통해 평화 질서를 만들 수 있는 여지는 활용되지 못했다. 공산주의 지도자들은 안보 불안의 이유를 설득력 있게 전달하는 데 실패했고, 선의의 협력 제안을 자유주의 진영이 신뢰할 수 있도록 만들지 못했다. 반면 서구의 정치 지도자들도 소련을 비롯한 공산주의 국가들의 협력 의사를 인지하지 못하는 무능력과 의지 부족을 드러냈다. 그 대신 쌍방 간에 인지 오류와 소통 능력 부재가 쌓이면서 상황이 악화되었다.

상대 진영에 대한 적대적 이미지를 고착시키고 공포를 강화하는 데 언론이나 지식인의 무책임한 전쟁 시나리오는 항상 효과적이다. 한 진영의 사회가 공포와 오해의 악순환 메커니즘을 내재화하면, 실제로 상대 진영이 무슨 생각을 하는지 어떤 제안을 하는지는 더 이상 중요하지 않게 된다. 마치 자폐증 환자와도 같이 외부의 어떤 말걸기와 우호적 행위에도 아랑곳하지 않고 이미 자신의 창조물인 공포에 사로잡히고 적대성에 매달리는 것이다. 그것은 일종의 자폐적 적대성이다.

게다가 그것의 궁극적 귀결은 외부의 적을 이롭게 한다고 여겨지는 사회 내부의 적을 찾아 분쇄하는 것이다. 1954년 뒤늦게 언론인 에드워드 머로는 반공주의 매카시즘의 광풍에 맞서 싸우며 사회 내부로 향한 자폐적 적대성을 잠재우려 용을 썼다. 그렇지만 『콜리어스』의 핵전쟁 시나리오 작성에 참여한 다른 저자들은 에드워드 머로의 길을 걸어가지 않았다. 게다가 언론을 통한 전쟁 시나리오의 남발이나 지식인들에 의한 정치적 공포의 생산과 유포는 1960년대 중반까지 잦아들지 않았다.

1952년 3월 10일의 각서

1952년 3월 10일은 월요일이었다. 스탈린은 폭탄을 든 암살범을 유고슬라비아로 보내는 대신 영국과 미국, 프랑스에 중립화를 전제로 한 독일 통일과 유럽 냉전의 종식을 제안했다. 아, 지금 또 다른 가상소설을 말하는 것이 아니다. 정말 그랬다. '스탈린 각서'였다. 아직 한국전쟁 중이었지만, 또는 달리 본다면 한반도에서 전쟁 중이었기에 유럽에서라도 평화 질서를 찾아보자는 소련의 구상이었다. 스탈린 각서는 독일인들에게 점령통치 종식과 점령군 철수를 보장하면서 그 대신 독일로 하여금 어떤 종류의 군사동맹에도 가담하지 않는다는 조건을 내걸었다. 스탈린은 한반도가 전쟁 중인 상황에서 미국과 서방 측이 유럽에서 소련군을 공격하지는 않을 것이지만 한국전쟁이 끝나면 상황이 달라질 수 있다고 보았다. 그러니 스탈린의 입장에서는 서둘러 서구와 협상해 독일을 중립국으로 만들어 소련의 안보를 강화해야 했다.

서구는 안보동맹인 나토(북대서양조약기구)로 결집했지만 소련이 보기에는 아직 독일과 평화협정을 맺을 기회가 남아 있었다. 단일국가로 만들어질 독일과 평화협정을 체결하면 강력한 무장 잠재력을 가진 독일이 나토에 편입되지 않을 것이고 그렇게 되면 나토는 소련의 위험이 되지 않을 것이라고 보았다. 스탈린의 각서 제안이 진정성이 있었는지 아니면 그저 서독의 서방 통합과 나토 가입을 교란하는 술책에 불과했는지를 둘러싸고 당시 여론도 나뉘었고 이후 역사가들의 평가도 갈렸다.

당시 콘라트 아데나워를 비롯한 서독과 서구의 정치 지도자들은

'스탈린 각서'를 선전하는 동독의 유인물.

독일과 전승국이 평화협정을 맺어 단일국가를 건설하는 것은 불가능할 뿐만 아니라, 독일 중립화를 독일 공산화의 전 단계로 간주하여 도저히 수용할 수 없다고 보았다. 그들은 대신 '자유선거'를 모든 협상의 전제조건으로 내세웠다. 서구 정치 지도자들에게 스탈린 각서는 독일 전역의 자유선거를 통한 명료한 통일의 길을 거부하는 술책으로밖에 보이지 않았다. 그들은 스탈린이 유럽방위공동체EDC의 출현을 무산시킬 목적으로 선전 책략을 쓰는 것일 뿐이라고 반박했다. 아직도 상당수 역사가들은 그 입장을 그대로 따른다. 하지만 최근 연구는 스탈린의 제안이 술책만이 아님을 밝혔다. 스탈린 각서는 소련의 현실적인 유럽 정책의 결과였다. 설사 진정성이 의심된다고 하더라도 일단은 협상에 나서보는 것이 필요했다. 하지만 콘라트 아데나워 서독 총리를 비롯해 서방의 지도자들은 스탈린 각서를 일축했다. 서구 열강은 스탈린 각서에 대한 응답으로 중립을 전제하지 않는 자유선거만이 유일한 해결책이라고 아데나워를 편들었다.

평화의 전략, 공포의 판타지를 극복하다

역사적 가능성으로 다가온 평화의 기회를 타진하는 대신 그들은 『콜리어스』에 깊이 코를 박았다. 가상의 공포에 매달리며 냉전의 세월은 그렇게 마냥 깊어갔다. 냉전기 국가들은 정치적 생존을 위해 공포를 만들어냈지만 그것은 곧 통제, 조정하기가 쉽지 않아졌고, 이는 다른 방식으로 휘발성이 있었다. 냉전을 먹고 자란 무책임한 언론과 무분별한 지식인들은 비이성적 공포의 판타지를 만들고 이성적 의사소통을 가로막는 데 지적 능력을 발휘했다.

1963년 6월 10일 워싱턴 D. C.의 아메리칸대학교를 찾은 존 F. 케네디 대통령은 「평화의 전략」 연설에서 "소련에 대한 미국의 태도

1963년 6월 10일 존 F. 케네디는 워싱턴 D.C.의 아메리칸대학교 졸업식에서 「평화의 전략」이라는 연설을 했다.

변화"를 촉구했다. 그는 "소련의 왜곡되고 절망적인 면만을 보지 말고", "갈등을 불가피한 것으로만 생각하지 말고", "화해를 불가능한 것으로만 보지 말고", 특히 "의사 전달을 단순한 위협의 교환으로만 보지 말라"고 요청했다. 그는 "우리의 외교관들은 불필요한 자극과 공연한 적대적 언사를 삼가도록 훈련받고 있다"라고 밝히며, "우리는 우리의 경계를 소홀히 하지 않고서도 긴장 완화를 추구할 수 있다"라고 강조했다. 데탕트는 그렇게 시작되었다.

케네디가 제시한 미국 정부의 '평화의 전략'은 1952년 5월 10일 스탈린이 유고슬라비아로 암살범을 보낼 것이라는 가상소설이 아니라, 1952년 3월 10일 서방에 '각서'를 보냈다는 역사적 사실에서 출발했다. 공포의 판타지를 극복하고 '공연한 적대적 언사를 삼가'야 '적'과의 의사소통이 가능해진다. 냉전의 역사는 1950년 6월 25일로만 기억되지 않는다. 그 이면의 역사는 "경계를 소홀히 하지 않고서도 긴장 완화를 추구할 수 있음"을 웅변했다.

냉전이 낳은 사랑과 이별

— 레나테 홍 이야기

〈사랑, 약혼, 이별〉

──────────

2015년 6월 25일 독일에서는 재독 한인 영화감독인 조성형의 다큐영화 〈사랑, 약혼, 이별〉Verliebt, verlobt und verloren이 개봉되었다. 조성형 감독은 2006년 독일 북부 시골의 헤비메탈 축제를 다룬 첫 작품 〈풀 메탈 빌리지〉로 주목을 받고 명성을 얻었으며, 현재 독일에서 가장 각광받는 다큐영화 감독이다. 그는 2009년 한국 남해의 독일 마을을 배경으로 파독 간호사들의 생애를 다룬 〈그리움의 종착역〉을 발표했고, 2015년 여름 〈사랑, 약혼, 이별〉을 통해 '고향'과 '그리움'을 주제로 한 3부작을 완성했다.

　〈사랑, 약혼, 이별〉은 1950년대 동독(독일민주공화국)으로 건너간 북한(조선민주주의인민공화국) 유학생들과 동독 여성들 사이의 사랑과 이별의 이야기다. 영화의 중심에는 조-독 가족들의 다양한 이산으로 인한 기다림과 그리움의 시간이 놓여 있으며, 이미 국내에도 잘 알려진 독일 예나시에 살고 있는 레나테 홍Renate Hong의 사연도 있다. 레나테 홍에 대해서는 이미 2007년 초 한국에서도 두 편의 다큐

조성형의 다큐영화 〈사랑, 약혼, 이별〉은 1950년대 동독으로 건너간 북한 유학생들과 동독 여성들 사이의 사랑과 이별의 이야기다.

영화가 따로 제작되었고, '북한에 있는 남편을 47년간 기다리며 수절한 동독 할머니' 이야기는 많은 사람들의 심금을 울렸다. 하지만 친화적이고 감성적이며 유머까지 갖춘, 조성형 감독의 신작은 그 두 편의 다큐영화보다 더 큰 울림을 주었다.

조 감독은 작품 소개 사이트(www.verliebtverlobtverloren.de)에서 제작 배경을 알리면서, 레나테 홍 이야기를 국내에 처음 알린 '예나의 한국인 역사가'로 나를 잠시 언급했다. 조 감독은 내가 레나테 홍 할머니를 우연히 만나 사연을 듣고 알린 것으로 이야기했는데, 사실은 그렇지 않다. 유명 영화감독의 작품 소개 말석에 괜히 걸쳐 앉는 느낌이 들어 민망하지만, 이 이야기를 처음 세상에 끌어올린 역사가로서 주석을 조금 붙이고자 한다.

2장 냉전이 낳은 사랑과 이별

레나테 홍 이야기

내가 예나에서 레나테 홍 할머니를 처음 만난 것은 2004년 가을이었다. 1999년 3월 예나에 도착해 독일 유학을 시작한 나는 '분단 독일의 국가연합 통일안'에 대해 연구하고 있었다. 2002년 여름부터 베를린의 연방외무부 정치기록원에서 구舊동독의 문서들을 열람하다 틈틈이 1950년대 동독과 북한의 관계에 대한 기록을 뒤져보았다. 애초 동독의 국가연합 통일안이 1960년 북한으로 전이되는 과정에 관심이 있었기 때문이다. 흥미로운 자료들이 넘쳐났다. 1950년대와 1960년대 동독에 체류한 북한 유학생들과 전쟁고아들의 이야기가 단연 관심을 끌었다. 나는 베를린에서 그 자료들을 챙기는 한편, 예나에 돌아오면 1950년대의 북한 유학생을 기억하는 사람들을 수소문했다. 그들을 기억하는 동독 주민들을 만나는 것이 크게 어렵지는 않았다. 다만 레나테 홍을 만나기까지는 그로부터 시간이 더 걸렸다.

2004년 가을 '북한 사람'과의 인연을 찾는다는 얘기를 들은 독일 친구가 동료 의과대학생이던 한 이란계 독일 여성을 소개해주었다. 그로부터 자신의 아파트 아랫집에 홍씨 성을 가진 할머니가 북한의 남편을 기다리며 살고 있다는 얘기를 들었다. 곧장 자리를 마련해 홍할머니를 만났다. 구술 증언 채록을 진행했다. 첫 인터뷰를 위해 홍할머니가 사는 아파트를 방문했을 때 입구 초인종에 적힌 거주자 이름 'Hong'을 쳐다보며 얼어붙었던 기억이 선명하다. 그렇게 역사 속으로 들어갔다.

레나테 클라인레Renate Kleinle는 1937년 독일 중부 마르부르크시에서 태어났다. 그의 가족은 란강 근처 베츨라에서 살다 연합국의 폭격을 피해 동부 지역 예나로 이사했다. 1955년 공산주의 동독의 예나에서 레나테는 화학과 생물을 공부하러 대학에 입학했다. 9월에 학기가 시작했는데 강의 첫 시간에 레나테는 북한 학생들을 만났다. 북한은 당시 미국과 전쟁(한국전쟁)을 막 마쳤고 '사회주의 형제국'으로 여겨졌기에 레나테에게도 익숙한 나라였지만 그곳 출신 남자들을 강의실에서 만날 줄은 몰랐다. 강의실에서 눈을 맞추던 한 북한 남학생은 주말에 열린 신입생 환영파티에서 자신에게 춤을 청했다. 시작은 그러했고, 젊은 남녀가 그러하듯 연애는 조심스럽지만 가파르게 불붙었다. 레나테는 북한 남학생의 독일어를 도와주었고, 그 남학생은 조용하고 수줍어하던 레나테에게 웃음을 안겨주었다.

　홍옥근은 1934년 함흥 농부의 집안에서 출생했다. 훤칠하고 잘생긴 청년이었고 무엇보다 성격이 활달했다. 함흥에서 고등학교를 마친 홍옥근은 1954년 가을 동독 파견 3기 유학생으로 선발되어 동료 학생 50명과 함께 라이프치히에 도착했다. 1년 동안 독일어를 배우고 난 뒤 북한 정부의 계획에 따라 13명의 북한 동료들과 함께 예나대학교에 입학했다. 전공은 화학으로 정해졌다. 그는 항상 양복을 빼입고 다니며 동독 친구들과 맥주를 즐겨 마시던 쾌남아였다. 레나테와 열애를 하며 더러 길에서 인종주의적 멸시를 겪고 레나테 부모님의 우려와 반대가 심했지만, 특유의 쾌활함으로 레나테를 당겨 새로운 삶을 개척했다.

　레나테가 임신하자 둘은 곧장 결혼했다. 1960년 2월이었다. 당시 예나시가 결혼에 필요한 북한 서류가 부족하다며 받아들이지 않았지만, 옆 도시 바이마르로 옮겨 직원을 설득한 끝에 결혼을 확정

1956년경 홍옥근과 레나테 홍의 연애시절(왼쪽). 1961년 3월 첫째 아들 현철과 함께 찍은 가족사진. 홍옥근이 북한으로 돌아가기 한 달 전에 찍은 것이다.

지었다. 북한 정부에 결혼을 위한 공식 허가를 요청하면 오히려 곤란해질 것을 우려했던 그들은 나름의 지혜로 상황을 돌파했다. 레나테는 그새 공부가 끝나 교사로 근무했고, 곧 첫아들 페터-현철이 태어났다. 1961년 초 젊은 아빠 홍옥근도 학업을 끝내고 예나에서 조금 떨어진 비텐베르크에서 화학섬유공장의 수습 일자리를 얻었다. 주말에 만나는 맞벌이 부부로서 그들은 바쁘고 힘들었지만 둘째가 세상에 나오기를 기다리며 잠시 행복했다.

그러나 불행은 자주 느닷없다. 1961년 4월 14일 홍옥근은 직장에서 급히 예나로 와서 "당장 북한으로 돌아오라는 본국 소환 명령을 받았다"고 레나테에게 전했다. 부부는 밤새 머리를 맞대었지만 몸이 약한 데다 둘째를 임신한 레나테가 갓난아기를 안고 홍옥근과 함께 북한으로 들어가는 것은 무리라는 결론을 내렸다. 둘은 사회주의 형제국가 사이의 가족이니 레나테가 나중에 북한으로 입국하는데 아무 문제 없을 것이라고 생각하며 서로를 위로했다. 다음 날 예나 잘역 플랫폼에서 임산부 레나테는 10개월 된 현철을 안고 남편을 배웅했다. 함흥의 홍옥근과 예나의 레나테는 편지를 주고받으며 안부를 확인하고 가족의 미래를 상의했다. 그렇지만 1963년 이상한 암시를 전한 편지를 끝으로 함흥에서 예나로 더는 까치가 날아들지 않았다. 그 후 수년 동안 레나테는 동독 외무부와 북한대사관에 편지를 보내 남편 소식을 물었지만 북한대사관은 답변을 거부했고, 동독 외무부는 '알 수 없다'고만 답했다. 레나테는 재혼을 하지 않은 채 두 아들을 홀로 기르며 재회를 기다렸다. 혹시나 하고 매일 우편함을 열어보았지만 속절없었다. 북한 소식이라면 어떤 것이라도 찾아 모았다. 그렇게 세월은 흘렀고 레나테는 말라갔다.

2004년 10월 레나테 홍 할머니는 한반도에서 온 누군가를 만난 것에 무척 기뻐했다. 두 번째 구술 채록이 끝나고 레나테 홍 할머니와 나는 함께 밤길을 산책했다. 가을의 밤공기는 같이 나눴던 슬픔을 달랬다. 산책을 마치고 아파트 현관에서 승강기를 기다릴 때 레나테는 "내 남편은 동기 씨보다 키가 좀 더 컸어요. 내 머리가 그의 어깨에 간신히 닿았죠"라고 나직이 말했다. 나는 슬펐다. '키가 좀 더 컸더라면!'

그 후 나는 연방외무부 정치기록원과 예나대학교 문서보관소에서 홍옥근과 레나테의 자료를 찾아 모았고 사연을 정리했다. 동시에 수소문 끝에 홍옥근이 함흥에 생존해 있는 것을 확인하고 이를 레나테에게 알렸다. 그날의 설렘을 잊을 수 없다. 다시 홍조를 띤 레나테를 보며 그가 홍옥근을 만날 수 있는 길을 수소문했다. 하지만 궁핍

2장 냉전이 낳은 사랑과 이별

2008년 7월 레나테 홍은 평양에서 홍옥근을 47년 만에 재회했다.

한 박사과정 학생으로 고립된 채 지내던 내가 할 수 있는 일은 많지 않았다. 2006년 8월 11일 나는 이 사연을 〈오마이뉴스〉에 올려 도움을 요청했다. "누구라도 까치가 되어 오작교를 놓아주기"를 원했다. 많은 사람들이 관심을 가져주었고, 조성형 감독도 다큐영화를 만들고 싶다는 희망을 피력했다. 그사이 국내의 한 언론은 이를 '특종'(?)으로 세상에 더 크게 알렸다. 독일 언론의 관심이 커지자 독일 외무부도 관심을 가졌다.

독일 정부와 독일 적십자의 노력으로 2008년 7월 레나테 홍은 평양에서 홍옥근을 47년 만에 재회했다. 부부가 함께 보낸 열흘은 감격의 나날이었지만, 독일어를 잊어버린 노인 홍옥근이 레나테에게 낯선 남자로 보인 것도 사실이었다. 레나테는 홍옥근의 작은 몸짓에서 옛 기억을 찾아 올려 크게 웃었다. 어색했지만 해후는 얼어붙은 시간을 녹였고 아들들과 함께 가족의 온기를 찾았다. 예나의 레나테와 함흥의 홍옥근 사이에 다시 까치가 바쁘게 오갔다. 하지만 2012년 9월 4일 홍옥근은 레나테와 다시 만날 날을 기다리다 사망했다. 예정된 두 번째 재회 날짜가 다가오자 흥분에 들떴던 것이 화근이었다. 그 직후 레나테는 아들들과 함께 홍옥근의 묘소를 찾아와 눈물을 떨구었다. 레나테의 망부석 같은 기다림은 그렇게 끝을 맺었다. 레나테와 함께 집에서 오랜 기다림을 함께 견뎠던 고양이가 몇 년 전 죽었다. 레나테는 더 이상 고양이를 기르지 않는다.

조-독 이산가족사

이 트랜스내셔널 사랑의 드라마와 뒤이은 비극적 가족사를 잉태한 것은 1952년 3월 29일 중국 베이징 주재 동독대사관에서 이뤄진 한 접견이었다. 당시 베이징 주재 북한대사 권이직은 동독대사 요하네스 쾨니히를 만나 북한 학생 50명을 동독 대학에서 교육해줄 수 있는지를 물었다. 본국과 상의한 뒤 쾨니히 대사는 100명까지 수용할 수 있다고 권이직에게 알렸다.

1952년 9월 말 북한 유학생 37명이 대륙을 횡단하는 열차 여행 끝에 10월 30일 동베를린에 도착했다. 그들은 뒤이어 도착한 63명

1956년 동독을 방문한 김일성(오른쪽). 동독 총리 오토 그로테볼(가운데)과 환담 중이다.

과 함께 1년간 라이프치히에서 독일어를 배운 뒤 동독의 여러 대학으로 흩어졌다. 1956년까지 동독에 들어온 북한 유학생은 357명이었다. 그 외에도 1953년 전쟁고아 600명이 동독으로 보내져 집단생활을 하며 공장에서 기술을 익혔다.

동독의 북한 학생 수용과 교육 지원은 곧 '사회주의 국제연대'의 모범으로 간주됐다. 중국과 베트남, 그리고 아프리카와 아랍 지역에서도 동독과 동유럽에 유학생을 보내 '근대화 일꾼'들을 위탁 교육할 수 있었다. 1950년대 후반까지 북한 유학생은 동유럽 어디서나 외국 유학생 중 가장 많은 비율을 차지했는데, 1956년 동독의 북한 유학생은 전체 유학생의 37퍼센트를 차지했다. 북한은 근대화를 위한 교육열을 앞서 선보였고, 동독은 '반미 항전'의 모범이던 북한을 아낌없이 지원하며 국제 위상을 높이고자 했다.

냉전은 지구적 차원의 총력전이고 전체 사회에 침윤했다. 문화 냉전의 대표 현상 중 하나가 바로 초국가적 장학생 지원과 교육 프로그램이었다. 미국을 축으로 한 서유럽과 소련을 축으로 한 동유럽 국가들은 1950년대부터 아시아와 아프리카 지역의 청년들을 위한 장학 지원 프로그램을 운영했다. 이미 미국 의회는 1946년 아칸소주 민주당 상원의원 제임스 윌리엄 풀브라이트James William Fulbright가 추진한 국제교육교류법을 통과시켰다. 소련도 이에 맞서 아시아와 아프리카 탈식민 국가들의 청년 엘리트들에게 교육의 기회를 제공했다. 동유럽 국가들도 장학 프로그램에 동참하고자 했다. 하지만 1950년대 초까지 아시아와 아프리카 학생들의 동유럽 유학은 계획이나 조직이 아니라 행운이나 우연의 결과였다.

그런 상황에서 '사회주의 국제연대'의 핵심 프로그램인 장학 지원과 학생 교류를 요청하고 주도한 것이 북한이었다는 사실은 매우 인상적이다. 1952년 봄이면 한반도는 아직 전쟁 중이었다. 그럼에도 북한은 시험을 통해 학생들을 선발해 외국에서 공부하도록 조치했고 전쟁고아들을 챙겨 동유럽으로 보낼 줄 알았다. 이 트랜스내셔널 역사transnational history(초국가 역사)를 살피다 보면 도대체 전쟁 중임에도 미래 국가 전략을 구상하고 교육과 학문의 발전을 위해 유학생을 파견하고 전쟁고아들의 생존까지 챙긴 인물들이 누구인지 궁금해진다.

탄성만큼 비탄도 컸다. 유학생과 고아들의 '파독'에 경탄하고만 있을 수는 없는 사연과 맥락이 넘친다. 북한 유학생들은 학과 선택의 자유가 없었다. 그들 모두 당에서 지시한 대로 대학과 전공을 할당받았고, 학업 성취도가 낮으면 당 간부에게 질타를 받았으며 심지어 북한으로 소환되기도 했다. 그들은 서로 전공을 맞바꾸는 방식으

1950년대 동독 예나대학교 기숙사에 모여 함께 공부하는 북한 유학생들. 필자가 예나에서 유학할 당시 발굴한 사진이다.

로 제한적이나마 활로를 찾았다.

더 큰 문제가 있었다. 그들은 젊었는데 외로웠다. 동독 정부의 환대로 넉넉한 장학금을 지급받아 경제적 여유를 누릴 수 있었다. 상대적으로 풍요로운 조건에서 지낸 북한 유학생들 중 일부는 열악한 상황의 북한으로 돌아가기를 꺼렸다. 90퍼센트 이상이 남학생이었기에 그들 중 일부는 동독 여성과 연애를 하며 새로운 삶의 가능성에 눈을 떴다. 1953년 동독과 1956년 헝가리에서는 공산주의 체제에 저항하는 시위가 격렬했고, 그것 또한 북한 유학생들 사이에서 동요를 불러일으켰다.

결국 1956년 6월 드레스덴 근처 프라이베르크대학교의 북한 유학생이 서독으로 도주하는 일이 발생해 북한 지도부를 격앙케 했고 동독 정부를 난처하게 만들었다. 베를린 주재 북한대사관은 본국의 지시를 받아 사상교육과 생활 통제를 강화했고, 동독 유학생들을 북한으로 불러 훈계하고 위협했다. 일부 진지한 이들에게는 잠시 효과가 있었다. 적지 않은 유학생들은 '사회주의 조국 근대화'에 복무하리라는 신념을 다졌다.

레나테 홍의 증언에 따르면, 홍옥근은 북한에 갔다가 돌아온 뒤 2주일 동안 자신을 만나려 하지 않고 학업에만 몰두했다고 한다. 그러나 새로운 삶의 기회를 엿본 북한 유학생들이 모두 마냥 순진하지는 않았다. 역효과도 발생했다. 북한 유학생들이 서독으로 탈출하는 일이 이어졌던 것이다. 1959년 북한 학생 11명이 동독을 떠나 서독에서 새로운 삶을 찾았다. 1961년 8월 베를린 장벽이 들어서기까지 도합 20명의 북한 유학생들이 동독에서 서독으로 넘어갔다.

북한 유학생들의 동독 탈출은 동시에 북한 탈출을 의미했다. 이 이중 탈출이 모두 정치적 이유 때문에 발생한 것은 아니었다. 그들 중 일부는 이미 함께 사랑을 나누던 동독 여성과의 관계를 지속하기 위해서였고, 또 어떤 이는 더 풍요롭고 전망 있는 미래를 갖기 위해서였다. 심지어 어떤 이는 당 간부인 선배와 다툼이 잦았는데 전공이 같기에 북한으로 돌아가도 자신을 학대할 것이라는 이유로 서독행을 결정했다. 서독으로 넘어간 20명의 생애사가 한결같지는 않다. 명민했을 뿐 아니라 삶의 기회를 포착할 줄 알았던 그들 대부분은 직업적으로 성공한 삶을 살았다. 서독(독일)과 미국과 한국 등지에서 그들은 부럽지 않은 삶을 살았다. 그럼에도 그들 또한 냉전과 분단의 족쇄를 달고 다녀야 했고, 굴곡진 삶을 견뎌야 하는 경우가 많았다.

1961년 4월 홍옥근은 북한으로 소환됐지만 레나테는 예나에 남았다. 그렇게 남편을 북한으로 떠나보낸 동독 여성들의 삶은 레나테

의 삶과 크게 다르지 않았다. 재혼한 이들도 있지만 각각의 생애사
는 모두 간단하지 않았다. 특히 피부색과 생김새가 다른 2세들의 삶
은 이 트랜스내셔널 역사의 또 다른 장을 구성한다.

동쪽에서 서쪽으로 경계를 넘어간 20명의 북한 유학생들과
는 비교하기 어려운 참담한 생애사를 가진 주인공 20명이 또 있
다. 동쪽(동독)에서 더 동쪽(북한)으로 대륙을 건너간 여성들이다.
1961~1962년 소환된 남편을 따라 북한으로 들어간 동독 여성 20
명의 삶은 녹록하지 않았다. 문화적 차이야 어쩔 수 없다 해도 너무
도 열악한 북한의 경제적 어려움을 견디기 힘들었다. 또 중국과 소
련 간의 국제 분쟁은 동독 여성들의 삶에 긴장을 더했다. 북한은 소
련과 동유럽의 수정주의 이데올로기를 차단하기 위해 안간힘을 썼
는데, 동독은 당시 소련에 충성했기에 중소 분쟁은 북한에 거주하던
조-독 가정의 삶에 긴장과 위협의 수위를 높였다. 상황을 더 이상
견딜 수 없었던 동독 여성들은 북한을 나와야 했다.

더욱이 1963년을 전후해 경제적 이유나 출산 등으로 잠시 동독
으로 나왔던 그들에게 북한은 재입국 비자를 발급해주지 않았다. 북
한은 동독의 아내와 북한의 남편들 사이에 오가던 편지도 끊었다.
동독 여성들은 남편과 연락하기 위해 베를린의 동독 외무부에 아우
성을 쳤지만, 북한은 냉혹했고 동독은 무심했다.

동독 외무부의 자료에 따르면, 북한 정부는 홀로 남은 남편들에
게 북한 여성과 재혼하기를 강요했고 남편들은 이를 거부하다가 끝
내 굴복해야 했다. 그중 두 남자는 끝까지 거부하고 가족을 찾아 북
한을 탈출해 동독으로 향했지만 열차에서 체포돼 재판에 회부된 뒤
장기 투옥됐다. 마지막까지 남아 있던 동독 여성이 1974년 아이들

을 데리고 북한에서 빠져나온 뒤 그 집단적 가족 이산의 비극은 더욱 짙어갔다. 동독 여성들은 대부분 오랫동안 이사하지 않고 남편이 기억하는 옛 주소지나 도시를 떠나지 못했다. 냉전은 하염없는 기다림이었다.

냉전의 이산가족사에 온기를 채울 말들

그렇게 냉전과 분단은 조-독 가족의 삶을 할퀴었다. 냉전을 배경으로 한 트랜스내셔널 이산가족사는 이데올로기 장벽과 정치 경계의 너머도 아니고 한 진영 내부, 심지어 한때 '사회주의 국제연대'의 모범으로 간주된 국가들, 특히 분단의 비극을 함께 짊어진 국가의 주민들 사이에 생겨난 것이기에 더욱 안타깝고 아프다.

1950년대 후반 드레스덴 공대에서 공부했던 최득찬은 1963년 신의주에서 대륙을 횡단해 드레스덴의 가족에게 돌아가려고 모스크바행 기차에 숨어 있다가 붙잡혀 25년형을 선고받았다. 2007년 3월 나는 최득찬의 마지막 탈출 시도와 장기 구금형을 확인해주는 사료 복사본을 그의 아내와 아들에게 전달했다. 드레스덴 엘베 강변의 한 식당에서 그 사료를 보며 처참하게 무너지던 모자를 잊을 수가 없다. 최득찬의 부인 안넬리체 최 할머니는 "그는 몸이 약해 교도소에서 살아남지 못했을 것"이라고 탄식했다. 뒤이어 아들 우베가 내뱉는 북한에 대한 저주를 나는 감당하기 힘들었다.

이 이야기들을 추적하면 할수록 북한의 냉혹함에 대한 분노가 깊어진다. 그렇지만 북한으로부터 '까치'가 날아오기를 기다리는

'조-독 가족 모임'의 회원들은 여전히 조심스럽다. 함부로 북한을 비난하지 못하는 이유가 서글프지만 이해된다. 그곳에 아직 남편과 아버지가 있는 사람들이다. 북한 당국과 긴밀히 대화해야만 재회의 기회와 편지 교환의 가능성이 유지된다. 한반도에 봄이 와야만 그곳에도 '까치'가 날아들 것이다. '삼팔선은 삼팔선에만 있는 것도 아니고' 한반도에만 있는 것도 아니다. 〈사랑, 약혼, 이별〉이 한국만이 아니라 북한에서도 상영될 날이 언제 올까? 서로 다른 방향으로 넘어간 각 20명의 두 가지 생애사를 언제쯤 냉전박물관에 전시할 수 있을까? 이 이야기를 이데올로기의 송곳이 아니라 냉전적 삶의 치유와 회복 과정으로 다루려면 어떻게 해야 할까?

한반도와 연루된 냉전의 비극적 생애사와 이산의 가족사 앞에서 우리는 몸과 마음을 가누기가 쉽지 않다. 냉전은 국제정치를 넘어 평범한 사람들의 일상과 가족의 삶에 깊은 상처를 남겼다. 레나테 홍은 언젠가 나에게 냉전은 자신의 삶에 '느닷없이' 덮쳤고, 자신은 이로 인해 '하염없이' 기다려야만 했다고 말했다. 레나테 홍의 평생소원, 즉 홍옥근과의 재회를 성사시켰던 독일적십자의 직원은 상봉 성공의 비밀은 신중함이라고 밝혔다. 그는 북한을 자극할 수 있는 내용을 피했다. '느닷없음'과 '하염없음'이라는 냉전의 얼어붙은 시간을 녹이는 것은 '신중함'일까? 나는 냉전의 이산가족사로부터 남겨진 말들을 찾아 아직도 역사의 의미 조각을 맞추고 있다. 평화나 화해라는 말은 냉전의 이산가족사가 남긴 먹먹함을 달래기에 부족한 듯하다. 냉전으로 얼어버린 가슴에 온기를 채울 말들이 더 필요하다.

3장　　반둥회의
　　　— 탈식민과 탈냉전의 코뮤니타스

골든타임을 놓친 권력자

정치가의 권력 유지를 위해서는 정책 성공과는 별도로 카리스마나 친화력이 관건이다. 하지만 권력자의 몰락은 자신이 등장해야 할 곳과 때를 놓치면서 시작된다. 2015년 4월 중순 한국의 최고 권력자는 '대통령의 시간과 장소'를 이중으로 놓쳤다. 세월호 참사 1주기를 맞아 한국 사회가 다시 신음하며 몸을 떨고 있을 때, 또 성완종 리스트로 드러난 정치 부패와 참극에 온 나라가 넌더리를 내고 있을 때 그는 중남미 4개국 순방으로 한반도를 유유히 빠져나갔다. 지구 반대편 대륙으로의 유람 내지 유랑으로 당시 박근혜 대통령이 내팽개친 또 하나의 시간과 장소는 2015년 4월 22일부터 24일까지 열린 반둥회의 60주년 기념식이었다.

　　1955년 4월 18일부터 24일까지 인도네시아 자바 섬에서 아시아 23개국과 아프리카 6개국의 정치 지도자들이 모여 식민주의 종식과 민족자결 및 국제 냉전의 군사동맹 질서 편입에 반대하는 '비동맹 원칙'을 발표했다. 그 60주년을 맞아 2015년 같은 장소에서 아

시아·아프리카 106개 국가와 16개 참관국 및 25개 국제기구의 정상과 대표들이 참석했다. 그들은 반둥회의의 정신을 새기며 21세기 아시아·아프리카 평화 연대의 의미를 찾고 경제협력의 필요를 다졌다. 아시아와 아프리카 정상과 정치 지도자들이 모두 모여 21세기 미래를 위한 반둥정신을 살폈다. 박근혜 대통령이 우리 국민과 동감同感하고 동고同苦하지도 못하면서 아시아와 아프리카의 여러 나라 정상들과 동감하고 동행同行하기를 기대하는 것은 허황되었다. 그렇지만 대통령이 정치적 골든타임golden time과 최적지best place를 이렇게 매번 비켜가는 것을 보기란 참혹하기 그지없었다. 그 후 박근혜 대통령의 몰락은 '대통령의 시간과 장소'를 그토록 빈번히 놓친 것에서 예시되었다.

4월과 5월엔 우리 역사와 관련해서도 기억해야 할 일들이 태산처럼 무겁다. 게다가 60년 전 반둥회의와 한국은 어떤 연루도 없다. 하지만 반둥회의의 역사적 의의와 현실적 함의를 더듬는 것은 다른 어떤 곳보다 한반도에서 더 중요하다. 탈식민과 탈냉전이라는 엄중한 이중 과제가 우리 앞에 버티고 있기 때문이다. 2015년 반둥회의 60주년 기념식에서 일본 총리 아베 신조安倍晋三가 '전쟁에 대해 반성'한다고 했으면서도 식민지배와 침략을 사과하지 않은 것에만 초점을 맞춰 반둥회의가 지닌 커다란 함의를 놓쳐서는 안 된다.

감정의 코뮤니타스

60년 전 반둥의 '아시아·아프리카회의'는 인도네시아 대통령 수카르노Sukarno가 개회식에서 말한 대로 "인류 역사상 최초의 유색인종 대륙 간 회의"였다. 지구는 백인들이 그저 '손을 까닥'거리며 마구 '발을 휘젓'는 곳이 아니라 무엇보다 갈색·흑색·황색의 유색 주민들이 함께 웃으며 어깨를 겯는 공동체임을 확인하는 자리였다. 당시 인류의 절반 이상을 대표하는 지역과 국가들의 정치 지도자들을 '회의에서 춤추게' 한 것은 식민주의 종식과 민족자결이라는 '감정의 코뮤니타스(공동체)'였다.

반둥회의는 일종의 정치 축제였다. 수도 자카르타가 아니라 반둥이 회의 장소로 선정된 것부터 특별했다. '열대 속 유럽'이라 불린 반둥은 쾌적한 기후와 환상적인 자연환경에 더해 네덜란드에 대항한 반식민운동의 역사적 전통까지 갖췄다. 그곳의 국제회의는 참석자들에게 그동안의 험난한 민족독립운동과 해방투쟁에 대한 보상 또는 선물 같은 것이었다. 수카르노는 회의 장소를 '게둥 메르데카'Gedung Merdeka(자유의 건물)라고 새 이름을 붙여 참석자들을 맞이했

1955년 4월 반둥 시민들이 환호하는 가운데, 저우언라이(오른쪽)가 회의장에 입장하고 있다.

다. 참석자들 또한 기꺼이 축제에 공연자로 뛰어들었다. 회의에 참석한 정치 지도자들은 대부분 화려한 전통의상을 입어 민족 자의식을 뽐냈다. 특히 하얀 재킷과 검은 바지를 입은 캄보디아 대표단과 노란 아오자이를 입은 베트남 대표단이 반둥 시민들의 눈길을 끌었다. 어떤 민족의상이든 그것은 각기 신생 자주독립국의 위용과 자신감의 표현으로 충분했다. 숙소로 사용했던 두 호텔에서 회의 장소인 게둥 메르데카까지 50~100미터 정도의 거리를 매일 아침 대표단들은 함께 걸어가며 현지 주민들의 환호에 화답했다('자유의 행진'). 반둥 시민들은 "각하, 메르데카(자유)"를 연발하며 그들을 맞았다. 북베트남의 호찌민胡志明, 에티오피아의 하일레 셀라시에Haile Selassie 1세, 가나 독립운동의 기수 은크루마Kwame Nkrumah도 환영받았지만, 인도 총리 네루Jawaharlal Nehru와 중국 총리 저우언라이周恩來와 이집트의 젊은 지도자 나세르Gamal Abdel Nasser에 대한 관심은 폭발적이었다.

회의 초반에는 신사의 품격과 지성을 갖춘 네루가 압도적인 카리스마를 뿜냈지만 곧 명민하고 유연한 저우언라이가 좌중을 휘어잡았다. 저우언라이는 네루의 권유와 도움으로 참석했다. 애초 이데올로기적 이유로 중국 대표의 회의 참여를 반대하거나 우려했던 각국의 정치 지도자들은 인도와 이집트뿐 아니라 중국과 함께할 때만이 아시아와 아프리카가 독자 노선을 개척할 수 있을 것이라고 믿게 되었다. 회의장에서는 저우언라이 주변에 더 많은 정치가들이 몰렸고, 거리에서는 그의 두껍고 검은 눈썹에 대해 애정 어린 말들이 넘쳤다.

탈식민 국가들의 비동맹 선언

반둥회의의 기원은 1927년 브뤼셀에서 열린 반제국주의 회의로 올라간다. 1927년 반제국주의연맹 준비단은 의식적으로 브뤼셀을 회의 장소로 정했다. 제국주의 중심에서 반제국주의를 선언하고 국제연맹을 비판할 요량이었다. 브뤼셀 회의에 참석한 대표들은 다양했다. 남아프리카 공산당의 대표들과 알제리와 팔레스타인 독립운동 대표들도 눈에 띄었지만, 인도 국민회의 대표 네루와 인도네시아의 수카르노가 이 회의에 참석한 것은 특별히 의미심장했다. 후일을 위한 사전학습의 장이었다.

브뤼셀 회의에서부터 시작된 아시아와 아프리카 독립운동 지도자들의 연대는 반둥회의에서 정점을 맞이했다. 반둥회의는 '평화 10대 원칙'을 내걸며 최종의정서를 발표했다. 그것은 일차적으로 식민주의와 인종주의 폐기를 선언했지만 이를 넘어 민족자결과 자존에 기초한 새로운 국제연대와 협력의 방향을 제시했다. 이미 1년 전, 즉 1954년 저우언라이와 네루가 따로 합의해 발표한 평화 5대 원칙, 즉 영토주권의 상호존중, 상호불가침, 내정불간섭, 평등과 호혜, 평화 공존에 더해 '세계인권선언'을 존중하여 보충하는 내용들로 최종의정서가 채워졌다. 아울러 최종의정서는 추상적인 평화 원칙과 규범적인 민족자결 및 인권 준수를 넘어 세계 평화를 위협하는 식민주의 국가들을 구체적으로 언급하며 개선을 요구했다. 알제리·모로코·튀니지의 민족해방운동에 대한 지지와 팔레스타인 문제 해결 요구, 캄보디아·실론(스리랑카)·일본·요르단·리비아·네팔 등에 대한 유엔 회원국 자격 부여 그리고 군비 축소 요구 등이 빠지지 않았다. 반둥회의는 선하고 멋진 말들로 포장한 채 실제로는 기우뚱하고 폭력적인 국제정치 현실의 권력관계를 비켜가는 길을 택하지 않았고 새로운 국제 평화정치의 규범을 구체적인 핏빛 요구와 결합했다.

특히 반둥회의는 단순히 반식민주의 선언과 민족자결의 요구에 그치지 않고 어떻게 하면 아시아와 아프리카의 독립국들이 새롭게 발전하며 독자적인 정치적·경제적 발전의 길을 개척할지를 적극 모색했다. 최종의정서가 무엇보다 경제협력을 가장 먼저 그리고 가장 길게 담고 있는 이유가 바로 여기에 있다. 반둥회의의 '유색' 정치 지도자들은 식민지 해방운동의 대표가 아니라 해방된 탈식민 독립국가의 주체이자 국제정치 무대의 새로운 세력으로 나서고자 했다. 그 점에서 바로 반둥회의는 앞선 몇 차례의 소규모 아시아·아프리카회의와도 구별된다. 다시 말해 반둥회의 최종의정서는 단순히 식민주의에 대한 준엄한 질타를 넘어 참가국들 사이의 경제와 문화협력을 비롯한 미래지향적이고 건설적인 주제를 더 주요하게 다루었다. 그들은 아시아와 아프리카 신생국가들의 자립적 생존을 위해 비동맹 원칙을 찾았다. 참가국들이 개별적으로 미국과 소련의 양대 열강과 외교관계나 경제협력 관계를 맺더라도 최소한 양 열강의 군사동맹 체제에는 편입하지 말자는 원칙에 동의했다. 이 원칙은 '평화 10대 원칙'의 6항에서 "강대국의 특정한 이익에 봉사하는 집단적 방어제도의 불용"으로 명문화되었다.

한계와 영향

하지만 의상과 피부색만큼 각국의 상황과 입장은 차이가 컸다. 감정의 코뮤니타스와 공연에 가까운 정치 축제만으로는 극복하기 어려운 난관이 널려 있었다. 식민지배 극복이라는 공통의 역사적 경험만으로는 각국의 복잡한 정치 현실과 미래지향의 간극을 메울 수 없었다. 무엇보다 미국과 유럽 식민국가 외에 소련을 식민주의 지배자로 볼 수 있을지의 문제와 냉전 대결을 극복하기 위한 독자적 공동 기구를 설치하거나 실제 연대 행동을 취할지를 둘러싸고 이견이 존재했다. 일부 참가국에 대한 미국과 영국의 개입과 압박도 무시할 수 없었다. 파키스탄·실론·필리핀 같은 친서방 국가들, 중국·북베트남 등 사회주의 지향 국가들 그리고 인도·인도네시아 등 중립 국가들 사이의 입장 차이는 뚜렷했다. 그렇기에 비동맹 문제는 더 매끄럽게 다루어지지도 못했고 충분히 합의되지도 못한 채 선언의 일부로 그쳤다.

'평화 10대 원칙' 5항은 개별적으로나 집단적으로 스스로 방어할 수 있는 개별 국가의 권리를 존중한다고 퇴로를 열어두었다. 비록 유엔헌장에 합치하는 조건을 걸었지만 사실상 집단적 결집을 약화할 수 있는 구절이었다. 아울러 곧 밀어닥치는 국제 냉전 대결의 가속화와 위기는 반둥회의 참가국들의 선택 기회와 행동의 자유를 더욱 좁혔다. 그리고 반둥회의 뒤 발화한 중국과 인도의 국경분쟁과 중국과 소련의 갈등은 '유색인종'의 연대를 그대로 내버려두지 않았다. 결국 회의는 연속되지 못했다.

역사는 분명 직선이 아니고 항상 상향하지도 않지만 그렇다고 안개처럼 흩어지거나 무지개처럼 사라지는 것도 아니다. 반둥회의의 정신을 이어 1961년 유고슬라비아 베오그라드에서 열린 제3세계 비동맹회의는 냉전을 직접 극복하지도 못했고 오히려 내부 갈등으로 질퍽거렸지만 탈냉전의 가능성을 끊임없이 환기한 성과를 보였다. 또 1950년대 중반 유럽의 탈냉전 평화 사상가들과 정치가들은 무엇보다 바로 반둥회의에 크게 고무돼 새로운 활력을 찾았다. 그들은 반둥회의 평화 원칙을 유럽 맥락에서 적극 수용해 1960년대 유럽 데탕트의 출현에 크게 기여했다.

게다가 반둥회의는 1960년대 미국과 유럽의 신좌파의 사상과 실천에도 큰 자극을 주었다. 흑인민권운동가 맬컴 엑스Malcom X는 1963년 11월 10일 디트로이트의 한 교회에서 '풀뿌리에게 보내는 메시지'라는 연설을 하면서 반둥회의를 거론하며 유색인종의 단결을 강조했다. 그는 미국 '흑인해방'의 국제적 맥락과 의미를 반둥회의의 백인 거부와 연결지었다.

1961년 유고슬라비아 베오그라드에서 제3세계 비동맹회의가 열렸다.
나세르, 네루, 티토(위 왼쪽부터)가 함께 걷고 있다. 아래는 당시 회의장 모습.

반둥회의에서는 아시아와 아프리카의 모든 유색인종이 하나가 되었습니다. 그들 중 어떤 이는 불교도였고 어떤 이는 이슬람교도였습니다. 기독교도, 유교도, 무신론자들도 있었습니다. 종교 차이에도 불구하고 그들은 하나가 되었습니다. 그들 중 어떤 이는 공산주의자였고 어떤 이는 사회주의자였습니다. 자본주의자도 있었습니다. 경제와 정치의 차이에도 불구하고 그들은 하나가 되었습니다. 그들은 모두 흑인이거나 갈색, 홍색 또는 황인종이었습니다. 반둥회의에 초대받지 못한 유일한 사람은 백인 남자였습니다. 백인 남자는 참석이 불가능했습니다. 유색인종들은 백인을 배제하자 자신들이 단결할 수 있다는 사실을 깨달았습니다.

한편 반둥회의는 당시 막 등장하고 있던 미국 주도의 동남아시아조약기구SEATO라는 반공군사동맹의 위세를 누르며 대안적 국제질서의 가능성을 부각했다. 게다가 1961년 필리핀·태국·말레이시아가 주도하고, 1967년 인도네시아·싱가포르가 결속하여 결성된 동남아시아국가연합ASEAN도 주로 경제협력과 문화교류에 중심을 두되 군사 블록화와는 거리를 두었다. 이 또한 반둥회의를 빼고는 설명할 수 없다.

한반도발 평화의 코뮤니타스로!

유감스럽게도 1955년 반둥회의에 한반도의 두 국가는 초대받지 못했다. 한국전쟁의 당사자이자 열강의 군사동맹국이라는 이유에서였다. 백인이 아님에도 초대받지 못한 유일한 민족이었다. 한국은 당시 냉전의 시궁창에 빠져 버림을 받았던 것이다. 오히려 일본이 옛 식민제국으로서는 유일하게 초대받은 복을 누렸다.

60년이 지나 인도네시아와 일부 ASEAN 국가들은 미국과 중국의 열강 경쟁 구도 사이에서 새로운 생존과 협력의 길을 찾고자 반둥회의를 기념하며 지혜를 찾았다. 중국의 시진핑習近平 주석은 마치 저우언라이의 현신인 양 아시아와 아프리카 국가의 대표들과 바쁘게 미소를 나누고 손을 엮었다. 시진핑은 그들에게 '신형 국제관계'를 만들자며 중국의 구상을 발표했다. 아프리카 대륙의 자원 활용과 시장 개척에만 관심을 가진 중국이 과연 '연대와 호혜'의 국제질서를 창조할 수 있을지는 회의적이다.

반둥회의는 남남南南 (경제) 협력의 근거가 되기도 하지만 그것을 훨씬 뛰어넘는 국제정치의 새로운 지평이었다. 반둥정신은 단순히 '비동맹 원칙'에 국한되지 않는다. 반둥은 첫째, 국제정치 무대에서 약자였던 국가들의 능동적 결집이자 연대였고, 둘째, 기성 국제질서에 대한 단호한 비판이자 거부였으며, 셋째, 제3의 길이라는 대안의 부각이자 돌파였으며, 넷째, 이질 국가와 세력들 간의 최소 합의였고, 마지막으로 조직적 지속성과 장기 전망을 품었다. 그런 종류의 결집과 비판과 돌파와 합의와 전망이 가장 필요한 나라가 한반도의 두 나라가 아니면 어디일까? 2015년 '최적지'와 '골든타임'을 놓친 한국의 권력자가 엉뚱한 방향에서 뒤늦게 돌아와 사드THAAD(고고도미사일방어 체계) 배치를 선언하며 또다시 역사를 이탈했다. 반둥을 중국 공산주의자들의 경제 박람회로 내팽개칠 일이 아니라, 한반도

발 평화의 코뮤니타스로 만들었어야 했다.

　　반둥회의 최종의정서는 명문으로 빛난다. 한 단락을 읽어보는 것으로 1955년 한반도 없는 반둥의 아쉬움과 2015년 반둥을 팽개친 한반도의 한심함을 메워보자.

　　　　아시아와 아프리카는 스스로의 문화와 문명이 비옥하게 되는 과정에서 다른 문화들과 문명들을 비옥하게 만든 위대한 종교와 문명의 요람이었다. 이와 같이 아시아와 아프리카의 문화는 정신적이고 보편적인 기반 위에 서 있다. 불행하게도 지난 몇 세기 동안 아시아와 아프리카 국가들 간의 접촉은 방해를 받았다. 아시아와 아프리카 인민들은 이제 그들의 오랜 문화 접촉을 재생하고 현대 세계의 맥락에서 새로운 접촉을 발전시킬 강렬하고 진실한 욕망을 지니고 있다.

　　그 "강렬하고 진실한 욕망", 한반도에는 없는가? 2018년 한반도에 다시 찾아온 평화의 '봄'과 '새로운 미래'는 한반도 "스스로의 문화와 문명이 비옥하게 되는 과정에서 다른 문화들과 문명들을 비옥하게 만드는" 특별한 시작이 되길 빌어보자. 한반도의 역사에도 그런 때가 한 번은 있어야 하지 않겠는가?

4장　작은 나라의 큰 역사
— 1975년 여름 헬싱키의 유럽 '비둘기호'

총리 부인의 다이어트와 대통령의 가쁜 숨

대통령은 총리에게 그의 "아내가 너무 뚱뚱하니 살을 좀 빼게 하고 아내에게 맵시 있는 모자도 사서 씌워주라"고 지시했다. 총리는 난감했다. 멋진 모자야 어찌어찌 살 수 있겠지만, 4명의 아이들을 돌보느라 몸이 불어버린 아내에게 갑자기 살을 빼라니? 그래도 대통령의 긴급한 명이니 어쩔 수가 없었다. 6주의 시간이 있었다. 총리부인은 6주 동안 굶고 걸으며 8킬로그램을 뺐다. 마침내 총리 부인은 "1미터도 더는 걸을 수가 없었고 우울한 기분"을 감당하기 어려웠다. 그래도 그는 멋진 모자를 쓰고 행사를 잘 치렀다.

　1975년 여름 핀란드 헬싱키에서의 일이었다. 대통령은 우르호 케코넨Urho Kekkonen이었다. 그해 6월 13일 케코넨에 의해 총리로 임명돼 임시 내각을 이끌던 이는 케이요 리나마Keijo Liinamaa였고, 여름 내내 자신의 몸과 씨름하며 우울해한 아내는 피르코 리나마였다. 행사는 유럽안보협력회의 최종의정서 체결을 위한 정상회의였다.

　작은 나라가 큰 행사를 치르느라 용을 썼다. 케코넨 대통령은 그해 초 부인과 사별했기에 총리 부인이 퍼스트레이디 역할을 수행해야 했는데, 대통령은 국빈 접대 자리에 더 멋진 핀란드의 외양을 자랑할 생각으로 총리 부인에게 다이어트를 명했던 것이다. 대통령도 나름 욕을 봤다. 1975년 7월 28일부터 29일 이틀 동안 31개국 외국 정상들을 헬싱키 공항의 붉은 카펫에서 맞이하느라 진땀을 흘렸는데, 당시 그는 75세의 노인이었다. 이를테면 케코넨은 29일 정오께 비행기에서 내린 헬무트 슈미트 서독 총리와 악수를 나누자마자 유고슬라비아의 티토 대통령이 막 도착했다는 소식을 전달받고 한걸음에 달려갔다. 그런데 하필이면 바로 그때 소련 공산당 서기장 브레즈네프와 외무장관 안드레이 그로미코가 비행기가 아니라 열차를 타고 헬싱키로 들어오고 있다는 소식이 전달됐다. 케코넨은 헬싱키 공항에서 중앙역으로 내달려 모스크바에서 온 손님들을 맞이하고는 다시 공항으로 돌아오며 노인의 가쁜 숨을 몰아쉬어야 했다.

헬싱키 최종의정서

다행히 국제회의는 성공적이었다. 사흘 동안의 회의는 30년 이상의 무게를 지녔다. 비록 총리 부인의 필사적인 다이어트와 케코넨의 거친 호흡을 기억하는 사람은 이제 거의 없지만, 1975년 여름 헬싱키는 유럽 평화사와 세계 인권사의 큰 봉우리가 되었다.

헬싱키가 유럽 평화사의 출발지로서뿐 아니라 세계 인권사의 거점으로 발돋움한 것은 1975년 8월 1일의 최종의정서 때문이다. 미국과 소련을 위시한 동서 양 진영 국가들과 스위스와 오스트리아 등 중립국을 포함한 35개국 정상들은 '인권 존중과 국경 및 체제 인정'을 맞바꾸는 헬싱키 정신을 선언하고 제도화했다. 소련과 동유럽 공산국가들은 일찍부터 서방 국가들이 2차 세계대전 뒤의 국경을 인정하고 체제를 공식적으로 존중해주기를 원했다. 반면 서방 국가들은 동유럽 국가들로부터 인권 존중 및 이동과 여행의 자유, 주민의 정보 접근권을 인정받고자 했다. 헬싱키 최종의정서는 그 핵심 내용을 담은 10개 항의 원칙(바스켓1) 외에 경제와 학문 등의 분야에서 협력을 규정한 내용(바스켓2), 인도적 문제를 위한 협력과 인적 교류 및 정보 교환을 위한 협력 원칙의 천명(바스켓3)으로 구성됐다.

애초 그런 종류의 유럽공동회의를 발의한 것은 소련과 동유럽 국가들이었다. 소련 외무장관 몰로토프는 1954년부터 수차례 유럽의 모든 국가들이 공동의 안보회의를 통해 유럽 분열과 냉전의 해결책을 찾자고 주장했다. 1966년 3월 브레즈네프 소련 공산당 서기장은 다시 유럽공동안보회의 구상을 끄집어 올렸다. 이어 같은 해 7월에는 바르샤바조약기구 회원국들이 루마니아 수도 부쿠레슈티에 모여 브레즈네프의 유럽안보회의 제안에 무게를 더했다. 당시 소련과 동유럽 국가들은 자신들을 '제국주의-전쟁 세력'에 대항하는 '민주주의-평화 세력'으로 보았다. 그렇기에 평화 공세는 그들의 집단적 정치 정체성과 관련된 것이기도 했다.

서방도 이에 조응했다. 1966년부터 1969년까지 미국의 린든 존슨 대통령과 서독의 빌리 브란트 외무장관, 벨기에의 하르멜 외무장관도 각기 긴장 완화를 위해 북대서양조약기구(나토)와 바르샤바조약기구 사이에 무언가 일어나야 한다고 말하기 시작했다. 유럽 데탕트의 시곗바늘이 빠르게 돌아가기 시작했다.

1975년 여름 핀란드 헬싱키에서 만난 동독 총리 에리히 호네커(왼쪽)와 서독 총리 헬무트 슈미트.

1975년 헬싱키 유럽안보협력회의 최종의정서에 서명하는
미국 대통령 제럴드 포드(왼쪽)와 소련 공산당 서기장 레오니트 브레즈네프.

중재자 케코넨

대화와 협상을 결정하는 것은 시간이나 정세가 아니라 의지와 행동이다. 막연한 호의나 관심이 실제 우의와 협력으로 이어지려면 중재와 멍석도 결정적으로 중요하다. 안보 문제의 해결을 둘러싼 유럽데탕트 정치의 돌파구는 동쪽과 서쪽이 아니라 북쪽에서 마련되었다. 멍석이 깔린 곳은 헬싱키였고, 중재자는 바로 케코넨이었다.

1969년 5월 5일 케코넨은 유럽 30개국과 미국, 캐나다에 공식 서한을 보내 소련이 제안한 유럽안보협력회의 개최를 위해 핀란드가 중재에 나설 수 있으며, 회의 개최를 위해 각국 대표단을 헬싱키로 초대한다고 발표했다. 인구 500만 명에 불과한 작은 나라의 담대한 등장이었다. 이때 핀란드는 단순히 소련의 옛 제안을 무심히 반복하거나 그저 전달하는 방식을 택하지 않았다. 케코넨은 애초 소련이 유럽안보협력회의에서 배제했던 미국과 캐나다를 회의 참가국으로 끌어들였으며, 회의를 위해 어떤 종류의 전제조건도 내세우지 않아야 함을 강조했다. 또 그는 회의 주제가 안보 문제를 넘어 다양한 협력 방안으로 확대되는 데도 이바지했다.

핀란드는 곧 수신 국가 모두로부터 긍정적인 답을 받았다. 케코넨은 1970년 1월 외교관을 특사로 보내 각국의 입장과 의중을 잘 살피도록 조치했다. 그는 냉전시대 평화의 중재자가 어떻게 행동해야 하는지를 잘 보여주었다. 그것은 바로 신중과 신뢰였다. 1972년 11월 22일부터 1973년 6월 8일까지 헬싱키에서 유럽안보협력회의를 위한 준비 회의와 협상 회의가 열렸다.

또 다른 중립국인 스위스가 팔을 걷고 나섰고 오스트리아도 그

1961년 워싱턴 D.C.를 방문해 케네디 대통령 부부의 환대를 받는 케코넨(왼쪽)과 실비아 여사(왼쪽에서 세 번째).

냥 있지 않았다. 그렇게 이른바 '유럽의 중립−비동맹N+N(Neutral and Non-aligned) 국가'들은 유럽안보협력회의의 성공을 위해 다양한 제안과 중재로 가교 역할을 수행했다. 물론 핀란드와 중립국들이 그 회의를 시종 주도하거나 결정적으로 이끌었다고 볼 수는 없다. 하지만 협상 초기 국면에서 그들이 결정적 역할을 했음을 부정하기는 어렵다. 헬싱키 회담의 준비와 개최 및 최종의정서의 합의와 체결은 약자의 위력이 유감없이 발휘되는 과정이었다.

핀란드, 유럽 평화정치의 중심에 서다

핀란드가 그렇게 나선 데는 사연이 있었다. 핀란드는 2차 세계대전 때 독일과 소련 양쪽으로부터 번갈아 공격과 압력을 받아 만신창이가 되었다. 비록 핀란드는 전후 독립국의 지위를 유지했지만 1948년 4월 초 소련과 특별한 '우호·협력·상호지원 협약'을 맺었다. 핀란드는 소련의 영향력을 인정하면서도 주권을 지닌 독립국의 지위를 보장받았고 동서 냉전 사이에서 중립국의 지위를 유지하려고 안간힘을 썼다. 당시 비판가들은 핀란드가 나토 동맹국이 되지 않은 채 중립국이란 이름으로 소련의 심부름꾼 역할이나 첩자 노릇을 한다며 의심했다. '핀란드화'라는 말을 만들어 조롱하기도 했다.

하지만 1970년대부터 핀란드 모델은 오히려 탈냉전의 새로운 모범으로 인식되었다. 핀란드는 정치·사회적으로는 서구 자본주의와 자유주의 체제를 받아들였지만 외교적으로는 소련의 영향력에서 완전히 벗어나지 못했다. 그런 점에서 다른 중립국인 스위스나 오스트리아와도 매우 달랐다. 핀란드는 소련과 특별한 우호관계를 유지하며 소련의 안보 이익을 옹호해주면서도 소련의 위성국가로 전락하지 않았다. 오히려 핀란드는 서방과의 경제협력과 문화교류를 강화했다. 그 중심에는 1956년에 대통령이 된 뒤 핀란드인들의 사랑과 존경을 한 몸에 받았던 우르호 케코넨 대통령이 있었다. 그는 자유주의 계열의 중앙당 소속이었지만 탁월한 지도력과 친화력으로 모든 정당으로부터 지지를 받으며 연임에 성공해 25년 동안이나 대통령직을 수행했다. 그 과정에서 그는 중립 외교 노선과 소련과의 우호관계를 시종 옹호했다.

모스크바에서 소련 공산당 서기장 흐루쇼프(오른쪽)를 만나는 케코넨(왼쪽). 그는 중립 외교 노선과
소련과의 우호관계를 시종 옹호했다.

1969년부터 1975년 여름까지 케코넨이 핀란드를 유럽 평화정치
의 중심으로 끌어올린 데에는 두 가지 특별한 배경이 있었다. 먼저,
실용주의 관점이다. 사실 케코넨은 소련보다는 독일이야말로 유럽
평화를 위협하는 세력이라고 간주했다. 그는 대통령 재임 기간 일기
를 남겼는데, 거기에는 반독일 관념이 여과 없이 적혀 있다. 심지어
서독의 위대한 평화정치가 빌리 브란트에 대해서도 "나치친위대처
럼 말한다"라고 인상을 남겼다. 그가 보기에 독일은 어떤 형태의 것
이든 여전히 프로이센 군국주의의 계승자였다. 후배 정치가들에게
케코넨은 3차 세계대전이 일어난다면 발원지는 다시 독일일 것이라
고 못 박았다. 케코넨의 핀란드가 1973년까지 동·서독 모두와 공식
외교관계를 맺지 않았던 것은 단순히 중립을 지향했기 때문만이 아
니라 독일에 대한 거부와 불신 때문이기도 했다.

하지만 헬싱키 회담을 준비하면서 케코넨은 두 독일 국가와 관계를 정상화했는데, 그것을 통해 자국의 국제정치적 위상과 경제적 실익 모두를 챙길 수 있을 것으로 생각했기 때문이다. 특히 서독과의 협력은 핀란드의 경제에 큰 도움이 될 것이라고 기대했으며, 소련으로부터의 독립과 자존을 유지하는 데도 긴요할 것이라고 보았다. 케코넨은 이를 위한 국제정치의 명목적 조건이 필요하다고 생각했다. 유럽안보협력회의는 바로 그가 찾던 것이었다.

다른 한편, 1970년대 핀란드인들은 과거와는 다른 집단 자의식을 가졌다. 1960년대까지만 해도 핀란드인들은 여타 중립국 주민들과 마찬가지로 안보위기를 느끼며 자신들을 냉전의 주변적 섬으로 생각하며 위축되어 있었다. 그러나 패권적 대결의 장에서야 강대국이 위세를 떨며 폼을 잡지만, 평화적 공생을 위해서라면 소국도 위력을 보이며 강국이 될 수 있는 법이다. 이른바 '평화강국'의 길이 따로 있다. 1970년대 초 핀란드 헬싱키는 스위스 제네바와 오스트리아 빈과 함께 유럽안보협력회의를 중재하며 평화정치의 수도로 거듭났다. 케코넨은 핀란드인들에게 새로운 평화 전도사로서의 자의식을 부여했고, 핀란드인들은 그 국민적 정체성을 이었다.

서울은 헬싱키가 될 수 없을까

───────────────

1955년 4월 말 인도네시아 반둥의 봄이 화사함을 뽐내다가 꽃잎처럼 흩어졌다면, 1975년 7월 말 핀란드 헬싱키의 여름은 유라시아 대륙 극서의 차가움을 녹일 만큼 뜨거웠다. 앞에서 보았듯이, 반둥에서 아시아·아프리카 29개국 '유색인종'의 대표들은 탈식민과 탈냉전의 뱃고동을 울리며 항해에 나섰지만 곧 망망대해에서 북극성을 잃고 표류했다. 반면 그때로부터 20년이 지난 1975년 7월 30일부터 8월 1일 사이 핀란드의 수도 헬싱키에 모인 '무색'인종의 35개국 대표들은 탈냉전 '비둘기호'에 무사히 탑승했다.

헬싱키 프로세스라고 불린 유럽 평화 협상의 여정도 탈이 없지는 않았다. 철의 장막을 뚫고 가야 할 '비둘기'호인지라 들러야 할 간이역도 많았고, 더러는 새로 길을 내야만 앞이 보였다. 출발지는 분명했지만 종착지는 불명확하고 창밖은 자주 캄캄했다. 그러나 어찌됐든 1975년 여름 헬싱키에서 출발한 유럽 비둘기호는 유고슬라비아 베오그라드(1977~1979), 스페인 마드리드(1980~1983), 스웨덴 스톡홀름(1984~1986)과 오스트리아 빈(1986~1989)을 거쳐 1990년 11월 19일 프랑스 파리로 무사히 입성했다. 파리에 모인 유럽과 북미의 국가 정상들은 11월 21일 '새 유럽을 위한 파리헌장'을 통해 대결과 분열의 시대가 끝났음을 선언하며 "유럽에서 민주주의, 평화 그리고 단결을 유지하고 증진시키기 위해 우리는 헬싱키 최종의정서의 10대 원칙에 충실하기로 엄숙히 맹세한다"라고 밝혔다. 비록 그 뒤 선보인 유럽 '통일호'가 지금 기관 고장으로 오도 가도 못해 모두가 망연자실해하고 있지만, 40여 년 전 헬싱키에서 유럽 비둘기호가 멋진 궤적을 그리며 출발하던 장관을 잊을 수는 없다.

1975년 헬싱키가 선보인 평화정치는 공산주의 체제의 인권 개선이 비방이나 규탄이 아니라 체제 인정과 경제협력을 통해 비로소 가능하다는 통찰을 밝혔다. 상호 인정과 체제 존중만이 규범적 차원에서 공산주의 국가에게 인권 존중을 계속 압박할 수 있음을 확인해주었다.

마찬가지로 중요한 것은 패권적 열강의 틈바구니에서 약자의 위력이 어떻게 발휘될 수 있는지 살피는 것이다. 아시아에는 핀란드와 스위스와 오스트리아가 없다고 탓하고 있을 수만은 없다. 서울이 헬싱키가 되고 광주가 제네바가 되고 판문점이 빈이 되는 정치적 전망을 갖자. 평화정치의 역동성이 작동할 때 비로소 우리 정치가들도 의미 있는 걸음으로 바빠질 것이다. 2018년 한반도가 새로 맞은 평화의 '봄'이 반복되는 절기의 찰나가 아니라 돌아오지 않을 새로운 장기평화사의 시작이 되도록 하자. "용기가 고통의 일부를 이겨내고 인내가 나머지 고통을 이겨낸다"라는 핀란드 속담이 있다. 평화의 부재를 이겨내는 일상의 지혜를 말하는 문장일 텐데, 이것이 장기 평화정치의 덕목이 되어야 한다.

5장 　숄라이닝 성에서 기억하는 1980년대 평화운동
― "평화를 원하면 평화를 준비하라"

평화마을 슈타트슐라이닝

슈타트슐라이닝으로 가는 길은 한적했다. 2012년 7월 초 오스트리아의 수도 빈을 떠나 산악 버스를 갈아타고 도착했다. 두 시간이 걸렸다. 어린 시절 경북 상주에서 충북 보은을 거쳐 청주로 가던 길이 떠올랐다. 산들은 고즈넉했고 사람들은 산을 닮았다. 절대미美로 빛나는 빈을 뒤로하고 궁벽한 이곳을 방문한 이유는 바로 '평화'에 있었다. 당시 나는 서울대학교 통일평화연구원에서 연구교수로 평화인문학 연구에 몰두하고 있었는데, 박명규 원장님과 동료 선생님들의 배려로 방학이면 전공을 살려 유럽의 평화연구소와 평화문화 현장을 답사할 수 있었다.

슈타트슐라이닝은 린츠와 함께 오스트리아의 대표적인 평화도시로, 빈에서 남쪽으로 120킬로미터 떨어진 부르겐란트주의 작은 마을이다. 1921년까지 헝가리에 속했던 이곳은 해발 400미터의 산지다. 주민 2000명 남짓이 고요히 산다. 마을의 중심에는 중세 때 구축한 방어 진지와 성곽이 옛 원형을 유지한 채 남아 있다. 슐라이

오스트리아 슈타트슐라이닝 평화박물관.

닝 성Burg Schlaining이다. 그곳에 바로 오스트리아 평화연구소가 있다. 옛 군사 요새의 한가운데에 평화 연구의 거점이 놓였다. 그것은 오스트리아에서 가장 큰 평화연구소로서 유럽 평화학의 중심축을 이룬다.

슐라이닝 성에는 평화연구소 외에 유럽 최대 평화박물관이 자리 잡고 있다. 상설전시관은 '전쟁이냐 평화냐, 폭력문화에서 평화문화로'라는 표제 아래 전쟁과 정치폭력 및 일상폭력의 원인과 양상을 소개하고 전 세계 곳곳에서 펼쳐지고 있는 '평화 만들기'를 소개하고 있다. 상설전시관 초입에 '평화'라는 단어를 수십 개의 서로 다른 언어 문자로 새긴 동판을 보는 것만으로도 감흥이 일었다. 세 시간 동안 전시관을 가로질렀다. 평화를 위한 고투의 역사와 미래 전망을 한눈에 담으니 '평화능력'과 '평화의지'가 솟았다.

슐라이닝 성 건너편 주택가에 위치한 평화도서관은 작지만 알찼다. 평화 전문 도서관이다. 그 옆에는 유엔평화대학도 아직 운영 중이어서 방문객을 평온하게 이끌었다. 당시 마을은 여름평화아카데미로 법석댔다. 매년 7월 첫째 주 한 주일 내내 평화축제가 열리기 때문이다. 오전에는 평화를 주제로 한 초청 강연과 좌담회, 오후에는 각 세션별 토론회가 이어졌고, 밤에는 연극과 영화, 노래와 춤으로 평화를 만들었다. 빈에서 무심히 함께 버스를 타고 왔던 학생과 시민들 몇몇을 평화축제에서 만나 친교를 나누었다.

핵무장 위기

슐라이닝 성은 애초 여타 유럽인들에게는 말할 것도 없고 오스트리아인들에게도 낯선 지명이었다. 슐라이닝 성이 평화문화의 거점이 된 것은 1982년이다. 당시 서유럽은 유례없는 대중적 평화운동의 파고를 경험했다. 발단은 서독과 미국의 안보정치가들이 추진한 나토의 핵 재무장이었다. 1970년대 국제정치는 미국과 소련 간의 데탕트와 동서 유럽의 화해협력 정치로 빛을 발했다. 길지는 않았다. 평화정치는 군축 합의도 이끌었지만 한계가 뚜렷했다. 전통적 안보관에 기초한 냉전의 위협과 공포정치가 재발했다. 데탕트의 화려한 수사와 몸짓 너머에서 미국과 소련의 군사무기 기술이 계속 발전했기 때문이다. 양편 모두 상대에 대한 의심과 불안을 완전히 없애지 못했다. 평화를 말해야 할 자리에 '안보'를 초드는 정치가들이 양편 모두에서 금세 세력을 키웠다. 평화정치가를 내치고 등장한 안보정치가들은 항상 '최악의 상황'을 창안했고 거듭 만반의 대비를 강조

했다. 그들은 군사적 균형을 내세우며 군사적 대응을 추진하기 바빴다. 귀결은 군사적 위기밖에 없었다. 상대도 가만히 있지 않기 때문이다.

군사 기술은 평화정치보다 발전 속도가 더 빨랐다. 1970년대 신종 무기 발전의 속도와 동력은 이미 1972년 5월 미국과 소련이 체결한 전략무기제한협정SALT(Strategic Arms Limitation Talks)을 뛰어넘었다. 소련은 1977년부터 SS-4와 SS-5의 구형 미사일 500개를 SS-20이라는 신형 중거리 미사일로 대체했다. 서유럽이 이제 소련 핵미사일의 사정거리에 들어왔다. 서유럽의 안보정치가들은 군사적 균형을 요청하며 미국이 그 문제에 적극 대응하길 바랐다. 미국 내에서도 유약하다는 의심을 받던 지미 카터 대통령과 민주당 정부에 대한 비판이 거셌다. 공화당의 매파들은 미국이 소련의 선제 결정타에 당할 위험에 처했다고 주장했다. 소련은 중형 대륙간탄도미사일을 보유했지만 미국은 그에 맞먹는 무기가 없다는 비판이었다. 소련이 구형 미사일을 정확도가 높은 신형으로 대체하고 함대를 증강한 것은 사실이다. 그것은 사실 인습적인 무기 현대화의 과정이지 침략 의도나 위협 의지가 아니었다. 브레즈네프가 보기에, 구형 미사일 SS-4와 SS-5는 자주 고장이 났고 정확도도 떨어져 기술 발전에 의거해 교체하는 것이 마땅했다. 소련의 입장에서는 그런 종류의 무기 현대화는 서유럽과 중국에서도 마찬가지로 진행했던 것이기에 서유럽과 미국의 갑작스러운 우려와 경계를 이해하기 어려웠다.

사실 미국은 무기 체계의 현대화에서 결코 소련에 뒤지지 않았다. 미국은 레이더에 잡히지 않는 크루즈미사일을 보유함으로써 소련을 월등히 능가했다. 미국의 전함 보유와 화력은 소련을 압도했다. 1980년대 초 미국은 대륙간 공격용 미사일 탄두를 대략 9500개를 보유했던 데 비해, 소련의 보유고는 5000개에 불과했다. 그럼에도 불구하고 '안보' 관념이 '평화' 의지를 이겼다.

1979년 12월 미국과 서유럽 국가들은 나토의 '이중 결정'을 통해 한편으로는 소련과 협상을 지속하지만, 다른 한편으론 퍼싱II와 순항미사일의 배치를 준비하기로 결정했다. 재무장을 둘러싼 뒤이은 국제 긴장과 유럽 사회 내부의 갈등, 즉 핵위기는 유럽과 세계 전역에 또다시 냉전의 그림자를 드리웠다.

소련의 공세에 너무 유약하다는 비판에 몰린 미국의 지미 카터 행정부는 곧 서유럽 정치가들보다 더 단호했다. 1980년 10월 미소간 제네바 협상은 성과 없이 끝났다. 곧 카터보다 더 강경한 로널드 레이건이 미국 대통령이 되어 서방의 최고 '안보' 지도자로 등장했다. 레이건이 보기에 데탕트는 서방이 허약하다는 증거에 불과했다. 그는 소련을 '악의 제국'이라 불렀고, 미국은 그에 맞서 "강력함을 재건"해야 한다고 주장했다.

반면 소련은 나토 재무장을 심각한 위협으로 간주했다. 소련의 브레즈네프 서기장은 초기에 동독 주둔 소련군의 감축과 중거리 무기의 후방 배치 등 일정한 양보를 통해 나토 재무장을 막아보려 했지만 실패하자 단호히 맞섰다. 소련 정치 지도부는 1970년대 성공적인 데탕트 외교의 끝에 들이닥친 나토 재무장으로 다시 수세에 몰렸다고 의식했다. 특히 레이건 행정부의 고삐 풀린 소련 비난과 공세적 성격의 전략방위구상SDI(Strategic Defense Initiative)은 소련으로 하여금 두려움을 갖게 하기에 충분했다. 1980년대 전반 소련 지배 엘리트들은 최고 지도자의 공백 속에 미국과 나토의 핵 선제공격을 우려했다. 그들은 비상경계령을 발동하며 핵전쟁이 발발할지 모른다는 위기감과 공포 속에 사로잡혀 있었다. 특히 대한항공 여객기가 미군 정찰기로 오인돼 소련군에 격추됐던 1983년은 전체 냉전 시기 중 '가장 위험한 해'였다. 심지어 일부 역사가들은 1960년대 초 쿠바 핵위기 때보다 1983년을 더 위험했다고 평가한다. 모스크바 최고지도자가 연이어 사망하면서 생긴 권력 공백이 예측을 불허하고 돌발 상황을 제대로 통제할 수 없도록 만들 수 있었기 때문이다.

평화운동의 확산

냉전의 위기는 냉전에 맞선 저항을 낳았다. 정치 엘리트들이 조장한 안보위기에 맞서 아래로부터 평화운동이 조직되었다. 유럽 평화운동의 역사에서 1980년대 전반은 특별하다. 이 시기에 평화운동이 운동 단체나 정치 조직을 넘어 일반 시민들의 적극적인 참여를 통해 폭발했기 때문이다. 1950년대에도 유럽 일부 국가에서 핵무장과 군사동맹에 반대하는 평화운동이 전개되었다. 하지만 당시 그것은 조직이나 단체의 운동가들에 한정되었다. 1980년대 평화운동은 그때와 달리 남녀노소 모두를 거리에서 맞았다.

서독의 경우 사회민주당 다수파나 녹색당뿐 아니라 집권 여당인 기독민주연합과 자유민주당 내에서도 재무장 반대세력이 존재했다. 특히 교회와 노조와 지역사회에서 비판과 저항은 강했다. 그들은 새로운 종류의 저항문화, 즉 자유로운 의복 착용과 춤과 팝이 뒤섞인 축제풍의 집회, 언론매체의 주목을 겨냥한 도발적이고 흥미로운 표

5장 슐라이닝 성에서 기억하는 1980년대 평화운동

현과 소통 방식과 인간 띠 잇기 같은 저항 양식을 개발했다. 작가와 예술가들도 동참했기에 평화 예술과 축제의 난장이 열렸고, 대안언론은 저항운동을 빠른 속도로 확산시켰다. 미군의 핵심 주둔국이었던 서독에서 평화운동이 가장 강력했다. 1981년 10월 10일 서독 수도 본의 호프가르텐에서는 30만 명 이상의 사람들이 모여 재무장 결정에 반대하는 시위를 벌였다.

나토 재무장에 반대하는 평화운동은 일국적 경계를 넘어 초국가적 네트워크와 상호 교류를 통해 위세를 높였다. 유럽 각국의 평화운동은 연사를 서로 초청하고 도시 간 동시 다발 또는 연속 집회를 개최하며 협력과 교류를 발전시켰다. 본을 이어 1981년 10월 25일 브뤼셀에서 20만 명이 결집했고, 1981년 11월 21일 암스테르담에서도 40만 명이 거리를 행진했다. 레이건 대통령의 서독 국빈 방문을 맞아 1982년 6월 10일과 11일 본과 베를린에서 50만 명이 평화를 요구하는 수준을 넘어 반미구호를 외쳤다. 평화운동은 대도시만이 아니라 소도시로도 퍼졌다. 1983년 10월과 11월, 본과 브뤼셀, 암스테르담과 덴하그에서는 동시에 수십만 명의 평화시위대가 거리를 메운 채 연좌하며 핵 재무장을 완강히 반대했다.

나토 재무장을 막지 못했다는 점에서 보면 1980년대 유럽 평화운동은 성공 사례가 아니다. 유럽 평화운동이 1989~1990년 글로벌 냉전 해체에 직접적인 영향을 미쳤다고도 말할 수 없다. 하지만 1980년대 전반의 유럽 평화운동은 1984~1985년부터 진행된 미소 간 군축 대화와 탈냉전 분위기 형성에 무시할 수 없는 영향을 미쳤다. 1984년 레이건은 미국과 유럽 시민들의 핵무장 중지 요구 여론에 귀 기울이지 않을 수 없었다. 소련에서 고르바초프라는 개혁가가

서독의 수도 본에서 열린 반핵시위(위).
1983년 10월 22일 본의 호프가르텐에 50만 명의 시민들이 핵 재무장 결정에 반대하는 시위를 벌이고 있다(아래).

등장하게 된 배경에도 유럽의 대중적 평화운동이 있었다.

"평화를 원하면 평화를 준비하라"

냉전 종식의 평화정치에 압박을 가한 것과 별도로 당시 평화운동은 안보관의 근본적 전환과 평화의식 형성에 큰 영향을 주었다. 안보 만능주의 정치가와 지식인들은 "평화를 원하면 전쟁을 준비하라"(원평비전願平備戰)는 로마의 격언을 큰 지혜인 것처럼 초든다. 심지어 그 정언을 비틀어 "전쟁을 원하면 평화를 준비하라"며 평화정치와 실천을 위축시키는 일도 부지기수다. 이는 전쟁을 찬양하고 무기를 숭배하고 군사주의를 따르던 낡은 시대의 문명 파괴적 관념일 뿐이다. 유비무환을 내세운 위협정치와 군비 강화는 긴장과 위기, 오해와 공포의 악순환을 부를 뿐이다.

그에 반해 1980년대 유럽 평화운동을 통해 나온 새로운 준칙은 인과적 평화주의다. 즉 "평화를 원하면 평화를 준비하라!"Si vis pacem, para pacem(원평비평願平備平) 1860년대 영국과 프랑스의 평화사상가들이 잠시 언급했던 그 준칙은 20세기 내내 묻혀 있다가 1980년대 전반 평화운동가들에 의해 발견되고 확산되었다. 독일의 평화학자 디터 젱하스Dieter Senghaas는 "민주주의를 원한다면서 독재를 준비할 수 없는 것처럼, 평화를 원한다면서 전쟁을 준비할 수는 없으며, 평화를 가능케 하는 요인들을 찾아야 한다"라고 강조했다. 지속 가능하고 안정적인 평화는 '원평비전'의 악순환이 아니라 '원평비평'의 건설적인 평화문화 속에서만 실현될 수 있다.

인류사에 전쟁은 필연적이었다며 평화를 망상으로 간주하는 흔한 군사주의 관념도 버릴 때가 되었다. 핵무기 시대 인류 절멸의 위기 앞에서 여전히 전쟁문화를 전제하고 군사주의를 유지하며 평화를 기대할 수는 없다. 평화가 인류 공생의 집단 가치와 공동체 규범으로 분명하게 자리 잡았다. 현실에서 여전히 비非평화의 상태가 만연하더라도, 아니 바로 그렇기에 오히려 평화는 '인과적 평화주의'와 '반전 평화주의'의 원칙을 통해서만 보장될 수 있다. 안보 강화는 일시적으로 안전을 보장하는 듯 보이지만 결국 비非평화의 상황을 증폭할 뿐 평화를 대신할 수 없다. 무기와 규율, 공포와 긴장으로는 삶의 안전을 제대로 지킬 수가 없다. 평화능력을 고양함으로써 '안전' 우려를 해결할 수 있다. '안보' 관념을 완전히 폐기할 수 없다면, 그것으로는 평화가 보장되지 않음을 분명히 인식해야 한다. '평화'가 '안보'를 품을 수 있다. 평화정치와 평화문화의 정착과 확산만이 개인과 집단의 안전을 궁극적으로 보장한다. 안보라는 낡은 창을 버려 평화를 교란하지 말고 평화를 만드는 일에 적극적으로 매달려야 한다. 건설적 평화주의야말로 21세기 문명사회의 요청이자 숙명이다.

모든 곳이 평화의 최적지다

슐라이닝 성 평화센터를 발의하고 주도한 인물은 게랄트 마더Gerald Mader라는 오스트리아의 지방 정치가였다. 그는 중앙무대의 저명한 정치 지도자가 아니었다. 그는 슈타트슐라이닝이 속한 부르겐란트 주에서 주의원을 역임하고 주정부에 잠시 참여했을 뿐이다. 마더는

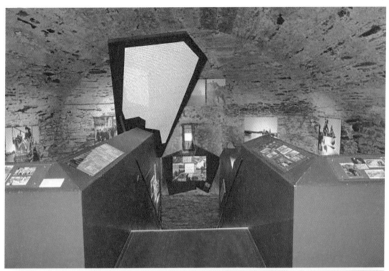

슈타트슐라이닝 평화박물관 내부(위)와 평화축제가 열리는 공간.

1982년 슐라이닝 성을 평화의 거점으로 만들자고 발의했다. 슈타트슐라이닝 주민들이 그 마을에 온갖 종류의 평화 기구를 세우고 평화 행사를 개최하는 데 흔쾌히 동의한 것은 바로 "평화를 원하면 평화를 준비하라"는 새로운 평화관 때문이었다. 마더가 즐겨 사용하던 인용구도 바로 그것이었다.

1980년대 초 나토의 핵 재무장과 유럽 냉전의 재격화가 중립국인 오스트리아의 산간 마을을 직접 위협에 빠뜨리지는 않았다. 1982년에는 빈에서도 평화집회가 열렸지만 오스트리아는 냉전 대결에서 조금 비켜나 있었다. 하지만 슈타트슐라이닝의 주민들은 앞마당이 고요하다고 해서 내 삶이 안전하지 않음을 잘 알고 있었다. 핵미사일은 모기나 파리가 아니기 때문이다. 한 마을과 도시가 이미 그렇게 평화를 준비하면 누구도 그곳을 군사기지나 '안보' 거점으로 만들 생각을 하지 못한다. 오스트리아는 1950년대 중반 중립국이 된 뒤 냉전 대결의 중심에서 평화의 가교 역할을 수행했다. 1980년대 전반 유럽 전역에서 평화운동의 파고가 높아지자 슈타트슐라이닝 주민들은 평화문화를 한층 더 끌어올렸다. 전쟁과 폭력이 한 번 발전하면 자가상승하듯, 역으로 평화도 잘 발현되면 자가상승할 수 있다. 슈타트슐라이닝은 그 예다.

이미 넘치는 살상무기를 줄이지도 못하고 도처에 산재한 군사기지를 없애지도 못한 채 한반도 남쪽 끝에는 해군기지가 들어섰고, 중남부 지역에는 사드가 들어섰다. 안보전략가니 군사전문가니 하는 위험한 '멍텅구리'들은 그렇게 "전쟁을 준비해야 평화가 보장된다"고 선동한다. 이대로 계속 가면 한반도 곳곳에 군사기지와 방어요새가 넘쳐날 것이다. 제주 강정이든 경북 성주든 그것에 맞서는 대중적 평화운동이 질기게 이어져야 할 것이다.

멍텅구리들이 '전쟁을 준비'할 '최적'의 땅을 찾기 전에 우리가 먼저 한반도 곳곳에서 '평화를 준비'하는 것은 어떨까? 해안은 해안이라 산지는 산지라, 남쪽은 남쪽이라, 북쪽은 북쪽이라 모두가 평화의 최적지다. 도처에 평화를 주제로 한 박물관과 도서관과 아카이브를 만들고, 평화교육 아카데미를 열고 평화연구소를 건립하고 평화박람회를 마련하고, 평화 감성 프로그램을 개발하고 평화문화 행사들을 개최하자. 전국에 평화전시회를 열고 '평화의 날'을 제정하고 '평화도시'를 선포해버리자. 그러면 과연 그 멍텅구리들이 '전쟁을 준비'할 최적지를 찾을 수나 있을까? 그렇게 '평화를 준비'하자.

4부

대안과 전망

경계를 넘은 여성들
— 스위스 대학과 러시아 여학생

스위스 신생 대학의 문호 개방

"전 유럽이 스위스를 주시했다." 20세기 후반 냉전기 평화정치를 위한 원탁 때문도 아니었고, 20세기 전반 31년 전쟁의 붉은 폭우를 가린 천막 때문도 아니었다. 아직 제네바가 국제 냉전의 갈등에 맞서 평화의 멍석을 깔기 전이었고, 아직 취리히가 세계대전에 쫓긴 망명객들의 도피처가 되기 전의 일이었다. 아, 물론 '유럽의 지붕' 융프라우요흐 때문도 아니었다. 여대생들 때문이었다. 대학에 여자라니? 19세기 후반엔 유럽에서도 그것은 묘한 풍경이었다.

1864년 취리히대학교가 여성에게 입학의 문을 열었다. 취리히대학교는 이미 1840년대부터 여학생들에게 청강의 기회를 제공했지만 이제 공식적으로 학업을 원하는 여학생들에게 남학생들과 동등한 대학 학업의 장을 열었다. 이전에도 유럽 여성이 대학에서 청강을 하거나 학위를 받는 경우가 있었다. 그것은 다만 왕의 명령이나 인맥을 통한 청원의 특례에 불과했다. 공식 제도를 통한 여성들의 대학 입학은 취리히대학교가 앞섰고, 특별한 의미와 영향을 지녔을뿐더러, 유럽 전체로 보면 프랑스 파리의 소르본대학교에 이어 두 번째였고, 독일어권 유럽에서는 최초였다. 취리히를 본받아 1870년 대 후반까지 베른과 로잔과 제네바를 비롯한 스위스 주요 도시의 대학들이 여성에게 정규 수학의 기회를 제공하기 시작했다.

1460년에 개교한 바젤대학교를 제외하면 스위스 주요 도시의 대학들은 19세기 중반에 건립된 신설 대학이었다. 취리히대학교는 1833년, 베른대학교는 1834년, 제네바대학교는 1873년에 문을 열었다. 스위스의 신설 대학들은 전통과 역사를 자랑하는 유럽의 여타 대학들에 비해 아직 지위와 명성을 얻지 못했지만 외국인뿐만 아니라, 여성들에게도 문호를 개방함으로써 새로운 대학 풍경을 만들었다. 그렇게 된 데에는 자유주의적 시 당국과 대학 교수들의 역할이 결정적이었다. 특히 1848년 자유주의 혁명이 실패한 뒤 반동의 세월을 삭여야 했던 일부 독일 학자들이 취리히대학교와 베른대학교에서 교수로 자리를 잡으면서 두 대학은 자유주의의 선구가 되었다. 취리히대학교는 학문과 교육에서 자유와 개방의 정신을 실현하고 민주화를 선도하며 진보적 개혁의 거점이 되었다. 취리히대학교의 독일계 교수들은 스스로 정치 망명객들이었기에 외국 학생들의 수학을 독려했고, 스위스의 신생 대학에서 독일 대학과는 다른 자유주의 혁신을 기대했기에 여성의 입학에도 전향적이었다. 제네바와 로잔과 뇌샤텔대학교도 곧 취리히대학교를 본받았다. 대학과 도시는 새로운 공기로 채워졌다. 여학생들은 남학생들의 인습적인 대학 문화, 즉 폐쇄적인 집단 규율의 학생조합과 폼 잡는 결투 문화 및 음주 난동과 사창가 출입으로 대표되던 대학가에 균열을 냈다.

반면 스위스에서 가장 오래된 바젤대학교는 전통과 권위에 갇

　　　　　　　　　　　　　　　　　　1장 경계를 넘은 여성들

1864년에 스위스 취리히대학교는 여성에게 문호를 개방했다. 유럽 전체로는 두 번째였고, 독일어권에서는 처음이었다. 취리히대학교 본부 건물.

혀 1889년까지도 여성은 본성적으로 학업을 감당하기 어려우며 대학에 여성이 들어오면 풍기가 문란해진다며 완강한 태도를 보였다. 1890년대에 비로소 바젤대학교도 주저하며 여성에게 학업의 문을 열었지만 바젤에서 중등교육을 받은 여성들에게 기회를 한정하고 외국 여성들은 받지 않았다. 이는 시 당국보다는 교수들의 고루한 생각 탓이었다. 바젤대학교의 (남성!) 교수들은 여성들, 특히 외국 여성들은 학업 성취 능력과 준비가 부족하고, 자유와 해방사상에 물든 여대생은 사회의 안녕과 도덕을 위험하게 만든다며 거들먹거렸다. 남성 교수들이 비장하게 사수한 그 '대학 본연의 정신'으로 인해 바젤대학교는 1937년이 되어서야 외국 여성들에게 닫혔던 빗장을 완전히 풀 수 있었다. 그들은 전통이 그저 장벽이고 권위가 결국 반동임을 여실히 드러냈다.

19세기 후반 정치적 자유주의가 유럽을 뒤덮고 여성운동도 사회를 흔들었지만, 대학이 고루한 정치권력과 보수적 가부장주의 문화를 뛰어넘기란 쉽지 않았다. 하지만 바젤을 제외한 여타 스위스의 대학들이 여성에게 학업 기회를 제공하자, 유럽은 모두 스위스를 주시하기 시작했다. 인접한 열강의 여타 대학과 달리 절대주의 국가권력이나 전통 교회권력으로부터 자유로웠던 스위스의 신생 대학들은 개방과 자유의 정신을 더 밀어보고자 했다.

형식적으로 권리를 인정하고 제도적으로 기회를 보장한다고 해서 누구나 권리를 실제 향유할 수 있거나 기회에 직접 접근할 수 있는 것도 아니다. 다시 말해 당시 유럽의 여성들은 대학 입학 자격의 실제 조건을 충족하기가 쉽지 않았다. 여성들은 아비투어라는 이름의 고등학교 졸업증서를 갖지 못한 경우가 많았다. 소녀들을 위한 중등학교가 따로 존재하지 않았기에, 그들은 가정교육이나 개인교습을 받아 입학 자격과 실력을 챙겨야 했다. 중등교육의 혜택을 받지 못해 대학 입학시험을 통과하기도 쉽지 않았으며, 신원 증서를 비롯한 행정 서류 확보에도 난관을 겪었다.

이에 취리히를 비롯한 스위스의 대학들은 입학 절차를 간소하게 만들어 약식 신원 증서 하나만으로도 여학생을 받아들이기로 조치했다. 이를테면 취리히대학교는 취리히 칸톤 출신이 아닌 사람들에게는 오히려 수학능력을 비롯한 여타 자격 증명을 면제해주었다. 1872년에 비로소 입학 최소 연령을 18세로 올렸고, 1873년에야 모든 지원자들에게 수학능력시험을 의무화했다. 그렇지만 대학 입학 전에라도 누구든 취리히에 도착해 반년이나 1년 동안 시험을 준비할 수 있었고 청강생 자격으로 대학 강의를 들을 수 있었다. 당시 파

1장 경계를 넘은 여성들

리나 미국의 일부 여자 대학도 여성에게 대학 입학을 보장하는 조치를 도입했지만 여전히 제한이 남아 있었다. 반면 스위스의 대학들은 여성에게 남성과 동등한 입학 기회를 보장했고, 여성의 입학을 위해 융통성을 발휘했다. 19세기 후반 내내 파리가 아니라 스위스 대학들이 유럽 여성에게 더 매력적이었을 뿐 아니라, 실제 입학이 가능한 유일한 곳이었다.

목마른 러시아 여대생들

문이 열리자 가장 목말랐던 사람들이 가장 빨리 달려왔다. 취리히대학교는 애초 스위스나 독일 교양 시민계층의 딸들이 몰려들 것으로 예상했는데, 정작 그들은 관심이 적었다. 그들은 결혼과 가족 외의 삶을 상상해보지 못한 탓에 대학 공부의 필요를 절감하지 못했다. 스위스와 독일 여성들에게 대학 공부는 결혼과 가사에 특별한 이점을 제공하지 못했다. 대학 졸업이 여성들의 취업에 도움이 되지도 않았다. 남성들은 대학 졸업으로 전통적인 관료 직책을 갖거나 새롭게 등장한 전문직종에서 활약하는 데 이점이 있었지만 가부장 질서에서 그 직위와 기회는 여성들에게 닫혀 있었기 때문이다.

배움의 기회를 찾아 먼 길을 온 이들은 새로운 세계를 갈망하고 삶의 근원적 변화를 바라던 러시아 여성들이었다. 1850년대 러시아 자유주의자들은 교육을 사회 진보의 동력으로 보았고, 여성운동도 여성들이 교육을 받을 수 있도록 하는 데 발 벗고 나섰다. 그 결과 1859년부터 러시아 여성들도 대학 강의를 청강할 수 있었다. 하지

취리히대학교 최초 여자 졸업생인 러시아
출신의 나데즈다 수슬로바.

만 1863년 학생 소요가 지속되자, 러시아 대학은 다시 여성들을 강의실에서 밀어냈다. 대학에서 청강할 수 있는 최소한의 기회마저 박탈당한 러시아 여성들은 취리히대학교의 여학생 입학 허가 소식을 듣자마자 득달같이 달려왔다. 제네바대학교에 가장 먼저 입학 등록을 한 여성들도 러시아인이었다. 베른대학교도 곧 러시아 여성들로 가득했다. 특히 의과대학에 많이 몰렸다.

취리히대학교 최초의 여자 졸업생은 나데즈다 수슬로바Nadezhda P. Suslova(1843~1918)였다. 러시아인이었다. 그는 1866년에 취리히대학교에 정식 입학해 1867년에 의학박사 학위를 받은 뒤 스위스인 남편과 함께 러시아로 돌아가 병원을 열었다. 1867년부터 1876년까지 스위스의 대학에서 의학박사 학위를 받은 여성 26명 중 19명이 러시아 출신이었다. 영국 여성이 3명, 독일 여성이 2명이었다. 정작 스위스 출신은 단 1명에 불과했다. 취리히대학교 철학학부의 첫 여학생도 러시아 페테르부르크 출신의 베티 프론스타인Betty Fronstein이었고, 철학학부 제1분과에서 최초로 박사학위를 받은 이도 러시아 비보르크 출신의 리디야 제제만Lidija Zezeman이었다.

대학 전체 통계를 살펴보면, 1873년 취리히대학교 여학생 수가 114명이었는데, 그중 100명이 러시아인이었다. 당시 취리히대학교의 총 학생 수가 439명에 불과했던 것을 염두에 두면, 그 규모를 쉽게 가늠할 수 있다. 여대생 비율은 26퍼센트에 달했는데, 그중 압도적 다수가 러시아 여성이었다. 아울러 같은 해 취리히대학교의 러시아 출신 남학생이 45명에 불과했던 것과 비교해도 러시아 여대생의 존재는 눈에 띈다. 덧붙이자면 1873년 취리히대학교의 외국인 학생 비율은 52퍼센트였다.

동유럽 지역에서 스위스의 대학을 찾아온 여성의 수도 점차 늘었다. 1875년 취리히대학교 철학학부 제2분과의 최초 여성 박사는 러시아령 폴란드에서 온 스테파니아 볼리카Stefania Wolicka(1851~1895)였다. 그의 박사논문 제목은 '그리스의 여성상'이었다. 1888년 러시아령 폴란드에서 온 로자 룩셈부르크Rosa Luxemburg(1871~1919)가 취리히에 도착했다. 그는 자연과학을 전공하기 위해 대학에 입학했다. (18)89학번이었던 로자 룩셈부르크는 여러 전공을 맛본 뒤 1897년 법학으로 박사학위를 받았다. 오스트리아-헝가리제국의 지배를 받던 세르비아에서 건너온 밀레바 마리치Mileva Marić(1875~1948)는 (18)96학번으로 취리히 연방공과대학교에 입학했다. 밀레바 마리치는 동급생 알베르트 아인슈타인을 만나 사랑에 빠졌다. 마리치는 수학을 잘해 아인슈타인의 공부와 연구에 큰 도움을 주었지만, 정작 자신은 임신과 유산, 결혼과 출산의 후유증으로 학업을 이수하지 못했다.

스위스의 러시아와 동유럽 여학생들은 여러 난관을 넘어야 했다. 가장 큰 장벽은 여성의 지적 능력을 인정하지 않는 보수적 학자들의 요설이었다. "계집애들을 지성으로부터 보호하자!"라는 자극적인 구호와 함께 온갖 궤변이 등장했다. 이를테면 독일 라이프치히

밀레바 마리치와 알베르트 아인슈타인. 마리치는 아인슈타인에게 버림받고 잊혔다.

대학교의 신경생리학 교수 파울 율리우스 뫼비우스Paul Julius Möbius
는 1900년 『계집들의 정신박약』이란 소책자에서 뇌의 무게를 근거
로 여성의 지적 무능을 '과학적으로 입증'했다. 그는 약한 뇌를 가진
여성이 지적 작업에 몰두하면 신체를 상하게 되고 그것은 결국 정신
의 균형을 파괴하게 될 것이라고 뻗대었다. 지금이나 그때나 엉터
리 '교육 전문가'들이 나서기는 마찬가지다. '교육 전문가'들은 "지적
능력이 부족한 여성이 대학에 들어오면 대학의 수준이 떨어지게 되
며, 여대생들이 남성을 유혹하면서 학업 분위기를 흐려놓아 결국 대
학과 학문은 붕괴할 수밖에 없다"라며 여성을 받아들이지 말라고 경
고했다. 보수적인 남자 대학생과 남성 교수들도 여성의 대학교육에
적대적이었다. 그들은 여대생들이 대학 행정이나 운영에 발언권을
갖는 것을 반대하며 '남성 동맹'을 맺기도 했고, 러시아 여대생들을

1장 경계를 넘은 여성들

'카자크 기병대'라고 조롱했다.

다행히 스위스의 대학들은 그
런 '전문가'들의 교설과 '대학 본
연의 정신'을 지키려는 내부의 반
발에 흔들리지 않았다. 처음에
는 비아냥거리던 주민들과 보수
적 정치 엘리트들도 곧 자유주의
적 대학의 결정을 따랐고 진보적
교수들을 믿었다. 여성의 신체 능
력과 성실성 및 지적 발달을 의심
하는 소리는 점차 사라졌다. 과학
으로 위장한 어리석음에 맞서 여

파울 율리우스 뫼비우스의 책 『계집들의
정신박약』. 이 책은 여성의 지적 무능을
'과학적으로 입증'했다고 으스댔다.

대생들도 스스로 여성의 지적 능력을 옹호하고 자신들의 학업에 대
한 경험 보고서를 출간하며 적극적으로 반격에 나섰다. 그런 투쟁과
대학 자유와 교육 평등 이념의 확산 끝에 유럽의 나머지 대학들도
1905년부터 서서히 스위스 모델을 따르기 시작했다. 대학사에서 이
시기는 19세기 초 베를린대학교를 건립한 빌헬름 폰 훔볼트의 대학
이념, 즉 연구와 교육을 연계하면서 인문학에 기반을 둔 대학 구상
이 유럽과 미국에서 확산되던 때였다. 이른바 '훔볼트 모델'이다. 젠
더사의 관점에서 보면 '스위스 모델'도 그것 못지않게 중요한데 오
랫동안 잊혔다.

학업은 세계 변화의 도구

취리히대학교의 러시아 여대생 안나 외메Anna Oehme는 자국 출신 동료들에게 말했다. "전 유럽이 우리를 주시하고 있어." 유럽 여대생 1세대로서 그들은 자신들의 특수한 지위가 지닌 역사적 의미를 잘 알고 있었다. 하지만 그들에게 중요한 것은 단순히 학업이나 대학생이라는 신분 자체가 아니었다. 그들은 대학 공부를 세계를 변화시킬 도구라고 생각했다. 그들 대부분은 사회혁명을 지지하는 급진 정치를 익혔다.

스위스의 러시아 여대생들은 "유럽의 운명이 우리의 혁명적 실천에 달려 있다"고 생각했다. 그들은 "굴종과 억압을 넘는 정신의 세계"를 접하고 "세계를 구원할 도구"를 찾아 멀리 배움의 길로 나섰다. 특히 의사나 교사가 되면 고통받는 민중을 직접 도울 수 있을 것이라고 믿었다. 또는 혁명 활동에 참여하거나 사회 비판을 통해 민중에게 더 나은 삶의 조건을 제공할 수 있을 것이라고 기대했다. 정치조직이 도처에서 결성되었고 혁명에 대한 토론은 격렬했다. 급기야 러시아의 차르 당국은 1873년 6월 4일 칙령을 통해 취리히대학교의 러시아 학생들에게 소환 명령을 내려 혁명조직과 저항정신으로부터 벗어나기를 강요했다. "당장 돌아오지 않으면 생애 내내 괴롭힐 것"이라고 겁박했다.

많은 러시아 여학생들이 고국으로 돌아가긴 했지만, 한 번 경험한 대학의 정신과 학업의 기회를 쉽사리 포기할 수 없었다. 일부는 스위스 내 다른 대학으로 옮겨가 학업을 계속했다. 러시아 당국은 취리히에서 돌아온 여대생들에게 잠시 대안을 제시했지만 1881년

차르 알렉산드르 2세의 암살에 일부 여대생들이 가담했다는 이유로 여성들에게 대학의 문을 다시 닫아버렸다. 그 결과 1890년대 중반부터 1912년 사이에 러시아 여성들의 스위스 유학의 물결이 재차 높아졌다. 정치적 억압과 사회적 반동을 피해 스위스로 간 그들은 더욱 급진적이 되었다. 제1호 러시아 여대생 수슬로바는 1866년 취리히대학교 정식 입학 수속을 마치고 부모에게 "저는 첫 번째이지만 마지막은 아닐 거예요. 저 뒤로 수천 명이 더 올 거예요"라고 예언했는데, 정말 그랬다. 1867년부터 1915년까지 스위스 대학에서 공부했던 러시아 여성의 수는 대략 6000명을 헤아린다. 푸른 호수와 하얀 알프스 사이로 검은 옷을 입은 러시아 여대생들이 학문과 세계와 혁명을 논하던 장면은 유럽 트랜스내셔널 역사에서 아주 특별한 풍경화다. 1차 세계대전이 끝나고 나서 유럽의 다른 대학들도 스위스 모델을 따르기 시작했다.

그런데 그 많던 여학생들은 다 어디로 갔을까? 러시아 여학생들의 생애사는 단일하지 않다. 러시아로 돌아간 여성들은 대부분 혁명 투쟁에 참여했다. 초기에는 인민주의자들의 영향이 컸다. 하지만 취리히와 베른은 플레하노프와 레닌의 도시이기도 했다. 그곳에서 러시아 마르크스주의 대표 혁명가들과 함께 정치 토론을 벌였던 러시아 여학생들 일부는 고국으로 돌아가 멘셰비키나 볼셰비키로 활약했다. 1898년 26세의 나이로 취리히대학교에서 유학했던 여성 혁명가 알렉산드라 콜론타이Alexandra Kollontai(1872~1952)를 기억할 수 있을 것이다. 콜론타이는 취리히에서 경제학을 공부하며 볼셰비키가 되었고 1917년 러시아 10월 혁명 성공 후 레닌에 의해 사회복지부 장관으로 임명되었다. 인류사 최초의 여성 장관이었다. 콜론타이의

취리히대학교에서 유학한 혁명가 알렉산드라 콜론타이(왼쪽)와 취리히대학교 박사 출신의 비운의 혁명가 로자 룩셈부르크.

지적 성장과 정치활동에서 취리히는 결정적인 역할을 수행했다. 스위스에 남은 러시아 여성들 중에는 정치활동을 이어간 이도 있었고, 의사로 활약한 이도 있었다.

최초의 여성 철학박사 스테파니아 볼리카는 폴란드에서 저술가로서 명성을 쌓았고 여권 신장을 위해 진력했다. 로자 룩셈부르크는 독일에서 혁명투쟁 끝에 비극적 죽음을 맞았고, 밀레바 마리치는 남편의 성공 뒤 버림받고 취리히로 돌아와 천재의 그늘에 가려 잊혔다. 스위스의 대학 제1호 여자 졸업생이자 러시아 최초의 여성 의사인 나데즈다 수슬로바는 평생 민중을 위해 의료봉사를 하며 큰 자취를 남겼다. 흥미롭게도 20세기 유럽 지성사와 사회사를 면밀히 살피다 보면, 곳곳에서 당시 스위스의 대학에서 유학했던 러시아와 동유

럽의 여학생들을 만나게 된다. 20세기 중후반 남성 주도의 역사학계
가 주목하지 못한 수많은 "그때 그 여학생들"의 생애사가 이제야 복
원 중이다.

트랜스내셔널 대학사와 젠더사

스위스의 대학이 러시아와 동유럽의 여성들에게 배움과 결의의 울
타리를 제공해준 것도 인상적이지만, 그 역의 자극과 영향도 무시할
수 없다. 즉 러시아와 동유럽 여학생들로 인해 스위스의 작은 대학
들은 일약 '시대의 전위'로서 국제 명성을 얻을 수 있었다. 스위스의
대학과 사회가 애초 의도하지 않았고 전혀 기대하지 않았던 효과와
영향이 '외부로부터' 발생했던 것이다. 완고한 인습을 비틀며 내부
에서 살짝 문을 연 결과는 거대했다.

　먼저 스위스 출신 여대생들이 혜택을 보았다. 고루한 가부장 사
회에 균열을 내는 데 앞장섰던 러시아와 동유럽의 여대생들로 인해
스위스 여학생들은 비교적 손쉽게 대학의 한 주체로 성장할 수 있
었다. 취리히대학교의 최초 스위스 출신 여대생인 마리 하임-푀크
틀린Marie Heim-Vögtlin은 1869년에 입학해 1874년에 의학 공부를 마
쳤다. 메타 폰 살리스Meta von Salis는 스위스 여성 최초로 취리히대
학교 철학학부 제1분과의 박사학위자로서 여권운동의 기수로 활약
했다. 20세기 전반기 스위스 여성운동의 주역들은 대부분 이 1세대
여대생 출신이었다. 스위스의 1세대 여성운동가들과 사회민주주의
자들은 '러시아인들의 친구'이기도 했다. 1차 세계대전 직후 3년간

레닌은 베른과 취리히에서 혁명이론에 몰두할 수 있었다. 레닌의 스위스 망명은 러시아인들의 친구 덕분이었고, 그들을 만든 것은 러시아 여대생들이었다.

둘째, 스위스 사회는 러시아와 동유럽의 여대생들을 받아들임으로써 다가올 정치해방과 사회변혁의 진동을 미리 느낄 수 있었다. 정치적으로 급진화된 외국 여대생들을 통해 스위스는 의도치 않게 유럽과 세계의 급변을 감지할 수 있었다. 뒤이은 20세기의 전쟁과 냉전의 시대에 스위스가 피난처와 완충지로서 국제적 역할을 담당했던 것도 그 이전 시기 대학과 사회가 경험하고 기억하는 초국가적 역사와 무관할 리 없다.

물론 대학이 선구적으로 여학생의 입학을 허용한 역사를 들어 스위스에 찬사를 보내기만 할 수는 없다. 기괴하게도 스위스는 유럽에서 가장 늦게 여성참정권을 도입한 나라 중 하나다. 스위스 특유의 직접민주정의 결과였다. 여성참정권이 국민투표에 부쳐질 때마다 번번이 '국민'(남성만 국민!)의 반대로 좌절되었다. 주권이 '인민'people이 아니라 '국민'nation에서 나오고, 게다가 그러한 '직접민주주의'가 강하면 어떤 결과가 나오는지 여실히 드러났다. 1971년 2월에야 비로소 스위스 '(남성)국민'은 그동안의 완강한 반대를 물리고 여성참정권을 인정했다. 여성에게 가장 앞서 대학 입학의 기회를 보장해준 나라가 여성참정권을 가장 늦게 부여한 나라가 되었다는 것은 수수께끼에 가깝다. 젠더사의 관점에서 보면, 여기에 얼마나 황당한 정치적 역설의 맥락과 처절한 투쟁의 사연이 있을지 충분히 예상할 수 있다.

젠더사의 맥락에서 흑역사는 또 있다. 1873년 러시아 당국이 취

1장 경계를 넘은 여성들

리히에 유학 중인 러시아 여대생들을 소환했을 때, 일부 스위스와 독일의 여성운동권과 여대생들은 러시아 여성들과 자신들을 구별하며 러시아 여성들의 '부적절한 행실'을 탓했다. 그들은 의식적으로 러시아 여대생들과는 다른 의복과 행동을 통해 차별화에 앞장섰다. 1887년 독일 여성운동가 마틸데 베버Mathilde Weber를 중심으로 한 독일 여성들은 '불온한' 러시아 여대생들과 거리를 두며 온순하고 순수한 정반대의 이미지로 자신들을 포장했다. 또 스위스 여대생들의 일부도 빈번히 대학과 시 당국에 학업 자질 부족을 들어 러시아 여대생들을 스위스의 대학에서 배제하라고 요구했다. 여성들의 연대가 인종이나 계급 또는 집단이익과 충돌해 흩어지는 또 하나의 사례였다.

그럼에도 대학사의 맥락에서 다시 보면, 스위스 대학의 이 선구적 경험이 주는 함의와 교훈은 직접적이고 구체적이다. 대학은 권력의 완고한 횡포와 보수적 인습의 지배로부터 벗어날 때만이 본래의 자유와 개방의 정신을 통해 자기 역할을 수행할 수 있다. 자유로운 정신에 기초한 학문적 도전과 실천적 탐색이야말로 대학으로 하여금 시대에 앞선 새로운 삶의 가치와 가능성을 선취해 공동체의 문명적 방향 찾기를 안내하고 보조하도록 만든다.

21세기 전반 한국의 대학을 주시하자. 정치권력자들이 멋대로 정한 대학 교육의 방향과, 관료들이 무책임하게 만든 온갖 심사 평가 기준으로 인해 대학이 만신창이가 되고 있다. 관청이나 기업에서 지시를 내리거나 통계를 만지며 효율과 이윤을 따지고 살면 될 사람들이 대학에 너무도 많이 와 있다.

2015년 여름 대학이 무참히 짓밟히는 것을 마냥 두고만 볼 수 없었던 부산의 한 국립대학교 교수가 스스로 목숨을 끊었다. 그는 시를 안고 살았다고 한다. 시를 통해 세계의 정신을 더듬던 학인은 정신의 세계를 이탈한 권력의 포악을 감당하기 힘들었을 것이다. 대학의 존재 위기와 그로 인해 발생할 문명적 위험을 죽음으로 알린 그와는 달리 역사를 통해 미래를 밝히려는 우리에게 아직 문명 회복의 기회가 남아 있기를 바랄 뿐이다.

1장 경계를 넘은 여성들

2장 남성 제국주의자들의 '무지와 멸시'
─ '여성해방 옹호자'들의 여성참정권 반대

'인간과 시민들'의 무지와 멸시

낮보다는 밤이 안전했다. 특히 겨울밤 외진 곳이 더 안전했다. 나는 1999년부터 2007년까지 구동독의 도시에서 공부하면서 네오나치들의 인종주의적 조롱과 물리적 위협을 빈번히 경험했다. 요즘도 분위기가 좋지 않은데, 당시 구동독 지역은 외국인들에게 특히 위험한 곳이었다. 그때 나는 여름 낮의 대명천지보다는 겨울밤의 칠흑 어둠이 네오나치들로부터 나를 더 잘 보호해준다는 사실을 깨달았다. 어둡고 외진 겨울밤이 더 안전하다고 느낀 것은 그땐 모두가 두꺼운 외투와 모자로 신체를 덮기 때문이다. 내 피부와 머리 색깔이 가려졌기에, 난 더 안전했다. 그러다 다시 여름, 한 주에도 몇 차례 인종주의 적대행위와 위협을 경험했을 때 "아, 부르카나 히잡이라도 착용해야 하나"라고 독백했다.

독백은 힘들어 대화를 시도했다. 그런데 내 경험을 접한 독일 친구들 중 일부는 "어디나 이상한 놈들이 있어", 또는 "우리 독일인들도 거친 외국인으로부터 위험을 느껴"라며 나를 '위로'했다. 그들은 구동독 지역에 인종주의와 외국인 적대가 사회적 사실이자 일상적 실천으로 존재한다는 것을 받아들이지 못했다. 피부색 차이에 근거한 조롱이나 위협의 실재만큼 그 친구들의 인지 방식과 해석의 태도, 즉 완고한 상대화는 막막했다. 친하다고 믿었던 선한 친구들의 무지와 멸시에 나는 당혹스러워 어쩌지 못했다.

2016년 5월 중순 서울 강남역 화장실 살해사건으로 충격에 휩싸인 '어머니들, 딸들, 자매들'이 '여성과 여성시민의 권리 선언'에 나섰다. 그런데 이 21세기 한국판 올랭프 드 구즈Olympe de Gouges(1748~1793, 프랑스대혁명 시기 여성혁명가)들에 맞선 많은 '인간과 시민들'(남성들!)의 '무지와 망각과 멸시' 또한 그렇게 막막하고 당혹스럽다. 10여 년 전 겨울밤 온몸을 감싼 채 비로소 구동독 도시의 거리를 자유롭고 안전하게 활보할 수 있었던 나는, 그 뒤 부르카를 착용한 무슬림 여성들을 보며 혹시라도 그것이 성차별적 남성 시선으로부터의 보호장치일 수도 있겠다고 잠시 생각했다. 그냥 물음이었다. 히잡이나 부르카를 보며 여전히 여성 억압을 떠올리지만, 그것이 등장하게 된 복잡한 맥락이나 여성들이 주체적으로 인지하고 의미를 부여하는 과정에 대해 과문해서 조심스럽다. 아울러 젠더적 차별이 낳은 성희롱과 성폭력이 피부색이 달라 겪는 사회적 차별과 물리적 위협과 얼마나 그리고 어떻게 다른지에 대해서도 무지해서 부끄럽다.

제국주의와 식민지 '여성해방'

과문하고 무지했지만 과감하고 단호했던 이들이 있었다. 19세기 후반과 20세기 전반 서양 제국의 남성 지배자들은 식민지에서 여성해방을 옹호했다. 이를테면 영국의 식민 관료들은 인도와 이집트에서 전통적인 여성 억압 전통을 철폐하며 그것을 '문명화'로 정당화했다. 인도에서 "백인 남자들은 갈색 남자들로부터 갈색 여자들을 보호했다."(가야트리 스피박) 영국 지배자들은 남편이 죽으면 아내도 같이 산 채로 화장하는 힌두 전통인 사티Sati의 폐지에 팔을 걷어붙이며 문명화를 설파했다. 물론 그 뒤꼍에서 영국 제국주의는 피식민 주민들의 저항에 폭력 유린과 보복살해, 강제 이주와 인신매매라는 야만을 광범위하게 저질렀다.

인도에서 경험을 쌓은 뒤 1883년부터 1907년까지 영국의 이집트 총독을 지냈던 에벌린 베어링Evelyn Baring(1841~1917, 크로머 경)은 여성 억압적인 무슬림 전통을 경멸하고 유럽 문명을 도입하는 데 앞장섰다. 특히 그는 공적 영역에서 남녀를 분리하는 관습과 여성의 베일 착용을 유럽식 문명화와 이집트 '개혁'의 결정적 장애물로 보았다. 베어링이 보기에 모든 악의 근원은 이슬람이었다. 그는 이슬람 사회를 유럽 문명과 비교해 열등하다고 전제했는데 그것은 무엇보다 여성에 대한 대우에서 확연히 드러난다고 주장했다. 유럽은 여성을 남성과 동등하게 대우하는 데 비해, 이슬람은 근본적으로 반여성적이고 그 폐습이 이집트 전체 사회를 약화시킨다고 강조했다. 그는 이집트가 영국인에 의해 종속되고 훈육돼야 한다고 확신했다. 여성 억압 전통을 극복하고 여성이 이슬람으로부터 해방돼야만 문명의 길을 걸어갈 수 있다고 보았다. 이집트라는 국가가 강해지려면 여성이 해방돼야 한다는 것이었다.

이집트 지식인 카심 아민Qasim Amin(1863~1908)은 베어링의 전제에는 동의하지 않았지만 같은 결론을 내렸다. 아랍 지역 최초의 남성 페미니스트인 아민은 이슬람을 반여성적이라고 보는 것에 반대했다. 그가 보기에 코란은 오히려 신 앞에서의 양성평등을 강조했고, 다만 여성 억압은 나중에 이슬람으로 개종한 아시아와 아프리카 민족들의 퇴행적 전통 탓이라고 말했다.

귀족 출신으로 프랑스에서 유학하고 돌아온 뒤 카이로대학교 건립에 참여했던 그는 이집트와 아랍 지역 여성의 베일 착용을 강력히 비판했다. 서구적 근대화의 맹신자였던 그는 여성의 베일 착용을 여성해방의 장애물이자, 민족 발전의 가장 심각한 걸림돌이라고 보았다. 아민은 서구적 근대화의 필연성을 옹호했고 영국 제국주의의 식민지배를 문제 삼지 않았다. 그는 여성의 베일 착용과 남녀 분리 문제만을 부각해 아랍 문화와 이집트 민족의 후진성을 탓했다는 면에서 서구적 편견을 고스란히 자기 것으로 만들었다. 또한 아민이 국가와 민족의 역량을 강화하기 위해 여성해방을 내세운 논리도 사실 베어링의 것이었다.

이슬람 페미니즘의 제국주의 비판

이집트의 선구적 여성운동가인 말라크 히프니 나시프Malak Hifni Nasif (1886~1918)는 영국의 이집트 식민화를 비판하며 민족주의운동에 동참했다. 나시프는 서구 문화를 수용해 피식민 국가가 자신의 문화적 정체성을 포기하는 것에 반대했다. 고유한 관습의 유지와 문화적 정체성은 서구 제국주의에 대항하는 데 필수라고 보았던 것이다.

2장 남성 제국주의자들의 '무지와 멸시'

나시프도 기본적으로는 여성의 베일 착용에 비판적 태도를 가졌고, 이집트 사회의 근본적 개혁을 옹호했다. 그는 심지어 베일을 벗은 얼굴로 사진을 찍어 공개한 최초의 이집트 여성이었다. 사회적 조건이 무르익으면 베일 착용 폐지에 나서야 한다고 생각했다. 그렇지만 나시프는 이집트와 아랍 지역은 고유한 근대화의 길을 추구할 수 있고 그래

이집트 여성으로는 처음으로 베일 벗은 얼굴을 공개한 선구적 여성운동가 말라크 히프니 나시프.

야만 한다고 보았으며, 베일을 착용한 여성을 거리에서 조롱하고 위협하는 이집트 남성 근대화론자들을 강력히 비판했다.

나시프가 보기에 영국 제국의 지배자 베어링과 이집트 근대화 동조자 아민은 여성해방에 진정한 관심을 가진 것이 아니라, 서구적 편견에 사로잡혀 식민화 구실과 정당화를 찾는 기만적 인물들에 불과했다. 나시프의 입장에 당시 이집트 여성운동가들이 모두 동의하지는 않았다. 다만 그것은 이슬람 페미니즘의 발원으로 큰 의미가 있었다. 무슬림 여성의 베일 착용과 여성해방을 둘러싼 100년 전쟁의 원형이 이때 등장했다.

나시프의 비판대로, 영국 총독 베어링은 이집트에서 교육정책을 통해 자신의 반근대성과 반여성성을 적나라하게 드러냈다. 이미 이집트에는 오스만제국 시기부터 공립학교의 무상교육과 장학금 제도가 정착해 있었는데, 베어링은 그것을 없애고 공납금 제도를 도입했

다. 남성뿐 아니라 여성들의 교육 기회도 현격히 줄었다. 베어링이 공납금 제도를 도입하며 내세운 이유는 교육받고자 하는 이들은 비용을 지불하는 것으로 교육 의지를 보여줄 필요가 있다는 것이었다. 핑계였다. 무상교육 확대로 민족주의 감정이 고양돼 식민통치에 방해될 것을 우려한 조치였을 뿐이다.

'여성해방 옹호자'들의 여성참정권 반대

흥미로운 점은, 베어링처럼 "갈색 여성을 갈색 남성들로부터 보호"하며 문명을 자랑하던 제국의 남성 지배자들이 자국에서는 오히려 여성 권리의 강력한 반대자였다는 사실이다. 1910년 이집트에서 영국으로 돌아온 뒤 베어링이 몰두한 것은 여성참정권 운동 반대였다. 그는 여성참정권을 혐오하며 '전국여성참정권반대연맹'National League for Opposing Woman Suffrage 결성을 주도해 의장직을 맡았다. 인도 총독 재임 시절, 베어링과 마찬가지로 '갈색 여성들을 보호'했던 조지 커즌 경과 「백인의 짐」이란 시로 식민화를 정당화한 시인 조지프 러디어드 키플링도 그곳에서 어깨를 나란히 걸었다.

영국에서 19세기 후반부터 수십 년 동안 합법적 청원 노력으로 전개됐던 여성참정권(서프러제트) 운동은 20세기 초 전환점이 필요했다. 보수당에 비해 상대적으로 여성참정권에 우호적이라고 여겨졌던 자유당이 1906년 1월 총선에서 유례없는 승리를 거두며 집권했지만 아무런 진전이 없었다. 실망한 서프러제트Suffragette들은 투석과 폭탄 투척, 방화, 감옥에서의 단식투쟁으로 완강하고 처절하게 저항했다. 영화 〈서프러제트〉가 보여주듯, 그 투쟁에 맞선 것은 지배 엘리트들만이 아니었다. '무지와 망각과 멸시'를 드러낸 이들은 사회와 가정에서 함께 숨 쉬던 남자 사람들, 즉 '인간과 시민들'이었다. 근대 학문의 성과들이 여성참정권의 부당함을 역설하기 위해 동원됐다. 여성참정권을 저지하는 서명운동은 더욱 확대됐다. 심지어 상당수 여성들도 여성참정권 도입에 반대하고 나섰다. 저명한 작가이자 빈민교육운동가였던 험프리 워드 부인Mrs. Humphry Ward(Mary Augusta Arnold, 1851~1920)은 1908년 '여성참정권 반대 전국여성동맹'Women's National Anti-Suffrage League을 결성했다. 그 조직은 1910년에 벌써 104개 지부로 확대되었다. 서프러제트들의 투쟁에 놀라 순식간에 확산된 여성참정권 반대운동은 남성과 여성의 사회적 역할을 구분하며 "국가제도의 작동에 있어 여성의 몫은 남성에게 부과된 것과 달라야 한다"라는 생각에 기초했다. 신체적 차이를 근거로 사회적 차별을 정당화하는 고전적 논리가 체계를 갖추었다. 그들이 보기에 여성에게 합당한 자리는 가정이었다. 자선활동이나 행정 보조를 넘어서는 정치와 공무는 남성의 몫이었다. 험프리 워드 부인은 1909년 "할 일 많은 남성들이 정치 경험이 없는 여성들로부터 방해를 받지 않도록 해야 한다"라고 소리 높여 외쳤다.

그러나 이에 맞선 여성참정권 운동은 계속됐다. 헌신과 고행은 서프러제트들의 사적 생활을 무참히 짓밟았지만, 서프러제트들은 자매애의 최대치를 발현하며 운동을 이어갔다. 그 대결 과정에서 베어링은 제국 지배와 식민지 통치의 경험을 가져왔다. 베어링이 보기에 서프러제트들은 '남성화된 여성'이고 영국을 약화시키는 위험한 존재였다. 베어링은 영국에서 "자연에 반하는 투쟁을 용인하고 남녀

여성참정권 운동(❶~❸)과 이에 대한 반대운동(❹~❻). 사진 ❸은 당시 여성참정권 운동에 참여한 인도 여성을 보여준다. ❹는 저명한 작가이자 빈민교육운동가였지만 여성참정권에는 반대한 험프리 워드 부인.

관계를 뒤집으면 민족이 허약"해질 것이라고 주장했다. 또 영국 여성을 정치적으로 해방하면 식민지 남성들이 영국의 지배 남성들을 존중하겠느냐고 뻗대었다. 기괴한 주장은 그렇게 연결되고 완성됐다. 인도와 이집트 식민지에선 여성이 베일을 벗고 해방돼야 사회가 발전한다고 말하면서, 동시에 영국에선 여성참정권을 반대하며 여성해방이 민족을 약화시킨다고 말했던 것이다.

1차 세계대전의 여파로 영국 의회는 1918년에 30세 이상 여성 일부에게 선거권을 부여하지 않을 수 없었다. 물론 서프러제트들 누구도 의회에 입성하지 못했다. 그 후 서프러제트들은 서로 다른 길을 걸어갔는데, 대부분은 역사의 뒤안길이었다. 반면 여성참정권 운동에 반대했던 남성 정치가들 대부분은 그 후에도 여전히 영국의 영웅이거나 역사의 주역으로 기억되고 있다.

'무지와 망각과 멸시'의 역사를 기억하자

역사 속 '무지와 망각과 멸시'의 예는 무한하다. 특히 인종과 젠더 문제에서 그 예들은 무안하고 무참하다. 그것을 돌이켜 살피는 것이 현재의 무지와 망각과 멸시를 극복하는 데 조금이라도 도움이 될 듯하다. 다만 비판적 역사 서사를 재현하는 과정에서도 오류나 실수는 잦다. 귀 밝은 이들은 이미 영화 〈서프러제트〉가 백인 여성들만의 투쟁을 보여준 것에 당혹스러워한다. 영국 여성참정권 운동의 대오에서 함께 어깨를 걷고 싸웠던 '갈색 여성들'은 영화에 등장하지 않는다. 물론 그 갈색 여성들이 사실은 식민지 출신 왕족이나 귀족이

영화 〈서프러제트〉에 '갈색 여성들'이 등장하지 않는다는 한계를 지적할 수도 있지만, 영화는 여성들에 대한 '무지와 망각과 멸시'의 역사를 다시금 주목하게 했다.

었기에 오히려 여성 노동자가 주인공으로 등장한 것이 더 의미가 있다는 지적에도 귀를 기울일 수밖에 없다. 여기서 우리는 젠더와 인종과 계급 문제가 만나면 급진적 사유의 페달에 기꺼이 몸을 맡겨야 하지만, 동시에 그 급진성은 맥락의 복합성을 감당함으로써 비로소 현실 비판의 무기가 됨을 배운다. 어떻든 영화 〈서프러제트〉는 '인간과 시민들'(남성들!)이 '여성과 여성시민들'의 '자유, 소유, 안전 그리고 압제에 대한 저항'의 권리에 더 다가가도록 하는 데 유용하다. 이때 여성들의 영웅적 투쟁 못지않게 절대다수 남성들과 일부 여성들의 무지와 망각과 멸시에도 주목해야 한다. 그래야 현재의 '무지와 망각과 멸시'에 더 오감을 벼릴 수 있다.

눈을 뜨고 귀를 열어도 보지 못하고 듣지 못하는 억압과 혐오는 많고도 세다. 옛 문제도 해결하지 못했는데 새로운 도전이 덮친다.

여성 억압과 혐오는 정적인 '구조'나 '문화'라기보다 역동적인 '사회적 실재'이자 '일상적 실천'이기 때문이다. 매일 매 순간 개인과 집단은 그것을 익히고 전하고 학습하고 유포하고 확장하고 실천하며, 생산하고 재생산한다. 젠더 억압과 차별이 생명력이 길고 변이가 많은 이유다. 몸의 떨림으로 직접 겪지 않은 차별과 위험의 현실에 마음이 향하기는 쉽지 않다. 그렇더라도 자신과 다른 몸을 가진 사람들에 대한 무심한 조롱과 위협이 궁극에는 내 몸을 겨냥할 수도 있음을 깨닫는 길이 전혀 없지는 않을 것이다. 서로 다른 몸과 삶을 사는 사람들과 함께 살아가는 법을 끊임없이 배워야 한다. 그것을 통해서 비로소 문명공동체 존속의 근거인 상호 신뢰와 존중의 길이 열린다. 그 길을 밝히고 트는 것이 역사의 긴급한 과제다.

1970~80년대 민주사회주의 삼총사

 ― 샌더스의 선배들, 브란트·팔메·크라이스키

버니 샌더스의 선배들

1830년대 중반 프랑스 사상가 토크빌은 미국을 여행한 뒤 "미국의 위대함은 다른 나라보다 더 계몽된 데 있는 것이 아니라 오류를 교정할 줄 아는 능력에 있다"라고 말했다. 2016년 미국 대선은 그 '위대함'을 보일 뻔했다. 민주당 대선 경선에서 힐러리에 패했지만, 버니 샌더스Bernie Sanders는 미국 정치를 '교정'하고자 했다. 샌더스는 소수의 상위 부자들과 권력자들의 탐욕을 비판하며 북유럽의 민주사회주의 모델을 미국에 도입할 것을 선포했다. 미국 정치에서야 낯선 주장이지만, 20세기 후반 유럽의 사회민주주의 정당들이 줄곧 주장하고 실천했던 것이다. 샌더스 돌풍은 트럼프의 '미국 우선주의' 광풍에 꺾였지만, 사회주의에 대한 관심에 새로 불을 지폈다. 최근 미국 사회, 특히 청년들 사이에서 사회주의 이론과 실천이 새로운 바람을 일으킨다고 하니 더 지켜보아야겠다.

　샌더스의 등장으로 단순히 민주사회주의 정책과 강령에만 관심을 가질 일은 아니다. 역사의 주요 행위자인 지도적 정치가에게도

독일의 빌리 브란트, 스웨덴의 올로프 팔메, 오스트리아의 브루노 크라이스키(왼쪽부터)는 자국의 총리로서 '민중의 호민관'을 자임하며 서로를 공동의 사명을 지닌 동지로 여겼다. 1975년 회동.

주목할 필요가 있다. 계급이나 인종이나 젠더 차별의 구조적 압박을 제쳐두고 현대 정치를 이해할 수는 없다. 그러나 구조나 관계는 항상 특정 행위와 실천의 산물이다. 정치를 이해하려면 제도나 구조 못지않게 정치가를 살펴야 한다. 정치가의 개성과 태도, 행위와 덕목, 자질과 능력에 대한 미시적 관심도 중요하다.

이때 마키아벨리의 여우니 사자니 하는 군주 이야기 또는 막스 베버의 신념윤리니 책임윤리니 하는 기묘한 구분으로 현대 정치를 설명하는 것은 유익하지 않다. 현대 정치의 역동성과 복합성은 그런 식의 싱거운 단순화와 초보적 이분법을 훌쩍 넘어버렸다. 20세기 정치 지도자들에 대한 최근의 다양한 전기 연구와 서술에서 이를 확인할 수 있다.

20세기 후반 유럽을 면밀히 관찰했던 역사가 토니 주트는 "대중 민주주의가 그저 그런 평범한 정치가들을 생산하는 경향이 있다"라고 말했다. 민주주의 사회는 대중이 아래로부터 자유롭게 정치적 견해를 말하고 주체적으로 정치적 결정에 참여함으로써 훌륭한 정치가들을 선출해 책임 있는 정치를 수행하도록 보조한다고 전제한다. 역사적 현실은 꼭 그렇지가 않았다. 당장 선거에 이기기 위해서는 감정 정치를 무시할 수 없으며, 언론은 좋은 주장이 아니라 강한 입장에 굴복하기 마련이다. 여론조사를 무시할 수는 없지만, 그것은 전망을 가진 용기 있는 정치가들의 발목을 잡기 일쑤였다.

예외는 있었다. 작은 예외로도 많은 사람들은 잠시 행복했다. 1970년대 유럽 사회민주주의의 황금기를 빛낸 '삼총사' 이야기다. 독일의 빌리 브란트Willy Brandt(1913~1992), 스웨덴의 올로프 팔메 Olof Palme(1927~1986), 오스트리아의 브루노 크라이스키Bruno Kreisky (1911~1990)다. 그 '샌더스의 선배들'은 20세기 후반 유럽의 안정과 번영을 일구었다. 버니 샌더스가 사회주의 황무지 미국에서 새로 입김을 불어넣었던 것은 바로 이 민주사회주의 정치가들의 전통이다.

민주사회주의와 평화정치

빌리 브란트는 1969년부터 1974년까지 서독 총리였고, 브루노 크라이스키는 1970년부터 1983년까지 오스트리아 총리였으며, 올로프 팔메는 1969년부터 1976년까지, 그리고 1982년부터 1986년까지 스웨덴 총리를 두 번 역임했다. 1970년대 전반기 그들은 모두 자국의 총리로서 '민중의 호민관'을 자임했다. 아울러 이 '유럽 좌파 트리오'는 오랫동안 자국 사민당 당수로 독보적인 카리스마와 매력을 발산했다.

'좌파 트리오'는 단순히 같은 정치 노선을 가진 외국 지도자들이 아니었다. 그들은 서로를 진정으로 아꼈고 참된 동지로 여겼으며 공동의 사명을 의식했고 협력하며 일했다. 그런 의미에서 진실로 '삼총사'였다. 브란트의 제안으

민주사회주의 '삼총사'가 함께 펴낸 『편지와 대담, 1972~1975』.

로 그들은 서로 편지를 교환하고 두 차례 만나 함께 토론한 뒤 민주사회주의 정책 구상을 『편지와 대담, 1972~1975』라는 책으로 출간했다. 일국적 차원을 넘어 사회주의 인터내셔널을 주도해 민주사회주의 이념을 전 세계에 확산하고 국제정치 질서를 바꾸고자 실험했다. 지금 우리가 겪고 있는 대부분의 문제들과 관련해서 그들은 당시 민주사회주의 이념의 정수를 보여주었다.

그들은 자유의 가치를 옹호하며 소련식 공산주의와 비판적 거리를 유지했지만, 맹목적인 전투적 반공주의에 빠지지 않았다. 공산주의에 대한 민주주의적 비판가였지, 지배도구로 전락한 반공주의의 화신이 아니었다. 그들은 자본주의 위기를 인정하며 그것을 극복하려면 '더 많은 민주주의'와 국가의 개입이 필요하다고 보았다. 단

호한 자본주의 비판가였지, 교조적 반자본주의 선동가들이 아니었다. 기업과 경제는 국가의 민주적 통제를 받아야 하고, 사회에 대해 공동체적 책임을 져야 한다고 주장했으며, 자본주의 사회의 소득불평등에 항상 주목했고, 적극적인 노동정책과 노동조합 옹호, 사회적 연대와 신뢰의 구축을 강조했다.

유럽 냉전의 갈등을 극복하기 위해서도 삼총사는 한마음이었다. 20세기 가장 탁월한 평화정치가였던 브란트는 이미 1963년 '접근을 통한 변화'를 냉전과 분단 극복의 대안으로 제시하며 "공산주의를 변화시키려면 공산주의자들과 대결이 아니라 협력해야 한다"라고 천명했다. 그는 1969년 총리가 되자마자 현실적이고 실용적인 동방정책을 통해 동유럽과 화해하며 탈냉전 평화의 새로운 차원을 제시했다. "평화가 전부인 것은 아니다. 하지만 평화가 없으면 어떤 것도 가능하지 않다." "한 걸음도 나아가지 않는 것보다는 작은 걸음이라도 나아가는 게 낫고, 특히 거창한 말만 떠들썩하게 하는 것보다는 작은 걸음이라도 나아가는 게 더 낫다." 이 말들은 단순히 번드르르한 평화 수사가 아니었다. 간절함과 신중함이 낳은 정언이었고 평화와 화해의 향도였다.

팔메의 스웨덴과 크라이스키의 오스트리아는 이 시기 유럽 평화의 조정자 역할을 수행하며 '소국의 힘'을 과시했다. 팔메와 크라이스키는 세계 열강의 틈바구니에서 어쩔 줄 몰라 하던 자국의 오랜 역사와 단절했다. 크라이스키는 1955년 오스트리아가 독일과는 달리 전승국의 점령 통치를 극복하고 중립국으로서 주권을 되찾는 데 결정적인 역할을 수행했다. 전승국 점령 통치자에게 가장 신뢰할 만한 오스트리아 정치가는 크라이스키였다. 1979년 총리였던 그는 당시 미국 대통령 카터와 소련 공산당 서기장 브레즈네프를 빈으로 초대해 핵재무장 통제에 관한 협상을 하고 협정을 맺도록 중재했다. 팔메도 1975년을 전후해 유럽 데탕트 정치를 앞서 옹호했고, 북유럽과 남유럽을 잇는 비핵 평화지대와 유럽공동안보를 탈냉전의 대안으로 제시했다. 정치 지도자가 국제정치에서 능동적이고 특출한 역할을 보여주니, 그 국가의 시민들은 오랜 불안과 위축을 털고 새로운 종류의 국민적 자의식과 집단적 소속감을 가질 수 있었다.

좌파 '트리오'는 유럽을 넘어 아랍 지역에서도 미국으로부터 벗어난 독자적인 외교정책을 모색했다. 다만 미국의 베트남전쟁에 대해서는 팔메만이 적극적으로 비판하며 반전시위에 참가했다. 1980년대 브란트와 팔메가 세계의 부국과 빈국 간의 경제적 격차로 인한 갈등을 해결하기 위해 국제적 관심을 환기했고, 크라이스키는 팔레스타인과 이스라엘의 갈등을 해결하는 데 앞장섰다. 크라이스키와 팔메는 팔레스타인의 고통에 큰 관심을 가졌으며, 아랍 지역의 종교적·영토적 갈등이 해결되지 않는다면 유럽에도 평화가 찾아오지 않을 것이라고 내다보았다. 당시 유럽 정치가로서 비유럽 지역의 민주화와 평화의 중요성을 그들만큼 통찰한 이는 더 없다.

팔메는 심지어 아프리카에도 관심을 가졌고, 삼총사의 막내로서 자신이 이 대륙의 문제를 조정하는 역할을 맡겠다고 했다. 그들은 심지어 서로 역할을 분담해 평화 중재에 나서기도 했다. 안타깝게도 1986년 2월 28일 막내는 형들보다 먼저 세상을 떠났다. 아내와 함께 영화를 보고 돌아오던 스톡홀름 시내의 밤거리에서 괴한에게 암살된 것이다. 아직도 진상은 밝혀지지 못한 채, 추모는 깊고 탄식은 길다. 유럽과 세계가 지금 겪고 있는 많은 위기들은 모두 팔메가 예견한 것이기도 하기 때문이다. 최근 아랍과 아프리카 지역의 국가 해체와 정세 불안으로 인해 발생하는 난민 문제로 유럽은 골치를 앓고 있다. 이미 그런 위험을 통찰했던 팔메와 크라이스키와 브란트가 살아 있었다면 어떤 대비와 대책을 마련했을지는 그저 역사적 상상만 가능할 뿐이다.

생애와 정치 스타일

삼총사의 삶의 여정이 꼭 일치하지는 않는다. 브란트가 '사생아의 사생아'로 태어나 굴곡 많은 노동자 집안에서 어렵게 성장했던 것에 비해, 크라이스키와 팔메는 금수저를 물고 태어났다. 크라이스키는 오스트리아 빈의 부유한 사업가의 아들로 태어나 유복하게 자랐다. 지적 관심과 정의감이 높았기에 쉽게 저항적이 되었다. 그는 이미 학생 때 사회주의 청년 조직과 사민당에 가입했다. 순전히 당에 보탬이 되기 위해 법학을 공부했으며, 구금 경험과 비합법 활동을 통해 사회주의 정치가로서의 결기를 다졌다. 문제는 크라이스키가 유대인이라는 사실이었다. 위기에 처한 크라이스키는 1938년 스웨덴으로 망명했다. 그는 그곳에서 또 다른 망명객 브란트를 만나 평생의 우의를 다졌다.

당시 스톡홀름에는 그 2명의 반파시즘 투사 외에 또 한 명의 민주사회주의자가 성장하고 있었다. 팔메는 은행장 할아버지와 기업가 아버지를 둔 보수적인 대자본가 집안의 막내로 태어나 귀여움을 독차지했다. 어머니는 독일-핀란드 가계로 귀족 출신이었다. 팔메

1979년 7월 8일 기자회견을 하는 크라이스키(가운데)와 브란트(오른쪽). 팔레스타인의 지도자 아라파트(왼쪽)의 모습도 보인다.

는 어릴 적부터 다방면에 지적 관심을 보였고, 6개 언어에 능통했으며, 미국 유학까지 다녀온 '엄친아'였다. 엄마의 열성과 조기 교육이 꼭 부정적이지만은 않다고 해야 할까?

부잣집 도련님이 좌파 정당의 지도자가 된 것을 둘러싸고 팔메 연구자들 사이에 논쟁이 좀 있었다. 스웨덴 '강남 좌파'의 출현을 설명하는 틀로 흥미로워 보이는 것은 '문화급진주의'(헨리크 베르그렌)라는 개념이다. 문학과 예술에 대한 폭넓은 관심과, 세계와 삶에 대한 탐구정신, 그리고 진보와 계몽에 대한 낙관적 믿음이 모든 종류의 무지와 야만에 대한 저항의 중심인 좌파 정당으로 귀결된다는 것이다. 이 개념은 최소한 팔메와 크라이스키의 인생 역정을 설명해주는 방식으로 꽤 적절해 보인다.

그렇게 성장한 민주사회주의 삼총사는 새로운 정치를 보여주었

1983년 12월 18일 서독 본에서 만난 팔메(왼쪽)와 브란트.

다. 그들은 대중에게 친근감을 주고 신뢰를 얻었다. 사람들에게 쉽게 다가갈 줄 알았고 사람들의 말을 귀담아듣고 소통하며 조응할 줄 알았다. 크라이스키와 팔메는 시민들 누구라도 전화를 걸면 자신과 통화할 수 있도록 조치했다. 브란트는 평소에는 너무 오래 숙고하고 햄릿처럼 결정을 주저해 참모들의 속을 썩였지만 중요한 순간에는 작은 행동 하나로 사람들의 간절함에 화답할 줄 알았다. 그들은 더러 '여론 동향'이나 '정무적 판단'과는 조응하지 않는 행동이나 실천으로 정치가의 진정성과 용기를 역사에 남겼다. 이를테면 1970년 12월 7일 폴란드 바르샤바의 옛 유대인 게토에 세워진 저항 투사 추모지 앞에서 브란트가 무릎을 꿇자, 서독 내에서는 평가가 크게 갈렸는데, 부정적이거나 냉소적인 반응이 우세했다. 브란트는 헌화를 하는 순간 "고개를 숙이는 것만으로는 부족하다"고 느꼈으며 "말로

3장 1970~80년대 민주사회주의 삼총사

1970년 12월 7일 폴란드 바르샤바의 옛 유대인 게토에 세워진 저항 투사 추모지 앞에서 무릎을 꿇은 빌리 브란트. 서독 국민 다수가 이 일을 '어리석고 불필요했다'고 평가했다. 폴란드인 희생 장소가 아닌 유대인 희생자 추모지에 무릎 꿇은 행위였기에 폴란드인들에게도 환영받지 못했다. 하지만 그의 행동은 20세기 후반 현대사의 가장 인상적인 장면 중 하나로 길이 남았다.

는 더 이상 어찌할 수 없을 때 사람들이 행하는 바로 그것을 행했다"라고 고백했다. 정치 지도자가 진정성과 용기를 보인다면, '대중민주주의'의 표피적 여론도 언젠가 바뀔 수 있다. 브란트는 '무릎을 꿇었지만' 다시 일어난 것은 결국 독일의 양심이었다. 그 후 역사가 증명하듯이, 그의 행동은 독일의 정치적 자산이 되었다.

브란트는 애초 '독일의 존 F. 케네디'로 불렸는데 정치적 성공과 독보적 카리스마로 그 모두를 능가하는 역사적 인물이 되었다. 팔메는 다방면에 박학다식했고 어떤 주제에 대해서도 유창하고 품격 있게 말할 줄 알았다. 외모와 비극적 죽음이 유사해 팔메는 '스웨덴의 로버트 F. 케네디'로 불린다. 하지만 팔메의 경우 의문에 싸인 죽음이 멋진 정치가로서의 삶을 가릴 수 없다. 크라이스키는 팔메나 브란트 같은 독서광은 아니었지만 비서와 참모들에게 매일 몇 권의 책을 직접 골라주며 요약하고 인용할 말을 찾아올 것을 지시했다. 그는 우파 언론인도 존경한 좌파 인물이었다. 오스트리아 정치는 크라이스키 전과 후로 나뉜다.

'카리스마화', 정치가와 대중이 함께 만들어가는 과정

1992년 9월 브란트는 세상을 뜨기 직전 마지막 편지를 베를린에서 열린 사회주의 인터내셔널 대회에 보냈다. 이미 몸이 무거워 참석하지 못한 채 대독하도록 했다. 유언이었다. 브란트는 동지들에게 보내는 유언을 다음과 같이 맺었다. "여러분의 힘을 자각하세요!"

미국 시민들 상당수가 샌더스에게 몰려든 것은 바로 그들이 '자신들의 힘을 자각'했기 때문이다. 연설이나 토론에서 샌더스가 1970년대 유럽의 '선배'들만큼 카리스마적 매력을 발산한 것 같지는 않다. 그래도 사람들은 그의 말에 열광하고 삶에 감동했다. 1970년대 유럽의 세 선배처럼 그도 삶을 통해 진정성을 보여주었고 일관된 말과 행동으로 신뢰를 주었기 때문이다. 정치가의 카리스마나 매력은 그렇게 만들어진다.

막스 베버는 『경제와 사회』에서 '카리스마' 개념을 타고난 재능을 가진 지도자가 위기의 순간에 공동체를 이끄는 비합리적인 영적 힘으로 설명했다. 그 개념 정의는 독재자의 등장과 통치를 설명하는 데 도움을 줄 수 있었다. 하지만 20세기 후반 현대 정치에서 카리스마는 베버가 말한 정치가의 '초자연적 특성'도 아니고 지배의 정적인 형식도 아니다. 정치가로서의 매력도 천성적 자질 같은 것이 아니다. 그렇기에 정치 지도자의 카리스마를 분석한다며 인성이나 자질로 환원하는 것은 현명하지 못하다. 오히려 카리스마는 정치가가 대중과 소통하고 상호작용을 하며 만들어가는 역동적인 과정이다. 최근의 정치사가들이 제안했듯이, 정적인 카리스마 개념보다는 사회적 관계와 상호작용을 포괄하는 '카리스마화'라는 개념이 현대 정치를 이해하는 데 더 적합하다.

특히 민주사회주의의 가장 돋보이는 별들은 나 홀로 빛나지 않았다. 그들은 시대의 어둠을 뚫고 대중에게 말을 걸었다. 다시 대중의 말을 듣고 신뢰를 만들어 서로 반짝였다. 별처럼 항상 그 자리를 지킨 것도 사실 그런 별을 기다렸던 대중에게 힘이 되었다. 사람들의 간절한 열망과 소통할 때 비로소 민주사회주의의 새 호민관이 등장할 것이다.

'총사'를 기억하고 기대한다

알렉상드르 뒤마의 소설 『삼총사』는 원래 '사총사' 이야기다. 잘 알려져 있듯이, 소설에는 더 큰 활약을 벌이는 다르타냥이라는 주인공이 따로 있었다. 미국의 샌더스 혹은 또 다른 누군가가 '총사를 꿈꾸는' 다르타냥이 되어 민주사회주의의 미래를 새롭게 열 수 있을지는 아직 잘 모른다. 다만 소설과는 달리 현실에서 '총사'는 홀연히 등장하지 않는다. 카리스마와 매력을 지닌 비범한 정치가는 평범한 사람들이 함께 만드는 것이다. 샌더스는 묵묵히 자신의 민주사회주의 정치를 일구어왔다. 그럼으로써 그는 미국 시민의 상당수를 자신의 정

민주사회주의 계보를 잇는 미국 정치인 버니 샌더스. ⓒAP

치 광장으로 끌어들였다. 그러나 다르게 보면, '묵묵했던' 샌더스를 '돌풍 샌더스'로 만든 것은 그의 알려지지 않은 '비범'함만이 아니라 무엇보다 미국 시민들의 '평범'한 자각과 열정이었다.

그런 의미에서 브란트의 말대로, 우리도 '우리의 힘을 자각하자!' 그러면 혹시 아는가? 고통받는 사람들과 소통하고 미래 전망을 제시하며 "우리 앞에 멋진 날들이 펼쳐질 것입니다"(1968년 팔메의 연설)라고 말할 새로운 '총사'를 보게 될지. 2018년 7월 한국 진보운동의 기수였던 한 정치가의 죽음을 마주하며 우리에게도 민주사회주의의 '총사'가 있었음을 기억한다. '총사를 꿈꾸는' 멋진 민주사회주의자들이 민중의 '호민관'이 되도록 '우리의 힘을 자각'하자.

4장   오스탈기와 동독 정체성
― 독일 통일 후 동독 주민의 고집

'신호등 아저씨' 구출

평양을 방문하는 외부인의 눈에 여성 교통보안원은 신기한 명물이다. 하얀 모자와 푸른 제복을 착용한 채 교차로에서 날랜 손짓으로 안내하는 모습은 인상적이다. 그런데 몇 년 전부터 교통보안원 대신에 LED 신호등이 전면적으로 보급되고 있다고 한다. 앞으로 여성 교통보안원들이 완전히 사라질지는 더 두고 봐야겠지만, 중요한 것은 평양 주민들에게 그들은 이미 오랜 삶의 일부라는 사실이다. 만약 북한 사회의 내적 필요나 요구 때문이 아니라 외부인들이 교통보안원 체제를 '촌스럽다'며 강제로 없애고 현대식 신호등 체계를 마음대로 '이식'한다면 평양 시민들은 어떻게 반응할까?

1990년 독일 통일 전, 동독과 서독의 보행자 신호등은 서로 달랐다. 서독의 신호등은 우리와도 비슷한 모양으로 밋밋하게 서 있는 사람 형상을 담은 것인 데 비해, 동독의 '신호등 아저씨'는 모자를 눌러쓴 모습으로 친근감을 주는 캐릭터였다. 머리통이 크고 다리가 짧은 아저씨 모습이었기 때문이다. 특히 녹색등의 '신호등 아

독일 통일 뒤 사라질 뻔한 동독 신호등. 모자를 눌러쓴 모습이 친근하다.

저씨'는 앞으로 걸어가는 형상이라 식별하기가 수월했다. 1957년
부터 동독 정부의 교통부 소속 심리학자로 근무했던 카를 페클라
우Karl Peglau는 1961년에 잦은 교통사고를 막기 위해 보행자를 염두
에 둔 교통체계를 고안했다. 그는 신호등을 각기 고유한 특색과 모
양으로 구분하면 사고를 줄일 수 있었을 것이라고 생각했다. 주의
력을 높이는 보행자 신호등의 개발은 특히 중요했다. 그 뒤 30여 년
동안 신호등 아저씨는 동독 주민들의 삶에 깊숙이 박힌 인장 같은
것이었다. 그 뒤 서독에서 수행된 교통심리학 연구에 따르더라도,
동독의 신호등 아저씨는 서독의 신호등에 비해 친근감을 주고 주의
력을 높여 실제 교통사고 방지 효과가 더 컸고 미적으로도 훨씬 나
았다.

통일 뒤 사정이 달라졌다. 서독 출신 정치 엘리트들은 동독 지역
의 신호등 아저씨를 제거하고 서독 신호등으로 교체하기 시작했다.
사회 '통합'의 얼치기 미명이었다. 동독 주민들은 도무지 납득할 수
가 없었다. 1996년 동독 전역에서 '신호등 아저씨를 구출하자'라는

이름의 시민운동이 등장했다. 우여곡절 끝에 신호등 아저씨가 동독 지역에서 부활한 데 이어, 오히려 베를린 전역으로 확대 도입되었다. 심지어 일부 서독 지역 도시에서도 도입되기에 이르렀다.

동독판 신토불이

'신호등 아저씨' 구출운동은 통일 뒤 서독 중심의 체제 이식에 질린 동독인들이 벌인 본격적인 문화적 저항의 신호탄이었다. 그들은 자신들의 오랜 삶이 아무런 흔적도 남기지 못한 채 통일 독일의 쓰레기장으로 폐기되는 것을 마냥 두고 볼 수만은 없었다. 1990년대 중반 이후 동독인들은 서독 출신 정치 엘리트들의 일방적인 '사회 통합'과 패권 횡포에 독특한 방식으로 대응했다. 오스탈기라는 이름의 고집과 자존 형식이었다.

오스탈기Ostalgie란 오스텐Osten(동쪽, 동독)과 노스탈기Nostalgie(노스탤지어, 향수)의 합성어로 '동독에 대한 향수'를 뜻한다. 1992년에 처음 등장한 이 용어는 독일 통일 뒤 정체성 상실과 자괴감에 빠진 동독 주민들이 지난 삶의 가치를 새롭게 조명하는 문화적 자의식과 자기 긍정을 뜻하는 말로 빠르게 확산되었다. 오스탈기는 통일과 동독에 대한 담론을 지배했던 서독 엘리트 중심의 주류 언론과 정치에 맞서 동독 주민들이 "우리 삶도 나쁘지만은 않았어!"라고 버티며 새롭게 긍정적인 대항 담론을 창출하는 과정 그 자체다.

동독이나 동독 주민을 주제로 다룬 영화나 소설, 동독 시절의 팝음악이나 유행가, 동독 관련 인터넷 사이트의 인기에서 오스탈기를

동독 시절의 담배와 식료품들. 동독 지역 주민들에게 향수를 불러일으키는 소비품들이다.

주로 확인할 수 있다. 오스탈기 파티, 오스탈기 쇼, 청소년들의 록 음악 축제, 동독 시절 텔레비전 프로그램, 동독 시절의 의복, '신호 등 아저씨' 관련 상품들의 유행도 마찬가지다. 옛 동독 시절의 상표 가 붙은 제품들, 이를테면 담배 에프젝스f6와 카비넷, 론도 커피, 클 럽 콜라, 로트캐프헨 샴페인과 같이 동독 시절에 소비했던 식료품 과 기호품 애용 등 동독 지역 주민들의 일상문화와 생활에서 오스탈 기 현상은 쉽게 드러난다. 서독 담배 베스트West(서쪽)의 광고 '서쪽 맛을 봐'Test the West에 대항해 '나는 유벨을 피우지. 서쪽 맛을 봤지 만 유벨이 우리를 위한 거야'라는 동독 담배 유벨 광고는 동독 제품 에 대한 동독 주민들의 자의식과 고집을 잘 보여주었다. 론도 커피 는 1990년대 초 100~200톤 정도에서 1998년 5000톤으로 판매가 급증했다. 동독 지역 주민들은 동독 제품들의 순도와 진실성을 자랑 스러워했다. 그들은 '우리 것'에 대한 신토불이식 애착을 보였다. 알 량한 서독 제품들보다 '더 질이 좋은' 동독 상표의 기호품을 소비함 으로써 사라져버린 국가에 대한 심적 보상을 스스로 마련한 셈이다.

동독 지역인 예나에서 8년 반을 살았던 나조차 매번 슈퍼마켓과 가게에서 물건을 살 때 동독 상표인지 확인해야 했다. 그렇지 않으면 독일(동독 출신) 친구들에게 핀잔을 들었다.

그런데 신토불이의 대상은 자연 산물이 아니라 철저히 인공 가공물이어야 했다. 여기서 말하는 동독 제품은 자연 제품이 아니라 가공된 상품으로 식탁이나 부엌으로 전달된 것을 말한다. 그렇기에 과일, 채소, 고기와 어류들은 모두 제외된다. 오스탈기의 신토불이는 동독 땅의 자연산이 아니라 동독인들의 손으로 '가공한 상품'이어야 진정한 의미를 지닌다. 동독 사회와 주민의 탁월한 기술과 깊은 정성이 녹아 있는 것은 자연산이 아니라 가공품이기 때문이다. 동독 지역 주민들은 바로 그 '가공'품을 통해 서독에 뒤지지 않는 동독 사회의 우수성을 (재)확인하고자 했다.

기억과 경험의 전승을 통한 정체성 형성

식료품과 기호품류의 동독 제품은 잃어버린 고향(조국)을 대신해 삶의 연속성과 자존심을 보장해주며, 새로운 기억과 경험 공동체의 형성에 톡톡히 한몫했다. 동독 제품은 단순히 소비 차원을 넘어 그것에 대한 '이야기'의 집단적 공유로 확장됐다. 어릴 때 가족과 친척과 친구와 나눠 먹던 그 맛과 제품은 추억의 소재일 뿐만 아니라 감정적 결속과 집단적 전승의 대상이었다. 심지어 젊은 세대도 동독 제품 애호에 동참했다. 동독의 청년세대도 어린 시절에 대한 향수나 가족 내 일체감과 지역적 결속의 강화를 위해 동독 제품의 구매와 사용을 당연한 것으로 받아들였다.

심지어 동독 출신 청년들은 '제3세대 동독' 문화운동의 기치를 내걸며 각종 행사와 저술활동을 통해 동독의 정체성을 새롭게 확장하고 있다. 기이하게도 동독 시절을 제대로 경험하지 못한 청소년들에게서도 오스탈기 현상과 동독 정체성을 확인할 수 있다. 그것이 가정과 지역 공동체에서 세대를 이어 전승되기 때문이다. 특히 1975년부터 1985년 사이에 출생한 동독인들은 청소년 시절 삶의 근본적 전환을 경험하고 중첩된 세계 속에서 자기정체성을 형성했다. 체제 변화와 실업과 (서독으로의) 이주와 사회 이동과 독재의 유산 속에서 자유의 의미를 발견하고 자본주의 사회에서의 생존 투쟁을 배워야 했다. 그들은 단일한 삶의 방식과 이력을 보이지는 않았지만, 어린 시절 습득한 가치와 규범의 붕괴와 새로운 삶의 조건 속에서 고투하며 스스로 새로운 삶의 방식을 찾아야 했다. 그들은 한편으로 동년배 서독인들과의 근본적 차이를 확인했지만 다른 한편으로는 앞 세대 동독 주민들과 자신들의 삶이 상당히 다르다는 생각을 가졌다. 1989년 체제 전환 경험은 특히 동독 청소년들에게 깊은 낙인을 남겼다. 그들은 체제 전환을 온몸으로 경험했고 완전히 새로운 삶을 모색해야 하는 상황에 직면했기 때문이다. 체제 전환과 통일 후 삶의 방향을 완전히 상실했고, 부모 세대의 불안과 실업과 자존감 상실을 지켜보아야 했다. 그들은 가족의 트라우마를 짊어지고 가족의 실질적 주체로 등장했으며 좌절한 부모를 위로하고 대변하거나 비극적 가족사를 감당하고 해결해야 했다. 개인적·가족적 트라우마와 그 극복 과정을 이야기하고 공유하고 소통함으로써 집단적 자의식을 형성할 수 있었다.

동독인들의 고유한 경험과 기억에 대한 '이야기'의 전달과 관련해서라면 언론의 역할을 무시할 수 없다. 동독 지역 주민들은 정보 취득을 위한 매체로 서독인들이 만드는 전국 일간지나 주간지가 아니라, 주로 동독 신문을 구독한다. 그에 비해 서독 지역에서 발간되는 신문의 구독률은 매우 낮다. 이를테면 동독

동독 지역에서 인기가 높은 주간지 『슈퍼일루』는 동독 출신 독일인들의 관심과 정서를 대변한다.

지역에서 가장 인기 있는 주간지는 『슈피겔』Der Spiegel이 아니라 단연 『슈퍼일루』SUPERillu다. 가족용 주간지를 표방하는 이 매체는 통일 직전인 1990년 여름에 동베를린에서 창간된 잡지인데, 무엇보다 동독인들의 관심과 정서를 대변한다. 동독인들의 일상생활과 동독 역사와 문화에 지면의 상당 부분을 할애함으로써 동독인들 사이의 경험과 기억의 소통을 꾀하고 있다. 당연히 서독에서는 이 잡지를 보는 독자가 드물고 심지어 잡지 이름을 아는 사람도 많지 않다. 섣불리 동독 지역의 한 카페에서 코카콜라를 마시고 서독 담배를 피우며 서독 신문을 읽는다면 험한 봉변까지는 아니더라도 거센 눈총을 받게 된다. 결국 자기 긍정의 기제인 오스탈기는 역사와 문화에 대한 공동의 경험에 의지해 기억 공동체를 강화한다. 이를 통해 동독인들은 오히려 서독인들과 자신들의 차이를 생산한다. '베씨'(서독인)들은

이기적이고 속물적인 데 비해 '오씨'(동독인)들은 노동과 연대의 가치를 아는 멋진 사람들로 의미를 부여받는다. 과거에 대한 오스탈기와 현재의 '경계 정체성'을 통해 집단적인 동독 정체성이 형성되는 것이다.

동독 정체성과 오스탈기

오스탈기 현상과 동독 정체성의 배경은 1989~1990년 독일 통일 과정 및 방식과 깊은 관련이 있다. 1990년 동독이 서독(독일연방공화국)으로 편입됨으로써 동독 지역 주민들은 이전과 아주 다른 정치제도와 경제체제에서 새로운 삶을 시작해야 했다. 서독의 법·제도와 삶의 방식이 너무도 급작스럽게 동독 지역으로 도입됐다. 적응과 재교육의 시간은 동독 주민들에게 힘겨운 노력을 요구했다. 고통과 마찰은 불가피했다. 애초 동독 주민들은 누구를 탓할 수도 없는 것처럼 보였다. 왜냐하면 그런 방식의 전환은 다른 누구도 아닌 동독 주민들에 의해 개시됐고, 또 순식간에 이루어진 흡수통일도 최종적으로는 동독 주민들 다수의 선택이었기 때문이다.

　하지만 삶은 기계의 운동이 아니고 문화는 공장의 산물이 아니다. 몸은 과거를 기억하고 머리는 경험을 현재로 잇는다. 정치와 경제제도는 몸과 머리가 기억하고 전승하는 경험의 생활문화를 뽑아내지 못한다. 오히려 정반대다. 사람들의 고유한 경험과 기억, 독자적 가치와 지향을 담지 못하는 체제 전환은 가파르거나 흉측할 뿐이다. 갈등과 긴장이 따르기 마련이었다.

동·서독 지역 주민들이 서로에게 가진 편견을 보여주는 카툰. "퇴행적인 나치 오씨(동독인)!" "잘난 척하는 오만한 베씨(서독인)!"

　　동독이 서독으로 통합되는 과정에서 동·서독인들 사이에 상당한 긴장이 발생한 이유 중 하나는 통일 전 동독에 대한 서독인들의 인식이 너무도 부족했다는 사실이다. 하지만 그보다 더 큰 장애는 통일 뒤에도 서독인들이 동독인들의 오랜 경험과 고유한 삶의 방식을 전혀 알려 하지 않았고, 그것의 가치를 인정하지 않았다는 데 있다. 심지어 서독 지역 주민들에게는 오스탈기의 대립 현상인 베스탈기Westalgie(서독을 뜻하는 '베스트'와 '노스탈기'의 합성어)가 나타나기도 했다. 이 용어는 서독인들이 통일 후 가지게 된 감정 상태를 표현한 것이다. 통일로 인한 부담과 통일 후 위기에 직면해 서독 시절이 더 나았다고 이상화하고 갈망하는 현상이었다.

　　그에 비해 동독인들은 오히려 통일 뒤에 비로소 자신들의 삶에 대해 자유롭고 적극적으로 이야기할 수 있었다. 다시 말해 동독 지역 주민들은 공산주의 지배의 오랜 억압으로부터 벗어나서 통일 후에야 비로소 자유롭게 자신의 삶의 경험과 기억에 대해 말하고 소통할 수 있었다. 동독인들은 그 낯선 자유가 아주 소중했고 그 자유를 마음껏 이용하고 싶었다. 그런데 동독인들이 어렵게 확보한, 그 자유롭고 독자적인 경험과 기억 이야기는 서독인들의 무관심과 냉대에 부딪혔고, 이에 대한 반발로 더 강력한 집단 정체성을 만들어갈 수밖에 없었다.

주민들 스스로 만들어낸 아래로부터의 동독 정체성은, 한편으로 공산주의 동독 시절에는 상상하지도 못한 것이었고, 다른 한편으로는 통일 뒤 동·서독인들이 분단국가의 정체성을 넘어 통일 독일의 민족 정체성으로 결속할 것이라는 순진한 기대를 거스르는 것이었다. 흥미롭게도 동독 정체성은 동독이라는 국가가 사라진 뒤에야 비로소 탄생했고, 통일 뒤 단일한 독일 국민이라는 '상상의 공동체'를 창출하고자 했던 위로부터의 시도를 가볍게 비켜가며 화려하게 등장했다. 분단 시기 동독 공산주의 지배자들이 통일 강령을 지우며 그토록 창출하기를 원했던 '동독 정체성'이 통일 후 오히려 아래로부터 생성되었다.

'동독 고유의 업적과 성과'에 대해 긍정적 의미를 부여하려는 움직임이 곧장 특정 정치 지향이나 진영 선택으로 귀결되지는 않았다. 그러한 움직임이 서독인들의 오만과 이기주의, 표피적이고 형식적인 인간관계, 그리고 소외된 물질주의적 삶의 방식에 대해서는 비판적으로 거리를 두는 것을 의미했으나, 자유주의적 합의민주주의, 국제적이고 개방적인 시민문화와 사회적 시장경제에 대한 거부는 주변적 현상에 불과했다. 아울러 특정 지향의 정당 지지나 단일한 형식의 사회 저항으로 결집되지도 않았다.

물론 얼핏 오스탈기와 동독 정체성은 내적 통일의 장애물로 비치기도 한다. 하지만 유심히 보면, 그것은 통일 뒤 동독 지역의 사회적 위기와 생애사적 굴곡 속에서 자기 위로와 확인을 통한 동독인들의 사회적 결속 과정이다. 통일 독일 내에서 사회의 이질성을 촉진하거나 분열을 옹호하는 게 아니기 때문이다. 옛 동독 공산주의 정권을 변호하거나 사회주의 체제 시절의 억압과 통제를 정당화하는 것도 아니며, 현존 민주주의 체제에 도전하거나 서독인들에 대해 배타적 적대성을 조장하는 것과도 무관하다. 그것은 과거의 긍정적 경험과 기억을 끌어내 현재의 집단적 자의식을 강화하며, 고유한 자기 인지와 해석을 통해 정치공동체에서 정당한 자리를 찾으려는 움직임이다.

오스탈기가 특정 정치집단이나 사회세력과 연결되거나 또는 그들에 의해 악용되거나 이데올로기화해 투쟁 도구가 된다면 위험하다. 통일 후 독일 민주주의를 거부하는 움직임으로 이어질 수 있기 때문이다. 그러나 오스탈기는 공산주의 체제의 특정 인물이나 그 시절 사회체제의 부활을 옹호하는 것으로 이어지지 않았다.

20세기 후반과 21세기 전반 동유럽 전역에서 노스탤지어 현상이 등장했다. 보편적 현상이지만 두 종류가 있다. 스베틀라나 보임 Svetlana Boym의 분석에 따르면, 복고적retroactive 노스탤지어와 성찰적 reflective 노스탤지어다. 오스탈기는 후자에 해당한다. 오스탈기는 정치적 힘이라기보다 문화적 현상이고, 공격적 움직임이 아니라 방어적 성격을 띠기 때문이다. 성찰적 노스탤지어는 과거를 마냥 이상화하지 않는다. 현재를 성찰하는 동시에 과거에서 의미 있는 기억과 경험을 끌어올려 자신의 존재 의미를 찾는 현상이 오스탈기다.

일상과 경험은 역사의 각주가 아니다

오스탈기를 통해 우리는 통일을 법·제도나 사회·경제체제의 통합 또는 이식의 문제로만 바라보지 않는 관점의 중요성을 확인한다. 구체적 삶의 공간에서 사람들이 고유하게 발전시키고 해석하며 확산시킨 기억과 경험을 하찮은 것으로 볼 수가 없다. 통일은 화려한 공식 정치 무대에서 양복 입은 중년의 신사들이 모여 서명하는 행위의 차원을 훌쩍 넘어서는 일이다. 통일은 다양한 사회 구성원들이 자신들의 경험과 기억, 가치와 지향에 대해 더 많이 이야기하고 삶의 자락들을 서로 연결하고 소통하는 일을 포함한다. 아울러 동독의 오스탈기 현상은, 어떤 정치적 결정이나 과정의 경우든, 자유선거나 의회 연단이 빚어내는 민주적 공정성을 높이 평가하되, 거리와 시장에서 일어나는 아우성과 카페와 술집에서 퍼져가는 웅성거림에 귀를 기울일 줄 알아야 함을 웅변한다.

결국 삶의 현장과 몸의 요구에 뿌리박고 기억과 경험이 녹아 있는 내적 변화가 아니라면, 어떤 개혁과 전환도 그저 횡포이고 허세일 뿐이다. 그러한 개혁과 전환은 살아 움직이는 역동적 삶을 항상 비켜가며 끝내 되치기를 당한다. 일상문화와 경험의 세계는 정치사의 각주나, 구조사의 후주로 끝나지 않는다. 한반도의 분단 극복도 그럴 것이다.

유럽연합에게 기회를!
― 브렉시트와 유럽의 위기

유럽인이었던 영국인들

불가리아 중서부에는 톰슨Томпсън 마을이 있다. 수도 소피아에서 멀지 않지만 발칸산맥 자락에 놓인 작은 시골이다. 마을 이름은 한 영국인에게서 왔다. 그는 영국 햄프셔주의 명문 고등학교인 윈체스터칼리지를 다녔고, 1938년 옥스퍼드대학교에 입학했다. 일찍부터 명민했고 다방면으로 탁월해 엘리트로의 입신이 보장된 듯했다. 하지만 그는 무엇보다 자유와 해방의 신념에 불탄 '정치적 인간'이었다. 대학에 들어가자마자 그는 영국 공산당에 입당했다.

　톰슨은 이데올로기가 앞서기보다는 정의감에 불탔기에 1939년 독·소 불가침조약에 따라 영국 공산당이 전쟁에서 중립을 지키는 것을 받아들일 수 없었다. 그는 반파시즘 전선에서 민주주의를 지키기 위해 영국군에 입대했다. 장교 훈련을 마친 톰슨은 북아프리카와 시리아, 이라크 등지에서 복무했고, 1944년 1월 특수부대 소령으로 불가리아 반파시즘 게릴라 부대와 접촉하기 위해 전우 3명과 함께 마케도니아로 파견됐다. 아니, 자원했다고 한다. 세르비아와 불가리

1944년 불가리아에서 반파시즘 게릴라 활동을 하다가 체포돼 처형당한 영국인 프랭크 톰슨. 영국의 저명한 역사가 E. P. 톰슨의 형이기도 하다.

아에서 활약하던 그는 5월 불가리아 정부군에 맞서 싸우다 체포돼 처형됐다. 당시 24세였다.

프랭크 톰슨Frank Thompson (1920~1944) 소령은 20세기 가장 탁월한 역사가로 꼽히는 E. P. 톰슨의 형이다. 동생은 형에게 두 권의 책을 바쳤을 뿐만 아니라, 냉전 시기 동·서 유럽을 가로지르는 평화운동에 뛰어들어 형의 유지를 이었다. 전후 불가리아 공산당 정부는 프랭크 톰슨을 기려 인근 마을들을 합쳐 '톰슨'이라 불렀고 기차역 이름도 톰슨 소령역으로 고쳤다.

자유와 해방의 이상은 엘리트 청년들에게만 머물지 않았다. 20세기 전반 영국 노동자들도 민주주의와 정의를 위해 유럽으로 뛰어들었다. 톰 하월 존스Tom Howell Jones(1901~1938)는 웨일스 에버데어 출신의 광부였다. 그는 영국 노동자 특유의 자의식 넘치는 문화 속에서 독서와 토론으로 세계를 익혔고 시야를 넓혔다. 영국 공산당 당원이던 그는 심지어 괴테와 헤겔과 마르크스를 더 잘 이해하기 위해 독일어를 배웠다.

1936년 9월 '대륙'에서 '또' 파시스트들이 준동한다는 소식을 듣고 그는 '안락한 섬'에서 가만히 있을 수가 없었다. 웨일스 지역의 동료 노동자들과 함께 스페인으로 들어갔다. 1936년부터 1939년까지 극우 파시즘을 막고 민주주의 공화국을 지키기 위해 50여 개 나

5장 유럽연합에게 기회를!

스페인 내전에 참여해 파시즘에 맞서 싸운 웨일스 출신의 광부들.

라에서 온 4만 명의 의용군이 스페인 내전에 뛰어들었다. 영국 자원
병도 2400명이 넘었는데, 대부분은 존스처럼 하층 노동자였다. 특
히 공장 노동자나 광부로서 노동조합을 통해 민주주의를 익히고 조
직활동 경험을 쌓은 이들이 그 중심이었다. 존스는 1937년 11월부
터 프랑코 군대에 맞서 싸우다 1938년 8월 25일 에브로강 전투에서
적의 포격에 맞아 전사했다. 당시 그는 37세였다. 스페인의 민주주
의를 지키기 위해 맨몸으로 달려온 영국 노동자들 중 절반은 그렇게
유럽 파시즘의 먹구름과 핏빛 하늘을 덮은 채 잠들었다.

옥스퍼드 대학생 톰슨과 웨일스 광부 존스는 모두 영국인이면서
유럽인이었다. 유럽을 야만으로부터 지키는 것이 '사랑하는 조국'

영국을 위한 일이고, '멋진 영국인'이라면 응당 재난에 빠진 유럽을 구하기 위해 나서야 한다는 사명을 가졌다. 그들은 영국인의 자존심과 유럽인의 자의식을 함께 가졌다. 영국을 사랑하던 그들은 모두 "유럽을 조국"으로 갖기를 원했다.

전쟁에서 살아남은 또 다른 두 영국인도 종전 직후 '하나의 유럽'을 웅대하게 제안했다. 톰슨이나 존스와 달리 그들은 철저히 공산주의를 비판했는데, 서로 다른 방향에서였다. 먼저 영국의 전쟁 영웅이자 보수당 지도자인 윈스턴 처칠Winston Churchill(1874~1965)은 영국 애국주의가 어떻게 유럽 통합의 투철한 옹호와 결합할 수 있는지를 극명하게 드러냈다. 1946년 스위스 취리히대학교의 연설에서 처칠은 자유세계의 전위로 '유럽합중국'United States of Europe을 건설하자고 유럽 정치 무대에서 처음으로 공식 제기했다. 영국 영웅이 유럽 통합 건설의 선구자가 되는 위용을 보였다.

조지 오웰George Orwell(1903~1950)도 처칠만큼 '영국적인 것'(영국

처칠은 1946년 취리히대학교 연설에서 '유럽합중국' 건설을 주장하며 유럽 통합 문제를 제기했다.

음식도!)을 사랑했고 마찬가지로 유럽합중국의 이상을 옹호했다. 처칠이 그랬듯이, 오웰도 2차 세계대전으로 유럽과 영국이 긴밀히 결합됐고 서로 존중할 수 있게 되었다고 강조했다. 하지만 사회주의자였던 오웰은 1947년 「유럽의 단결을 위해」라는 글에서 돈과 권력이 지배하는 것이 아니라 모든 사람이 자유롭고 행복할 수 있을 때만 문명이 살아남을 수 있다고 말했다. 그리고 그 자유와 문명은 유럽 정치공동체에서만 가능하다고 보았다.

영국과 유럽연합

구상과 제안만이 아니라 모색과 실천에서도 런던은 유럽 통합의 발원지였다. 런던은 나치 독일에 쫓긴 유럽인들의 가장 중요한 피난처였다. 다양한 국적과 굴곡진 생애를 가진 유럽인들이 바로 그곳에서 유럽 통합의 계획과 합의를 만들어갔다. 1944년 9월 5일 벨기에와 네덜란드와 룩셈부르크가 관세와 경제와 통화와 관련한 예비 협약을 맺은 곳도 바로 런던이었다.

　물론 1950년대 막상 서유럽 국가들이 통합 유럽 기구들을 창설하자 영국인들은 주저했다. 유럽 정치경제 통합의 첫 단계였던 유럽석탄철강공동체ECSC(European Coal and Steel Community) 결성 조약에는 프랑스, 서독, 이탈리아, 벨기에, 네덜란드, 룩셈부르크만이 참여했다. 1952년 7월 23일 조약이 발효됨으로써 초국가적인 '6자 유럽'이 생겨났다. 1957년 유럽경제공동체EEC(European Economic Community)와 1967년 유럽공동체EC(European Community)가 결성되었을 때도 영국은 바깥에 머물렀다. 당시 영국 정부는 유럽경제공동체에 가입하지 않았던 서유럽 국가들을 모아 소규모 자유무역지대, 즉 유럽자유무역연합EFTA(European Free Trade Association)을 결성했다. 유럽자유무역연합은 1960년 5월 3일부터 효력을 발휘했는데 영국 외에 덴마크, 스웨덴, 노르웨이, 오스트리아, 스위스, 포르투갈이 회원국으로 참여했다. 1972년에야 영국 하원은 유럽공동체 가입을 가까스로 승인했는데, 기존 회원국들과의 협상 과정도 쉽지 않았고 영국 내 반발을 무마하는 것도 간단치 않았다. 경제 이익의 조정과 정치 주권의 활용 여부가 항상 문제였다. 다만 영국은 영국인의 자의식을 유지하면서도 유럽의 일원임을 부정하지 않았다.

1980년대 보수당 소속의 마거릿 대처 총리는 "모든 악은 대륙으로부터 나오고 해결책은 영국이 제시한다"라고 폼을 잡았다. 영국의 과한 자의식은 늘 볼썽사나웠지만, 유럽인들은 파시즘과 공산주의로부터 유럽대륙을 지키는 데 영국이 수행한 역할을 인정하며 그런 거들먹거림을 참아냈다. 게다가 1990년대 후반 유럽연합이 협력을 강화하기 위해 제도를 확대하고 정비했을 때, 영국은 능동적인 주체였다. 1997년 5월 영국 총리로 등장한 토니 블레어가 현실주의 유럽정책을 추진하면서 영국은 유럽연합 발전의 한 축이 되었다. 특히 유럽 공동의 안보외교정책 논의에서 영국은 우려와 달리 독자적인 입장을 강력히 내세우지 않았다.

그렇지만 최근 유럽연합의 내외적 문제가 한꺼번에 터지면서 주요 국가들 사이의 이익과 입장의 차이는 좁혀지지 않았다. 급기야 2016년 6월 23일 영국은 국민투표를 통해 '브렉시트'Brexit(Britain Exit)를 결정했다. 영국의 유럽연합 탈퇴 결정은 진작부터 쌓이기 시

유럽연합 탈퇴를 지지하는 영국인들의 모습(위).
한편 탈퇴 결정 이후 유럽연합 잔류를 주장하는 대규모 시위가 벌어졌다(아래). ⓒAP, ⓒAFP

작한 유럽연합의 위기를 가중시켰다. 영국과 유럽이 서로 어떤 길을 갈지는 여전히 안갯속이다. 유럽연합 비회원국인 유럽 국가들, 즉 스위스와 노르웨이 등이 앞서 존재하고 있으니 영국의 유럽연합 탈퇴를 영국의 탈유럽화로 이해할 필요는 없다. 문제는 영국이 아니라 유럽연합EU이다. 브렉시트가 실현되면 영국은 경제와 금융 영역에서 심각한 타격을 받겠지만 영국 고유의 자생력과 회복력을 지켜보면 된다. 어쨌든 영국은 '섬'이다. 하지만 유럽연합은 험난한 위기 상황을 맞았다.

유럽연합을 추진한 이유

유럽연합은 위기와 위기 극복의 역사였다. 유럽연합의 질긴 생명력은 국민국가의 결합과 전통적 국제질서의 한계에 대한 집단적 자각에서 비롯됐다. 처음에 유럽연합은 신자유주의와 무관했고 특정 이데올로기의 산물도 아니었다. 아울러 망상적 이상을 좇거나 일시적 전망을 공유한 결과가 아니라, 유럽 국민국가들의 현실정치와 실용주의의 귀결이었다. 1992년 마스트리히트 조약으로 유럽연합이 틀을 갖추며 회원 가입의 문을 열었을 때, 유럽연합은 20세기 후반 인류사의 가장 큰 성과로 평가받았다.

유럽통합사 최고 전문가인 독일 역사학자 빌프리트 로트Wilfried Loth에 따르면, 유럽 통합의 추진력은 네 가지였다.

첫째, 전통적인 국가 간 협약이나 협력으로는 평화가 보장될 가능성이 없다는 통찰이다. 양차 세계대전의 경험으로 개별 국가 사이

유럽연합이 틀을 갖추며 회원 가입의 문을 여는 계기가 된 1992년 마스트리히트 조약.

의 협약으로는 유럽의 평화를 구현하기 어렵고 범유럽 차원의 정치 공동체만이 유일한 대안이라는 사실에 유럽 정치가들의 견해가 일치했다. 유럽의 집단적 평화 열망과 지향이 2차 세계대전 중 망명과 저항운동으로부터 발생하기 시작한 유럽 통합 운동의 가장 결정적인 추진력이었다.

둘째, 독일 문제의 해결에 대한 열망이다. 20세기 전반기 독일은 세계 열강이 되기에는 이미 늦고 작았지만, 유럽 열강의 하나로 만족하기에는 너무 크고 강했다. 독일의 유럽 내 지정학적 모순 상황을 권력국가 추진이나 패권정치 방식으로 해결하려니 전쟁과 동맹 또는 적대와 분할이 불가피했다. 독일이 유럽의 유일 패권국으로 팽창하지 않으면서도 고립이나 봉쇄의 두려움을 극복하도록 유럽의 국제정치 질서가 새롭게 만들어져야 했다. 유럽의 단일 정치공동체가 바로 그 답이었다. 독일에 대한 두려움이 오히려 독일을 포함하되 억제하는 유럽 프로젝트로 발전했다. 1990년 독일 통일은 유럽 통합의 흐름 속에서만 국제적 승인을 받을 수 있었다. 전후 독일 또한 나치의 파국 경험으로 '독일적 유럽'이 아니라 '유럽적 독일'이 살 길임을 잘 알았다.

셋째, 유럽 각국은 시장 규모가 너무 작기 때문에 국민국가의 장벽을 유지하면 생산력의 확장을 기대할 수 없다. 산업을 유지하려면 시장을 확대할 필요가 있었다. 더구나 2차 세계대전 시기에 유럽은 국가의 모든 자원을 파괴와 살상에 쏟으면서 세계시장에서 영향력을 급격히 잃었다. 손실은 막대했고 자력으로는 회복이 불가능했다. 서유럽은 미국의 도움을 받았지만 곧 미국의 들러리로 전락할 수밖에 없었다. 경제 이익의 관점에서 보더라도 유럽 통합은 필수적이었다. 유럽연합은 역내 자유로운 이동과 교역으로 28개국 5억 명이 넘는 세계 최대 단일시장을 만들었다.

마지막으로 미국이나 소련(러시아) 같은 세계 열강들 속에서 유럽은 고유한 이익을 유지하고 관철할 필요가 있었다. 전후 국제정치 무대에서 유럽은 하나가 되어야만 지위와 영향력을 발휘할 수 있었다. 유럽 통합은 두 주요 전승국에게 일방적으로 종속되지 않기 위해서도 필요한 선택이었다. 게다가 아랍의 산유국이나 일본 또는 최근 중국과 인도 등 신흥 강국들과의 경쟁에서 살아남기 위해서라도 유럽은 하나의 정치공동체가 되어야 했다. 요컨대 유럽연합은 정치와 경제 이익을 위한 공동체이자 유럽평화를 위한 프로젝트였다.

유럽연합의 새로운 위기

2012년 10월 12일 노르웨이 노벨위원회는 유럽연합을 노벨평화상 수상자로 발표해 세상을 놀라게 했다. 비판을 넘어 조소가 터졌다. 이미 유럽연합은 유로화 위기에 빠졌고 회원국들 간 격차와 불평등이 심해 미래가 순탄치 않을 것임이 드러났기 때문이다. 범례대로, 상은 "그동안 잘해서가 아니라 앞으로 잘하라고 주는" 것이라며 대충 넘어갔다.

유럽연합이 이룬 성취에 인색할 수는 없다. 노르웨이 노벨위원회는 유럽연합이 지난 60년 동안 유럽의 평화와 발전에 공헌했다며 그 성과를 열거했다. 프랑스와 독일의 화해와 결속, 그리스·스페인·포르투갈 등 남유럽의 민주주의 발전, 공산주의 붕괴 뒤 중동부 유럽의 통합, 발칸 지역의 평화 정착 지원과 가입 예정국인 터키의 인권과 민주주의 증진 등. 노벨위원회는 유럽 통합의 역사는 항상 위기를 겪었지만 종국에는 성공의 역사였음을 강조한 뒤 유럽인들에게 그 성공을 쉽게 포기하지 말 것을 호소했다. 참고로 노르웨이는 유럽연합 회원국이 아니다.

호소는 공허했고 현실은 냉혹했다. 현재 유럽연합이 맞이한 위기는 과거의 위기와 다르다. 위기에 위기가 중첩되었으며, 전망은 혼미하다. 유로화 위기, 동남부 회원국들의 국가 부채와 생산성 위기, 실업 증대와 불평등 심화, 포퓰리즘 득세와 브렉시트 등의 내우內憂와 미국과의 무역 갈등, 우크라이나를 둘러싼 러시아와의 안보 위기, 테러리즘 위협, 아랍과 아프리카 난민 문제 등의 외환外患은 유럽연합의 심장을 옥죈다. 유럽연합이 당장 쓰러질 것으로 보이지

유럽연합의 집행기관인 유럽위원회European Commission 본부. 벨기에 브뤼셀 소재.

는 않는다. 국민국가 지역 질서의 결함과 문제를 극복하기 위해 만
들어진 초민족 정치공동체 프로젝트가 좌초해 '재민족화' 시대로 회
귀할 가능성은 크지 않다. 민족 간 경계를 넘는 서로 연결된 삶과 초
민족적 협력을 통해 얻는 이익 때문에라도 유럽 시민들은 다시 과거
로 돌아갈 수 없다.

　국민국가 질서로 돌아가지 않는다고 해서 문제가 해결되는 것
은 아니다. 앞으로 나아가지도 못하고 뒤로 물러서지도 못하는 교
착 상태도 심각한 위기다. 유럽연합은 회원국 시민들의 불만과 불
안을 해결할 수 있어야 한다. 유럽 시민들의 참여와 동의 없이 엘리
트 정치가들이 일방적으로 이끈 제도 확대와 신자유주의 경제자유
화에 대한 비판이 거세다. 브뤼셀의 유럽연합 정치는 사실 기술관
료제technocracy의 전형이다. 현재의 결정 구조와 운영 방식을 그대로

둔 채 유럽연합을 개혁하기는 어렵다. 독일 사회학자 볼프강 슈트렉Wolfgang Streeck의 경고처럼, 유럽연합이 민주주의의 거점인 국민국가를 헌신짝처럼 버린 상태에서 계속 전진하면 유럽의 분열이라는 재앙이 닥쳐올지도 모른다. 유럽연합은 사실 1980년대 후반부터 신자유주의의 대리 기구이자 전문 관료 엘리트들의 난장으로 변질되었다. 그럼에도 어떤 제어장치나 수정의 흐름이 생겨나지 못했던 것도 성찰의 대상이다. 최근에야 비로소 인민 주권과 시민의 자기결정권을 되살려, 유럽연합 내 아래로부터의 민주주의를 강화하는 방법이 다양하게 논의되고 있다.

브뤼셀 관료주의의 퇴행과 장벽을 넘는 민주적 의사결정의 확대가 의미 있는 방안이 될 수도 있겠지만, 정치·경제·재정 상황과 이익에 대한 유럽 각국들의 인식 차이는 쉽게 조정되기 어렵다. 게다가 하나의 유럽 정체성을 말하기에는 최근 역사에 대한 기억과 경험이 너무 다르다. 이질성과 차이가 폭발적으로 발현되고 브뤼셀에서 비민주적 결정들이 연속되면서 유럽 전역에서 애초 감정공동체이자 '사랑의 대상'이던 유럽이 점차 사라졌다. 20세기 내내 유럽은 고통과 절망에 빠진 유럽인들에게 희망의 원천이자 갈망의 대상이었다. 20세기 유럽인들처럼 21세기에 그렇게 유럽을 갈망하는 이들은 따로 있다. 아랍과 아프리카 지역 난민들이다. 그런데 유럽을 생존의 지렛대나 희망의 북극성으로 삼아 목숨을 걸고 넘어오는 난민들의 수용 문제를 놓고 유럽연합은 다시 찢어졌다. 유럽을 갈망하는 사람들 때문에 유럽이 냉혹한 역사의 시험대에 서게 된 것은 아이러니다. '유럽'은 정치공동체의 규범이나 경제공동체의 이익 이전에 억압과 갈등을 극복할 추진력이었는데, 이제 유럽은 그 추진력을 잃어버렸다.

유럽연합의 새 길

외길이다. 유럽연합이 애초 평화 프로젝트였음을 기억하는 것이 중요하다. 최근 독일은 막강한 경제력으로 모두의 주목을 받았다. 하지만 독일이 헤게모니 세력으로 유럽연합이라는 평화 프로젝트를 이끌어갈 수 있을지는 의문이다. 전후 유럽은 독일과 프랑스의 세력 균형과 조정 협상으로 안정을 찾았다. 이제 독일이 유일한 권력자다. 하지만 권력을 가졌다고 곧 헤게모니를 쥐는 것은 아니다. 헤게모니 국가는 안정을 위한 책임을 떠맡아야 한다. 일시적인 불이익도 감수하고 전체를 보는 눈과 장기적인 관점을 가질 수 있어야 한다. 독일 정부는 그렇게 하지 못했다. 그리스의 재정위기에서 독일은 자신의 방침을 관철했다. 하지만 긴축재정을 요구하며 주민들의 희생을 강요해 그리스를 포함한 여타 국가들의 반감만 샀다. 자신의 관점에서만 보아서는 안 되고 유럽연합 내 여러 빈국들의 상황을 고려하고 그들의 관점에서 문제를 볼 줄 알아야 헤게모니 국가로서 평화 프로젝트를 구현할 수 있다. 독일 주도의 유럽연합이 재분배를 감당하고 불평등을 해결할 만한 권능이나 의지를 갖지 못하고 신자유주의 경제 논리에 갇혀 있는 한 유럽의 분열은 더욱 다층적으로 진행될 것이 뻔하다.

탄식에도 불구하고 유럽연합의 역사는 우리를 비관에 갇히게 내버려두지 않는다. 유럽 평화정치가들의 실용적이고 끈질긴 협상 정치가 갖는 무게 때문이다. 역사는 폭우가 쏟아지는 현실을 탓하거나 무지갯빛 미래를 상상하는 능력보다는 진흙탕 현실에서 어떡하든 해결의 실마리를 찾아내는 끈기가 더 중요했음을 드러냈다. 유럽이 지녀야 할 정치규범에 대한 호소나 초국가 공동체 발전의 당위 옹호 또는 위로부터의 인위적인 '유럽 정체성' 강화 시도가 아니라, 유럽 대륙에 현실로 존재하는 여러 불평등과 차이와 균열들을 줄이고 메우고 다듬는 조정의 정치가 다시 필요하다. 성급히 '더 많은 유럽'을 위해 새로운 규정을 만들 일이 아니다. 치밀히 '더 많은 민주주의'를 도입해 유럽연합의 새 길을 찾아야 한다.

21세기 유럽연합은 새로운 종류의 혼미와 선전·선동에 직면해 있다. 현실의 불만과 미래의 불안을 다른 집단에 대한 적대와 혐오로 손쉽게 바꿔치기하는 포퓰리즘 선동가들에 대한 경계는 어디든, 즉 '국민국가들 간 다양한 협력 연합의 플랫폼'에서든 아니면 더 긴밀하게 결합된 '유럽연방공화국'으로의 길에서든 유럽 인민의 의무다. 선동가들은 정치 지도자들이 우물쭈물할 때를 놓치지 않기 때문이다. 유럽연합은 한계가 없지 않지만 20세기 인류의 가장 의미 있는 성공작이었다. 유럽연합은 전쟁과 냉전과 독재를 겪은 성찰의 결과이기도 하지만, 평화와 화해와 조정의 필요가 낳은 성과이기도 하다.

이제 다시 그것을 보여줄 차례다. 무기를 독점한 깡패집단에 다름없던 국민국가를 민주주의와 복지사회로 만드는 데도 150년에서 200년이 걸렸다. 유럽의 초민족 정치공동체가 신자유주의의 대리기구를 벗어나 새롭게 민주주의 거점이 되기까지는 시간과 노력이 더 필요해 보인다. 언젠가 유럽연합이 그렇게 버젓해지면, 불가리아의 톰슨 마을과 스페인 에브로강으로 역사답사와 휴가여행을 떠나는 영국인들을 다시 볼 수 있을지 모른다.

5부

기억과 전승

1장   역사교육 무엇이 문제이고 어째서 중요한가
― 정치권력의 역사 유린과 '그 후'의 성찰

밀의 경고

정치권력의 역사 악용은 분석되기 전에 이미 예언되었다. 20세기와 21세기에 벌어질 권력의 역사교육 유린은 19세기에 충분히 경고되었다. 19세기 자유주의는 정치적 한계와 사상적 제약에도 불구하고 진보의 의미가 작지 않다. 학문과 교육의 자유를 부각했다는 점이 그중 하나다. 19세기 내내 노동자를 비롯한 하층계급은 교육받을 기회가 적었고 조건이 열악했다. 여성들은 이성적 사유 능력을 인정받지 못해 국민국가의 교육제도에 아직 진입하지 못했다. 그런 한계가 있었음에도 19세기 자유주의 지식인들은 학문의 자유와 교육의 자율을 옹호하며 국가의 횡포나 권력 개입의 위험성을 알렸다.

> 국가가 나서서 교육을 일괄 통제하는 것은 사람들을 똑같은 하나의 틀에 맞춰서 길러내려는 방편에 불과하다. 국가가 교육을 통해 효과적으로 그리고 성공적으로 사람들을 그 틀 안에 집어넣으면 넣을수록 국가 최고 권력자들의 기쁨은 커

진다. 그 결과 권력이 사람들의 정신을 장악하고 그 자연스러운 귀결로서 신체까지 지배하게 된다.

1859년 영국의 근대 사상가 존 스튜어트 밀John Stuart Mill(1806~1873)은 『자유론』에서 국가가 권력을 통해 시민의 생각을 특정 방향으로 유도하거나 강제해서는 안 된다고 강조했다. 밀은 국가가 시민들 스스로 견해와 입장을 가질 수 있도록 제도를 통해 도와야지 직접 내용을 규정하거나 통제해서는 안 된다고 경고한 것이다.

19세기 후반 유럽과 북미에서 국민국가의 교육제도가 정비되었을 때, 국정 교과서는 존재하지 않았다. 지역과 도시별로 다양한 수업 교재가 활용되었다. 이는 국민국가의 교육이 민족주의 통합 이데올로기로부터 벗어나 있었다는 말이 아니다. 오히려 정반대다. 특히 역사교육은 국민국가의 정당성을 강화하는 도구였다. 밀의 지적은 결국 20세기를 위한 예언이 되었지만 당대의 현실에 대한 비판이었다. 그럼에도 20세기 초엽이 되도록 국가가 단일 교과서를 만들거나 획일적인 교과 과정으로 "사람들을 똑같은 하나의 틀에 맞춰서 길러내는" 역사교육을 도입하지는 않았다.

파시즘이 그것을 돌파했다. 1920년대 이탈리아 파시즘은 권력을 장악한 뒤 교육, 특히 사회와 역사 수업 교재를 통제하기 시작했다. 이탈리아 파시스트들은 초등학교부터 고등학교까지 모든 공교육 기관을 장악하여 6~21세 청소년들을 당의 방계 조직으로 묶었다. 아울러 파시스트 교사연합을 조직한 뒤 교육 과정을 전면 통제했으며 국정 단일 교과서 제도를 채택했다. 역사교과서는 단연 맨 앞자리에 섰다.

　　　　1장 역사교육 무엇이 문제이고 어째서 중요한가

독일의 나치는 1933년 1월 말 권력을 잡은 뒤 이미 5월에 '국민교육' 지침서를 학교 현장에 내려보냈다. 이번에도 가장 먼저 역사 과목이 생물과 함께 나치의 칼끝에 섰다. 히틀러와 그의 부하들은 통합적인 민족정체성을 더욱 강화하고 인종주의를 주입하기 위해 독일인의 생물학적 우월성을 역사교육의 핵심으로 삼으라는 지시를 내렸다. 교사들은 기존 역사교과서의 상당 부분을 지운 채 사용해야 했다. 역사교육에 대한 정권의 지침과 교안이 무시로 학교 현장에 전달되었다. 나치 지배자와 교과서 집필자들은 아리아 인종의 우수성을 부각하고 독일인 영웅들을 신화화했다. 억압적 지배는 정당화되었고 총력전을 위한 정신적 준비에 박차를 가했다. 권력의 요구를 따르는 신종 역사교과서들이 경쟁적으로 출간되었다. 하지만 나치 시기에도 단일한 국정 역사교과서가 도입되지는 못했다. 1939년에 이르러서야 각 지역 역사를 반영한 여러 판본의 '검정' 교과서가 발간되는 데 그쳤다. 다만 나치는 집권 초기부터 극우 민족주의와 인종주의 역사의식을 강화하기 위해 유대인 출신이거나 비판적인 역사교사들을 학교에서 쫓아냈다. 그리고 나치교사동맹이 정치권력의 역사 악용을 돕는 적극적인 행위자로 등장했다.

파시즘의 무덤에서 공산주의자들이 유골을 꺼냈고 도처에서 독재자들이 깃대로 세웠다. 20세기 후반 공산주의 국가들과 여타 독재 국가에서 역사교과서는 국민을 통제하는 핵심 수단이 되었다. 좌든 우든 억압적 지배를 관철하는 데 공포 외에 훈육 체계의 정비가 긴요했기 때문이다. 국가와 민족을 위한 통합 정체성이 역사교육의 목표로 나부꼈다. 현실의 불만을 숨기고 미래의 전망을 막으려는 자들은 정통의 과거를 미화하고 지배의 전통을 정당화하기를 포기하지

나치 시기의 독일 역사교과서 『독일인의 민족 형성』(왼쪽)과 『민족과 지도자』. 나치조차도 단일한 국정 역사교과서를 도입하지는 못했다.

않는다.

기억투쟁이 아니라 지적 테러

박근혜 정부의 역사교과서 국정화 추진은 저항에 부딪혀 소극으로 끝났다. 하지만 한국의 극우세력은 도섭을 부려 재차 역사교육을 공격할 것이다. 역사 인식의 다양한 쟁점을 둘러싸고 진보와 보수 사이에 심각한 이견이 존재하기 때문이 아니다. 또는 단순히 그들의 정치 신념이 특정 역사 인식과 깊이 연루되어 있기 때문만은 아니다. 무엇보다도 그들의 인식 전제가 매우 위험한데, 그들 나름으로

1장 역사교육 무엇이 문제이고 어째서 중요한가

박근혜 정부의 역사교과서 국정화 추진에 저항하기 위해 거리로 나온 역사학자와 교사들.

는 상황이 절박하기 때문이다.

2015년 가을 박근혜 정부와 여당이 역사교과서 국정화를 추진한 근본 이유는 '역사교육이 좌파들에게 장악되었다'는 평가에 있었다. 역사교육이 다양성을 존중해야 한다는 요구와 관련해서도, 국정화 지지 세력은 오히려 "한국의 역사학과 역사교육이 좌파들에게 독점, 장악되었기에 다양성이 침해되었다"라고 반격했다. 이를테면 서양사학자 출신인 이인호 KBS 전 이사장 같은 이들은 수년째 현 역사학계의 '주류' 전체를 '종북좌파'라고 낙인찍기를 일삼고 있다. 그는 과거 대학교수 시절의 낡고 협애한 경험에 갇혀 한국 역사학계가 북한을 추종하는 민중사관에 빠져 있다고 주장한다. 그는 자신의 제자들도 속해 있고 후학이기도 한 현재의 역사학 교수 전체를 종북좌파로 몰아가며 몰염치한 지적 테러에 앞장섰다.

역사학계의 현황을 조금이라도 아는 사람이라면 그 안에 다양한 관점과 방법론 및 서술상의 쟁점이 존재하는 것을 부정하지 못한다. 민중과 민족에 대한 관점도 상당히 달라 논쟁이 수차례 벌어졌다. 여성사와 젠더사, 일상사와 구술사 등이 역사학의 주요 연구 관점이자 서술 경향이 된 지도 좀 되었다. 분단과 냉전 이해에 초국가 역사와 세계사 지평이 열렸다. 이주민과 세대의 역사에도 관심이 높다. 세대가 다르고 시대가 변하니 연구 관점은 다양해지고 인식 지평은 그만큼 넓어졌다.

역사전문 학술지 『역사비평』은 2012년 가을 100호 특집에서 다양한 전공 분야의 역사학자 14명에게 7개 문항으로 된 '역사를 묻는다'라는 설문조사를 했다. 이를 통해 비판적 역사가들 사이에도 관점과 입장이 얼마나 다양한지를 엿볼 수 있었다. 뉴라이트 지식인들처럼 한국 역사학계가 하나의 낡은 급진적 관점에 매달려 단일한 정치집단처럼 결속돼 있다는 것은 마타도어matador다. 자유주의 사회에서 역사학계 전체를 '좌파'라고 낙인찍어 그 '존재'를 말살하려는 것은 세계사에 유례없는 지적 테러다.

테러의 다른 칼날은 국민을 향했다. 역사교과서 국정화는 권력이 전체 역사가들을 종북좌파로 몰면서 결국에는 국민 전체를 유아로 간주하기에 이르렀다. 박근혜 정부는 국정교과서를 통해 청소년과 국민이 '올바른 역사'로 훈육되어야 한다고 몽니를 부렸다. 영국 역사가 마이클 하워드Michael Howard의 말대로, "자유주의 사회는 국민을 책임감 있는 성인으로 대하지만 전체주의 사회는 그렇지 않다." 독재자들은 시민과 시민사회를 믿지 못하니 무균질의 '올바른 역사의식'을 '보육'해야 한다고 보았다. 하워드는 국가가 국민을 '보육원 역사'에 가두는 것을 비판하며 역사(가)의 역할은 국가의 신화에 도전해 그것을 타파하는 것이라고 말했다.

요컨대 역사교과서를 둘러싼 수년간의 갈등은 진보와 보수의 학문적 대결도 아니고 흔히 말하는 '기억투쟁'도 아니다. 그것은 역사학자들의 학문 성과에 대해 일부 극우(보수) 지식인들이 권력을 앞장세워 전개하는 정치적 린치에 가깝다. 그것은 민주주의적 다원주의 사회에서 이질적인 관점과 다양한 방법론이 낳은 연구 결과들이 정상적으로 경합하고 공정하게 경쟁하는 과정이 아니다. 뉴라이트 지식인들은 학문공동체에서 교차 토론하고 비판적으로 검토해 수정하고 보완하는 인식 절차를 건너뛰고 곧장 국가권력이나 선동 언론을 활용해 동원과 궐기에 매달린다. 또 역으로 '보수'를 참칭한 극우 정치인들은 소수 뉴라이트 지식인들을 내세워 지배의 정당화를 위한 담론과 서사를 유포한다. 결국 국정화 추진으로 이어진 교과서 논쟁은 진보와 보수 사이의 학문적 경합이나 해석상의 경쟁 대결이라기보다는 소수 퇴행적 지식인들이 권력을 내세워 학문공동체와 교육 현장에 가한 일종의 공포정치였다. 역사교과서 국정화 추진은 단순히 역사 인식의 다양성에 대한 억압을 넘어 역사학계의 연구 성과에 대한 전면 부정이자, 심지어 역사학계의 존재를 부정하는 행위에 다름 아니었다.

기억, 집단정체성 그리고 역사교육의 목표

기억은 역사를 보조하지만, 역사가 아니다. 기억은 역사 연구에 자극을 주지만 그것이 곧장 공동체의 역사의식이 될 순 없다. 기억은 강렬하고 구체적이지만 파편적이면서 뒤엉켜 있기 때문이다. 한국 사회의 일부 노년 세대는 자신들의 특별한 생애사적 출세 경험이나 이데올로기화한 집단기억을 다음 세대의 집단정체성으로 삼고자 한다. 역사교과서 국정화 추진은 노년 세대 중 가장 퇴행적인 집단들이 자신들의 주관적 기억과 왜곡된 경험을 어린 학생들에게 '정통 역사'로 주입하려는 정신적 가해였다.

우리 사회의 노년 세대 중 일부가 자신들을 '건국 세대' 또는 '근대화 공헌 세대'로 규정하며 국가에 대한 긍정적 역사 기억에 매달리는 것을 이해하지 못할 이유는 없다. 1945년 이후 파시즘과 식민화로부터 벗어난 많은 국가에서 초기 세대는 '폐허 속에서 국가를 만들고 국가의 발전에 기여한' 기억으로부터 벗어나기 쉽지 않다. 그들은 자신들의 생애사 기억을 '국가의 성공'이나 '민족의 광휘'와 일치시키고 싶은 욕망을 갖기 쉽다.

그 기억과 욕망은 학문적 분석과 소통의 대상이지 다음 세대에게 강제하고 주입할 근거가 될 수는 없다. 더구나 소수의 지배 엘리트들이 학문공동체를 부정하고 권력을 동원해 자신들의 주관적 기억과 해석을 공동체 전체의 역사의식이나 다음 세대를 위한 집단정체성으로 관철하는 것은 전체주의에서나 상상할 수 있다.

게다가 우리 사회에는 그런 종류의 긍정적 집단기억을 공유하기 어려운 사람들이 많다. 그렇다고 한국 현대사에 대해 무조건 부정적 집단기억을 가져야 한다는 말이 아니다. 거듭 말하지만 역사는 기억으로 축소되지 않는다. 역사교과서는 긍정적이든 부정적이든 특정 기억에만 사로잡힐 이유가 없다. 오히려 역사교육에서는 다양하고 이질적인 기억의 맥락과 근원을 드러내 그것을 이해하도록 가르치는 일이 중요하다. 역사와 역사교육은 특정 기억으로 환원되는 정치 정체성의 도구가 되어서는 안 된다. 그것은 기본적으로 사회 구성원들에게 자신의 삶이 놓여 있는 자락을 찾도록 돕는 것이다. 역사의 맥락과 자기 삶과의 연관관계를 이해함으로써 사회 구성원들은 비로소 현재를 밝히고 미래를 모색할 수 있기 때문이다. 심지어 '좋은 정체성', 즉 민주주의나 공화주의와 연결되는 정치 정체성도 다원주의 역사교육의 결과로 사후적으로 공동체에서 발현될 수 있는 것이지 역사교육의 전제로 삼는 것은 곤란하다. 정치적 집단정체성은 그만큼 조심스럽다.

뉴라이트 역사관 비판

역사교과서 국정화 추진 세력이 말한 '올바른 역사관'은 조지 오웰의 소설 『1984』의 빅브라더 국가 오세아니아가 내건 "전쟁은 평화, 자유는 속박, 무지는 힘"이라는 구호를 떠올리게 한다. 기괴한 개념과 용어로 현실과 역사를 뒤틀어버렸기 때문이다. 국정화 추진 세력이 대한민국의 '진리부'에 내걸고자 한 역사 구호는 '식민은 근대, 분단은 건국, 독재는 부국'이었다. 그들은 제국주의 억압과 폭력, 단일국가 건설의 실패로 인한 민족 분단과 전쟁 그리고 민주주의 압살과 불평등을 '근대-건국-부국'이라는 국가 발전의 서사로 덮어버렸다. 이를 통해 지배적 역사에 대한 긍정적 환상을 유포했다.

　그것은 정치공동체에 대한 시민들의 소박한 결속과 자연스러운 연대의식을 악용해 국가주의 신화로 끌어올리는 거대서사다. 그 서사 담론을 관철하기 위해 그들은 '국가의 성공과 영광을 부인할 테냐'며 공동체 전체를 협박한다. 한국 현대사의 여러 사건과 과정에 대한 그들의 위선과 변명, 허세와 궤변을 제외하더라도 성공 '신화'는 이미 역사가 아니다. 요동시遼東豕가 아니라면, 우리 사회가 지난 세기 동안 일정 영역에서 역사적 성취를 이루었다는 것을 부정할 이유가 없다. 다행이고 대견하다. 하지만 파국과 비극을 잊어선 안 된다. 불행하고 참담한 역사와 현실을 축소하거나 누락시키고 그저 '성공'이라고 자랑하며 '영광'의 깃발을 흔들어대는 것은 경박하고 기만적이다.

역사는 성공과 실패로 딱 나눌 수가 없다. 역사의 흐름과 과정이 다층적이고 복합적이기 때문이다. 혼재 상황과 역설 국면에 놓이는 경우가 잦기 때문이다. 성공과 실패의 평가 기준을 정하기가 어렵기 때문이다. 이를테면 신라나 발해, 고려나 조선은 성공한 역사인가, 아니면 그저 실패한 역사인가? 일본 현대사는 성공일까? 폴란드 현대사는 실패인가? 행복지수가 높다는 덴마크와 부탄은 모두 성공한 역사인가? 1945년 이후 베트남과 중국과 쿠바는 실패한 역사를 보여주는가? 카타르와 쿠웨이트는 국민소득이 한국보다 월등히 높으니 더 성공한 나라인가? 중남미의 여러 국가들은 모두 실패한 나라란 말인가? 역사는 궁극의 목적이나 이상적 목표를 전제할 수 없다. 설사 사변적 역사철학의 홍두깨 같은 역사 철칙을 잠시 곁눈질해도 그것을 특정 국가나 사회의 역사를 이해하는 데 적용할 길이 없다. 일국의 역사는 특정 측면이나 차원에서 의미가 있을 수 있지만 다른 맥락과 관점에서 보면 그 의의는 상대화된다. 그렇기에 정치 정당화나 이데올로기 선전을 겨냥하지 않는다면 역사가들은 성공이니 영광이니 기적이니 하는 용어를 사용하지 않는다.

역사 발전은 유동적이다. 단일 기준으로 전체 역사 과정을 재단할 수 없다. 특히 현대사는 끊임없이 변화하고 재해석되기에 성공이나 실패라는 이분법적 판단이 들어설 겨를이 없다. 성공 신화나 영광 서사나 기적 논리에 갇히지 않아도 일정한 영역의 역사적 성취와 발전을 충분히 인정하고 다룰 수 있다. 다만 성과와 업적을 살피면서도 그것의 복잡한 실타래, 즉 불연속과 반전, 또는 교착과 엉킴을 보는 것이 중요하다.

역사교과서 국정화를 옹호했던 극우 지식인들은 세계 현대사를 '전체주의 대 자유'의 대결로 환원해 '역사 십자군'을 선포했다. 그들은 이데올로기 선악의 도식으로 20세기 제국주의와 탈식민화의 역사를 지워버렸다. 전체주의 대 자유의 이데올로기 대결로 현대사를 보면 제국주의에 대항한 저항운동도 이념의 잣대를 가지고 재단할 수밖에 없고, 탈식민의 과제나 '친일 부역'의 문제도 반공주의로 덮어버리게 된다. 그들은 반공 자유주의를 내건 독재자들의 억압과 폭력을 그저 '자유주의' 정치 운영의 실수나 주변 현상으로 구석에 처박아버린다.

그 대신 그들이 내건 구호는 '민주화와 산업화의 두 마리 토끼'론이다. '대한민국은 전후 그 두 마리 토끼를 다 잡은 유일한 국가'라는 신화는 흡인력이 셌다. 정치 진영의 경계를 넘어 사실상 우리 사회의 보편 인식으로 자리 잡았다. 진보를 자랑하는 일부 지식인과 정치가들도 '두 마리 토끼론'의 함정에 빠진 채 강조점을 '산업화'에서 '민주화'로 옮길 뿐이다. 그런데 왜 '토끼'는 딱 '두 마리'여야 하는지 알 길이 없다. 또 민주화와 산업화가 왜 같은 '토끼'인지 가늠할 수 없다.

1945년 이후 파시즘이나 식민주의를 극복한 국가들 앞에 놓인 과제는 단순히 민주화와 경제발전만이 아니었다. 탈식민과 탈파시즘 국가들은 제국과 열강의 압박과 유인 속에서 자립과 주권을 확보하는 것이 가장 긴급한 과제였다. 모든 영역에서 민주주의 과제는 널려 있었는데, 그나마 제도적 차원의 민주화도 후퇴하기 일쑤였다. 의회와 선거라는 민주제도의 일정한 확립 외에도 현대 사회는 끊임없이 새로운 자유와 권리의 확대 요구에 직면해 있다. 우리 사회가 '민주화를 달성했다'고 말하는 것이 얼마나 허구인지는 지난 이명박·박근혜 정부의 퇴행과 적폐를 보면 금방 알 수 있다. 더욱이 민주주의 정치문화의 과제에는 종착점이 없다. 새로운 사회 과제와 도전에 직면해 제도와 문화 모두에서 민주주의는 계속 갱신되고 보충되어야 한다.

산업화의 역사 또한 경제성장으로 환원되면 일면적이고 표피적일 뿐이다. 산업화의 과정과 결과에 대한 다층적인 비판은 현대사 이해에 필수불가결하다. 최근의 만성적 경제위기와 청년실업의 문제가 1970년대 경제성장의 역사와 전혀 무관하다고 볼 수 없다. 아울러 불평등과 사회 갈등과 생태 문제 그리고 특히 노동자들의 삶을 담지 못한다면 산업화의 역사는 아직 반쪽에 불과하다. 그렇기에 경제'성장'으로 환원되는 '산업화'의 역사를 '민주화' 역사의 대축으로 끌어올리는 것은 기만적이고 위험하다. 산업화의 역사는 경제정책사와 기술발전사와 기업사를 포괄하되, 도시사와 노동사 및 노동운동의 역사로 보충되어야 한다. 산업화를 민주화와 동급으로 끌어올리고는 사회 변화나 노동자의 삶을 역사의 주변으로 내모는 사람들은 뉴라이트만이 아니다. 가령 서울역사박물관은 현대사 부분 전시에서 노동자의 삶을 '성장의 그늘'이란 식으로 구석에 처박았다. 사회 갈등과 노동투쟁의 역사도 민주화와 경제성장사 못지않은 현대사의 핵심 주제다. 또 현대사에서 여성사와 젠더사 그리고 이주민들의 역사를 누락한 채 '두 마리 토끼'론을 내세우면 다른 '토끼'들은 정말 슬프다. 독일의 역사교과서는 심지어 청소년들의 역사도 빠뜨리지 않고 한 장에 걸쳐 따로 다루고 있다.

마지막으로 국가권력은 지배를 정당화하기 위해 흔히 정치폭력과 권력에 의한 불의의 역사를 축소하거나 은폐했다. 이에 맞서 1970년대부터 국제 역사학계와 역사교육계는 어떤 형식과 과정으로든 국가권력이 긍정적 역사상을 강제하면서 공동체의 희생과 파괴를 주변화하거나 부인하는 경향에 비판적이었다. 국제 역사학계는 역사교육이 더 이상 긍정적 역사상에 기초하여 정치정체성을 창출하기보다는 부정적 유산에 더 주목해야 함을 강조했다. 정치적 억압과 사회적 배제로 겪은 파괴와 희생이 역사교육에서 가장 중요하게 다루어져야 할 영역으로 간주됐다. 국가나 지배 엘리트에 의한 정치폭력과 생명 파괴의 실상을 드러내지 못한다면, 역사는 한낱 신화로 전락하며 기억은 다시 이데올로기로 물든다. 역사교육은 개방적이고 다원적인 가치의 고양과 함께 파괴와 고통에 대한 비판적인 분석과 성찰적인 판단 능력의 함양을 가장 중요한 과제로 삼아야 한다. 그것은 '체제 부정'이니 '자학사관'이니 '후세를 패배자로 만드'느니 하는 기괴한 억설들과는 아무 관련이 없다. 한 개인이 자신의 삶을 성찰하고 정리함으로써 더 나은 삶의 방향을 찾아가는 것과 마

성장의 그늘

1960년대 이후 서울은 산업화, 도시화를 통해 눈부신 성장을 이룩하였지만, 그 이면에 드리워진 성장의 그늘 또한 짙었다. 일자리를 찾아 서울로 올라온 사람들은 대부분 육체노동이나 날품팔이로 생계를 유지하였다. 여성의 경우 봉제공장이나 가발공장의 낮은 임금과 열악한 작업환경 속에서 일하거나 식모살이, 심지어 윤락녀로 전락하는 경우도 있었다. 한편 1960년대 서울 도심이나 변두리의 높은 지대에는 도시화 과정에서 밀려난 가난한 사람들이 모여 사는 지역이 생겨났다. 달을 가까이 볼 수 있다고 붙여진 일명 '달동네'는 도시빈민들의 집단 거주지로 상하수도시설, 위생 등 생활환경이 매우 열악하였으며, 강제 철거나 집단 이주의 대상이 되었다. 이러한 현상은 급속한 산업화, 도시화 과정에서 나타난 대표적 그늘로 1970년대 노동운동의 배경이 되었다.

'산업화'와 '민주화'의 역사를 대축으로 삼는 역사 인식은 기만적이고 위험하다. 서울역사박물관 '성장의 그늘' 전시관(왼쪽)과 그에 대한 설명글.

찬가지로, 공동체는 비극적 과거에 대한 분석과 비판과 성찰을 통해 더 나은 현재와 새로운 미래를 만들어갈 수 있다.

'건국' 기점 논쟁을 넘어

영국 출신의 비판적 역사가 토니 주트는 역사 논쟁에서 "다른 이에게 딱지를 붙이는 것은 곧 자신에게 딱지를 붙이는 것"이라고 말했다. 뉴라이트와 국정화 추진 세력에게 '친일'과 '독재' 딱지를 붙이는 것은 동원과 결집에 유용했지만 학문적으로 정당하고 정치적으로 현명할지 모르겠다. 그런 위험을 부정하거나 몰라서가 아니다. 그런 식의 딱지 붙이기로 인해 대결 진영이 고착되면, 토론은 경화되고 논점은 메마른다. 비판적 역사학자들 내부의 생산적 논의가 닫히고 인식 지평과 연구 관점의 확대와 심화가 어려워진다. 역사교과서 문제를 둘러싼 진영 대결로 역사 인식과 역사교육의 쟁점이 많이 묻혔다. 국정화를 비판할 때 자주 인용된 2013년 유엔의 역사교육 보고서를 다시 읽어보면, 현재의 검정 역사교과서가 지닌 한계도 무수하다. 이를테면 유엔의 역사교육 권고안은 자국사와 세계사와 지방사의 균형을 강조하지만, 현행 검정교과서는 아직 멀었다. 자국사 중심의 역사 인식이 지닌 폐해를 지적하면 곧장 "국사國史를 폐기하란 말이냐"라고 뻗대는 사람이 너무 많다. 정치사 중심이나 시대별 배치를 넘어 젠더사, 사회사, 일상사 또는 인권과 평화의 역사 등 다원적 관점의 서술이 전면적으로 도입되어야 하는데, 쉽게 바뀌지 않을 것으로 보인다.

그 와중에 대한민국 '건국' 기점을 둘러싼 쟁점이 역사교육 논쟁의 핵심 주제로 등장한 것은 안타깝다. 뉴라이트 세력이 1948년 8월 15일 대한민국 '건국'을 '찬양'하거나 '건국절'로 기념하려는 의도는 잘 알려져 있다. 친일부역 세력에게 '건국공로자'의 역사적 지위를 부여하기 위함이다. 대한민국 '건국' 과정에서 일어난 정치폭력과, 분단과 전쟁으로 귀결된 뒤이은 역사를 기억한다면, 1948년 대한민국 '건국' 예찬을 분명 경계해야 한다. 하지만 1948년 8월 건국론에 맞서기 위해 1919년 4월의 임시정부 수립을 '건국'으로 규정하는 것은 황당하고 어리석은 일이다. 국가 구성 요소를 갖추지 않았기에 '건국'이라고 부를 수 없다는 초보적 비판도 타당하지만, 국민(또는 인민)주권의 기본적 조건과 실천 없이 '국가 건설'이라고 부를 수는 없다는 지적은 더 정확하다. 과문해서인지 모르지만 독립운동단체나 망명정부 탄생을 '건국'이라고 말한 사례를 알지 못한다. 20세기 전반 세계 곳곳의 반파시즘 또는 반제국주의 망명정부나 저항단체들 중 상하이임시정부 못지않은 강령과 전망을 가진 곳이 많았다. 하지만 누구도 그것을 '건국'이라고 말하지 않는다. 이승만 정부 때 작성된 일부 공문서를 근거로 이승만도 1919년 상하이임시정부 건립을 '건국'이라고 보았으니, '1919년 건국'이 맞다는 주장에 이르면 아연하다. 사료의 내적 비판 절차, 특히 문맥 비판의 중요성을 기억해야 할 것이다. 당시 이승만 정부가 그런 주장을 하게 된 맥락을 이해해야지, 사료의 표현을 역사적 진실로 받아들여서는 안 된다. 1941년 조소앙의 '건국강령'대로 '건국' 이전에 '복국'復國 단계가 필요했다. 1945년 '해방'으로 '복국'을 하고 나서 국민국가를 '건국'하려고 했지만 1948년 한반도는 두 개의 국가로 분열되었다. 북한(조선민주주의인민공화국)을 염두에 둔다면 1948년 한반도에 '두 개의 국가'(분단국가)가 '건설'된 안타까운 현실(이중 건국)을 그대로 인정해야 한다.

김대중 대통령이 '제2의 건국'을 주창하며 시사했듯이, 1948년 '제1의 건국'은 불행했다. 대한민국의 건국만 그랬던 것은 아니다. 1945년 이후 탈파시즘과 탈식민화를 경험한 국가들의 건국은 대개 불행했고 때로 오욕의 역사로 이어졌다. 탈식민화와 탈파시즘화 과정에서의 정치적 이견과 분립이 국제 냉전을 만나 일국 내 적대적 갈등과 파괴적 대결로 치달았기 때문이다. 그 후 실질적으로나 상징적으로 제2의 건국과 제3의 건국을 겪은 나라가 한둘이 아니다. 1948년 8월의 대한민국 건국은 유감스럽게도 불행했고 반쪽짜리였다. 그러니 기념할 일이 아니고 오히려 비판적으로 살필 일이다. 애당초 1919년 건국론을 맞서 세울 일은 아니었다.

2013년 유엔의 역사교육 보고서는 경고했다. "교과서 조작은 다양한 모습으로 나타나는데, 다음의 경우들을 포함한다. 과거 사건에 대한 특정한 이해방식을 전달하기 위하여 특정 용어나 관용구를 사용하는 것. 예를 들어 '해방전쟁', '정복', '반란' 혹은 '독립전쟁', '혁명' 혹은 '반혁명', '참사' 등의 용어 사용이다." '건국'도 마찬가지다. 역사교육은 어떤 종류든 '국가 정통성' 신화로부터 벗어나야 한다. 건국 기점에 매달리는 역사 인식은 국가주의 역사교육의 병폐다. 1919년 건국론 주장은 뉴라이트의 국가주의 역사관의 함정에 빠진 꼴이다. '국가'와 '민족'의 거대서사에 가려진 수많은 역사 행위자들에 주목하고 그들의 삶에 더 관심을 기울여야 한다. 정치적 진영 대결 때문에 어쩔 수 없이 침묵했던 한국 현대사 연구자들이 새로운 토론을 열어야 한다.

그럼에도 여전히 '건국' 기점이 역사교육에서 중요하다고 여기는 사람들은 최소한 보이텔스바흐 합의의 두 번째 원칙, 즉 정치와 학문에서 서로 다른 견해와 논쟁을 "교육 현장에서도 논쟁적으로 다루어야 한다"라는 논쟁성 원칙을 따라야 한다. 그래야 최소한 국정화에 맞서며 다원주의를 옹호했던 원래의 주장과 모순되지 않는다. 1919년 건국론, 1948년 건국론, 심지어 건국론의 무용론 등을 교과서에 그대로 싣고 학생들이 토론해서 스스로 견해를 세우도록 보조해야 한다. 그것이 뉴라이트와 극우의 역사 유린을 극복하는 진정한 길이다.

'과거를 갖고 장난치는 것은 지식을 통제하는 가장 오래된 방법'이면서, 현재와 미래를 마음대로 주무르는 가장 전형적인 술수다. 20세기 모든 종류의 독재는 역사를 조작하고자 역사 서술과 역사교육을 통제했다. 심지어 독재가 아니고 '선한' 정치권력이라도 역사 오용의 유혹을 벗어나기 어렵다. 토니 주트는 "상대적으로 많은 역사 지식을 갖춘 시민은 과거를 악용하여 현재의 실수를 가리려는 속임수에 쉽게 넘어가지 않는다"라고 말했다. 꼭 그렇지는 않다. '많은 역사 지식'이 아니라 역사(논쟁)에 대한 비판적 분석과 주체적 판단 능력이 관건이다. 역사교육의 출발은 권력의 역사 오용에 대한 비판이다. 역사교과서에서도 그것을 따로 하나의 핵심 주제로 다루어야 한다. 뉴라이트가 파놓은 '국가 정통성' 함정에 빠져 건국(1919년) 기점을 다시 역사교육에 강제할 일이 아니다. 역사 서술과 역사교육의 여러 실질적 과제들에 더 전진적으로 매달려야 한다.

공공역사, 공동체의 역사 재현과 활용에 대하여
─ "역사는 너무나 중요하기에……"

'역사돌격대'의 외침

"역사는 너무나 중요하기에 역사가들에게만 맡겨둘 수 없다"는 말로 유명해진 사람은 미국 천문학자 도널드 오스터브록Donald Osterbrock 이다. 그는 직접 역사학자가 되어 천문학사의 지평을 새로 열었다. 역사가들 사이에서 그 말은 이미 영국 좌파 역사가 라파엘 새뮤얼 Raphael Samuel의 것이었다. 그는 대학교수였지만 '아래로부터의 역사' 서술과 풀뿌리 역사작업장History Workshop 운동을 이끌었다. 사회 하층과 여성들에 대한 역사 서술을 '상아탑의 역사학자'들에게 맡겨둘 수가 없었기 때문이다.

외침은 반대 방향에서도 터졌다. "역사는 너무나 중요하기에 좌파left 역사가들에게만 맡겨둘left 수 없다"는 언급이 보수 진영에서 나왔다. 더 오른쪽으로 가면, 홀로코스트를 부인하는 극우 논객들이 "역사는 너무나 중요하기에 대학교수들에게만 맡겨둘 수 없다"고 뻗대었다. 한국 역사학계를 겨냥한 '사이비 역사가'들의 공격도 '역사는 너무나 중요하기에'로부터 출발했다. 그들은 한국 역사학계가 위험한 정치 편향과 인적 자폐에 갇혀 "자체 갱신이 불가능"하다며 곤봉을 휘둘렀다.

아마추어 역사 저술가들과 '역사 문제' 행위자들이 여러 이유를 들며 한국 학계의 역사 연구와 서술을 부정하거나 의심한다. 물론 박근혜 정부가 국정화를 추진하면서 역사학계를 종북좌파로 매도했을 때에는 많은 사람들이 함께 봉화를 피워 역사학계를 지켰다. 하지만 이른바 재야의 쇼비니즘 상고사 대표자들이 한국 역사학계 전체를 식민사학이라고 비난하면, 아직도 비장한 마음으로 공감하며 가슴을 치는 이가 적지 않다.

그런데 한국 역사학계는 정반대의 비난도 받았다. 일본군 '위안부' 할머니 비하로 논란이 됐던 박유하 교수의 책 『제국의 위안부』를 둘러싼 논쟁에서 드러났듯이, 일부 지식인들은 한국 역사학계가 민족주의 편향과 고집을 벗어나지 못했다고 본다. 한국 역사학계는 양립 불가능한 비난, 즉 한편에서는 식민사학, 다른 한편에서는 민족주의라는 비난을 동시에 받았다.

한국 역사학계의 문제와 결함에 대해서는 역사학자들 스스로 진지하게 토론 중이다. 역사 서술에서 편향과 오류, 연구 관점에서 배제와 결함이 없을 수 없다. 그것을 수정하고 보충하는 것이 학문이 발전하는 보편적인 과정이다. 특히 역사는 끊임없이 새롭게 서술된다는 데 광범위한 합의가 존재한다.

새로운 연구 흐름과 관점들이 존재하는데도 싸잡아서 역사학계 전체에 기괴한 딱지를 붙이는 것은 사실에도 부합하지 않지만, 그 자체로 매우 비이성적이다. 일부 정치가나 지식인 또는 '역사 문제' 행위자들이 '돌격대'가 되어 사료와 맥락을 조심스럽게 다루어야 할

역사학계 전체에 기괴한 딱지를 붙이는 것은 사실에도 부합하지 않지만, 그 자체로 매우 비이성적이다.

주제에 대해 무리한 해석을 강변한다. 그들은 역사학자들의 신중한 접근이나 진중한 작업을 아예 무시하고 의심한다. 언론이 직접 '역사돌격대'가 되기도 했고, 반대로 그 역사에 대한 '돌격'을 막던 언론이 여론의 포화를 받아 만신창이가 되는 경우도 있었다. 여타 분과 학문이나 사회적 삶의 영역에서도 그런 경우가 없지는 않다. 그래도 그 영역에서는 대개 전문가 집단의 연구와 관찰이 존중받는다.

　역사를 둘러싸고는 상황이 좀 다르고 때로 격하다. 정치가나 언론인, 또는 다른 전공의 학자와 아마추어 역사가들이 모두 '역사돌격대'가 되어 역사 인식과 해석에 직접 개입한다. 어쩌겠는가? '역사가 너무도 중요하기 때문'이라니!

역사 대중화의 문제

역사학자들은 '역사 대중화'라는 낡은 무기를 들었다. 아마추어들에게 맡겨두기에는 '역사가 너무 중요했기' 때문이다. '역사를 대중화한다'는 말은 전문적 역사 연구의 성과를 대중에게 전달하자는 것이었다. 그렇게 하려면 대중의 기호와 관심을 살펴야 하고 문화 매체의 활용이 필수적이며 쉬운 문체의 글쓰기가 장려된다. 역사 대중화 작업에 전문 역사가들의 참여와 관심이 적극적으로 요구됐다.

하지만 역사 대중화는 미심쩍은 전제에 기반을 두고 있다. 먼저 대중은 역사를 모르고 전문 역사가들만이 항상 '올바른 역사'를 알고 있다는 오만함이다. 역사가라면 누구나 역사 관련 대중서나 드라마나 영화를 보고 '사실 오류'나 '맥락 이탈'을 발견하기를 즐긴다. 역사가들은 '사이비'들의 '엉터리' 역사 지식 전파를 막고, '올바른' 역사 지식을 전달해 대중을 계몽하고 싶어한다. 또는 엉터리들이 판치는 '싸구려' 지식 시장을 한심해하며 '상아탑'으로 돌아간다. 그들은 시장 또는 광장을 더 이상 곁눈질하지 않으며 고작 두세 명의 심사위원만 읽을 논문을 쓰는 데 매진한다.

역사가들이 대중이 잘못 알고 있는 역사 지식을 바로잡는 것은 중요하다. 훌륭한 대중적 역사서가 많이 발간되면 기쁘고 반갑다. 그렇지만 '상아탑'의 역사가들이 모두 그것에 나설 일은 아니다. 전문적인 역사 연구와 서술의 아카데미즘을 부정하며 '역사의 대중화'를 외치거나 '역사를 통한 실천'을 자랑하는 '대중적 역사가'들을 보는 것은 안타깝다. 의미 있는 비판과 실천은 대개 인습적인 사유와 관점을 깨는 것에서 출발했다. 낯선 맥락과 의미를 전달하는 과정에

서 때로 어려운 개념과 용어가 필요하기도 하고 엄정해야 할 대목에
선 각주도 많이 필요하고 복잡한 서술도 감당해야 한다. 그런 무게
있는 학술 연구서가 발간되면 대중적 역사 저술가들의 역사 대중화
작업과 활동에 방해가 될까, 도움이 될까? 역사 대중화를 외치면서
전문 역사 연구와 서술의 의미를 부정하는 일은 없어야 한다. 게다
가 역사가들은 대중의 역사 해석과 의미 부여에 규범적으로 개입할
수는 없다. 사회 구성원들은 역사를 통해 세계 인지와 자기 인지 및
해석의 특정 방식을 발전시킨다. 그 주관적 인지와 해석 방식은 역
사가들의 '객관적' 역사 연구와 충돌하더라도 쉽게 폐기되거나 무시
될 수가 없다. 역사학과 대중의 관계는 일방적이지 않다. 대중의 역
사에 대한 관심과 관점들은 거부가 아니라 소통의 대상이다. '역사
대중화'라는 용어와 관점은 양자의 상호작용을 포괄하지 못한다.

역사 대중화의 또 다른 전제는 역사학계 바깥에는 독립적인 역
사 서술과 재현의 주체가 없는 듯 보는 것이다. 세계 어느 문화권에
서든 근대 학문체계가 발전하고 대학에서 역사 연구와 서술이 이루
어지기 전에 대학의 바깥에서 역사를 재현하고 전승하는 문화 전통
이 존재했다. 이를테면 구전 전통과 축제 문화에서 역사 재현과 기
억은 특별한 역할을 수행했다. 특히 20세기 대중문화의 폭발적 발달
로 대중은 집단기억 창출과 역사문화 전승에 직접 나설 수 있게 되
었다. 문학과 예술에서도 역사 재현은 항상 인기를 누렸다. 최근 정
보화 사회의 급속한 진전은 대중의 고유한 역사 접근과 활용의 기회
를 더욱 높였다. 역사 기록의 데이터베이스화와 디지털화를 통한 역
사 체험과 활용은 기성 역사 서술에 큰 도전이 되었다.

이런 현실에 직면해 역사가들은 역사 대중화가 일방적으로 진행

되어서는 안 되고 그럴 수도 없음을 인식했다. '대중의 역사화' 같은 말이 잠시 등장한 것도 그런 맥락에서였다. 역사 대중화가 학계의 기성 연구를 대중에게 전달하는 것이라면, 대중의 역사화는 삶의 현장에 파고들어 대중의 일상생활에 밀착한 역사를 서술하거나 재현하는 것이다. 그것은 유럽과 북미의 '아래로부터의 역사' 전통을 잇는 실천적 역사 서술로 등장했다. 구술사와 생애사, 여성사와 지방사 등이 새로운 역사 서술 분야로 부상했고, 대중은 역사 쓰기에 직접 참여했다.

대중과 만나 그들로부터 역사를 일구어내는 역사(학) 실천은 소중하다. 하지만 역사와 대중의 관계가 그것으로 환원되지는 않는다. 전문 역사학계 바깥에 존재하는 사회 구성원은 매우 이질적이다. 대학 바깥에는 노동자나 민중만 존재하는 것도 아니고, 사회의 역사 활용에서 그들의 역사에 대한 관심만 중요한 의미를 지니는 것도 아니다. 또 노동자와 여성들은 물론이고 사회의 다양한 구성원들이 역사에 관심을 갖는 이유나 배경이 생애사 서술로 한정되지도 않는다. 세계화와 정보화 시대를 맞이해 역사적 사건과 현상에 대한 대중의 관심은 증가했다. 시민들은 '과거의 현재화'에 더 능동적으로 참여한다. 10여 년 전부터 국제 역사학계에서는 이와 관련한 새 개념이 호황을 누리고 있다. '공공역사' public history가 바로 그것이다.

공공역사란 무엇인가

공공역사라는 개념은 1970년대에 미국에서 처음 등장했다. 당시 그것은 대중의 자기 역사 쓰기 맥락에서 이해됐다. 곧 공공역사는 이를 넘어서 공공영역에서 이루어지는 모든 종류의 역사 재현과 활용을 포괄적으로 가리키는 용어가 되었다. 그것은 인간 삶의 공간 범주와는 관련이 없으며, '사적인 것'res privata에 대비되는 '공적인 것'res publica을 다루는 역사를 지칭하는 것이 아니다. 여기서 '공적인 것'은 흔히 국가나 공무와 관련되는 것을 의미하는데, 공적 영역과 사적 영역의 전통적인 구분을 따라 가면 공공역사는 마치 '사생활의 역사'history of private life와 구분되는 '공적 삶의 역사'를 다루는 것으로 오해될 수 있다. 공공역사는 이와 관련이 없다.

공공역사는 역사 서술과 재현이 이루어지는 사회 영역, 즉 공공영역public sphere을 근거로 생겨난 개념이다. 공공역사는 대학과 학계의 전문적인 학술연구와 서술academic history(또는 academic historian)에 대비되는 상대 개념으로서 역사 서술과 재현의 실천 영역과 양식을 포괄하는 용어로, 대학이나 연구소 같은 제한된 전문 학술 공간을 넘어 사회의 다양한 공적인 삶에서 수행되는 역사 관련 활동을 말한다. 직업적인 역사가들 또는 역사 관련 전문 학회나 연구소의 바깥에서 이루어지는 역사 지식의 공적 활용, 역사 재현과 서술, 역사를 주제로 한 정치적 결정과 문화 행사 등을 모두 공공역사로 규정할 수 있다.

사회 속 '과거의 현재화'를 지시하는 개념들이 없지 않았다. 특히 독일에서는 역사문화Geschichtskultur와 기억문화Erinnerungskultur에 대한 토론이 오랫동안 지속되었다. 외른 뤼젠Jörn Rüsen은 실천적인 사회적 삶 속에서 형성되는 집단적 역사의식을 '역사문화'라고 불렀다. 역사문화는 개인적 기억을 넘어 사회에서 문화적으로 형성되는

2장 공공역사, 공동체의 역사 재현과 활용에 대하여

집단기억을 지칭한다는 점에서 '기억문화' 개념과 겹치지만, 전문 학술연구 바깥에서 이루어지는 역사 서술과 재현을 지시한다는 점에서는 공공역사와도 만난다.

하지만 역사문화는 집단적 역사의식의 형성을 중요한 문제로 보고 그 핵심 현장이 역사교육이라고 보는 점에서 공공역사와는 조금 다르다. 공공역사는 집단적 역사의식을 전제하지 않을 뿐 아니라, 학교의 역사교육을 주요 영역으로 포함하지도 않는다. 게다가 역사문화는 학문적 성과의 사회적 확장과 문화적 전달, 특히 정치적·교육적·예술적 차원의 발현에 대한 분석 개념이지만, 공공역사는 사회 속 역사 활용의 다양한 실천 형식을 모두 포괄한다. 사회에서의 역사 활용과 재현이 집단적 역사의식이나 역사문화의 틀로 설명될 수 있는 것은 아니다. 그런 한 공공역사는 역사문화 또는 기억문화 개념이 포괄하지 못하는 더 다양한 역사 재현과 활용을 함께 아우르는 개념이다. 공공역사도 기억문화의 경우처럼 '문화적 기억'의 공간을 새롭게 창출하고 활용하는 과정을 포함한다. 심지어 공공역사는 그것을 넘어 문화적 역사 재현과 정치적 역사 활용 및 대중적 역사 재현 형식들을 다양하게 펼친다.

공공영역은 단일한 총체가 아니다. 세부 영역과 다양한 행위자를 전제해야 한다. 공공역사는 공공영역에서 이루어지는 모든 종류의 역사 재현 활동을 지시하는 것이기에 비전문가들의 역사 재현 활동이나 민중의 주체적 일상사와 생애사 서술 같은 것에 한정되지 않는다. 공공역사는 '아래로부터의 역사' 전통을 이은 실천적 역사 서술과 재현을 배제하지 않는다. 대학에 종사하는 역사학자들의 참여가 공공역사에서 배제될 이유도 없다. 오히려 공공역사는 대학의 전문 역사가들과 공공영역의 역사가들과 다양한 역사 재현 주체들이 함께 협력하는 일이기도 하다. 공공역사에 직업적으로 참여하는 역사가들, 또는 그것에 대해 식견을 갖고 있거나 지적 훈련을 받은 역사가들을 '공공역사가'public historian라고 부른다. 그들은 공공영역의 역사 재현과 서술을 주도하면서 동시에 전문 역사가들과 사회의 여러 행위 주체들을 중개하는 역할을 수행한다.

공공역사의 영역과 양식은 다양하다. 먼저 언론과 미디어 매체의 역사 기획물, 역사 다큐멘터리, 역사 관련 방송 프로그램을 꼽을 수 있다. 역사박물관이나 역사전시관의 전시와 공공 서비스들도 공공역사의 핵심 영역이자 활동이다. 정치나 행정을 위한 역사 자문과 역사문화 프로젝트 수행도 주목을 받는다. 정치폭력의 가해 또는 피해와 관련한 과거사 정리 및 사법부를 위한 역사 자문, 역사 기념과 추모와 치유 및 화해를 위한 역사정책, 외국과의 역사 인식 갈등을 해결하기 위한 국제 역사정치, 기업의 역사 활용 또는 역사 마케팅, 문화재 보호와 전승 사업, 역사재단과 시민교육기관의 역사 강좌와 세미나, 역사답사기행 사업, 역사문화 축제, 기록보관소의 사료와 역사 활용, 지방사와 가족사와 생애사 전문 저술 작업 등도 있다.

공공역사와 현대사가 만날 때

공공역사는 모든 시대를 포괄한다. 고대나 중세 등 전근대 시기의 역사도 공공영역에서 다양하게 재현되어 소비되고 활용된다. 역사 축제나 문화제, 향토박물관 또는 지방사박물관, 역사 소재 영화나

TV 사극 등은 전근대사를 주제로 다루는 경우가 많다. 중앙정부나 지자체가 정체성 강화나 공동체 결속을 위해서 전근대의 사건이나 인물을 내세워 역사기념사업을 벌이기도 한다. 세계화 사회에서 로컬리티에 대한 재발견의 맥락이든 대중소비사회의 지방적 변이든 전근대의 특정 사건이나 인물과 연결된 역사 축제나 기념제는 더욱 성세를 누린다.

그럼에도 현대사가 공공역사에서 가장 큰 관심을 받고 다채롭게 발현된다. 20세기 현대사는 폭력과 전쟁, 갈등과 공포로 점철되었기에, 과거사를 정리하고 집단기억의 창출을 보조하는 공공역사의 가장 민감하면서도 흥미로운 주제다.

공공영역에서 현대사의 해석을 둘러싸고 역사가들은 사건과 현상을 직접 체험했던 역사 증언자들과 자주 만나고 때로 경합한다. 역사의 공적 재현과 활용에서 현대사 지식은 전통적인 학문 방법론, 즉 문헌 사료 분석에 의거해서만 생산되지 않기 때문이다. 고유한 경험과 기억을 통해 현대사를 증언하고 전승할 능력과 의지를 지닌 행위자들을 무시할 수 없다. 공공역사가 단순히 역사적 사실의 재현에 그치지 않고 현재적 함의와 전망을 지향하는 한 전문 역사가들과 역사 증언자들 사이의 상호작용은 불가피하다. 양자의 토론이 반드시 혼란이나 대결을 초래할 것이라고 우려할 이유는 없다. 역사가들의 전문적 역사 연구와 증언자들의 경험 보고가 서로 보조해 풍성한 역사상을 생산하는 경우가 많기 때문이다. 현대사 주제의 역사박물관 전시와 역사재단의 활동 또는 역사 다큐멘터리 작업에서 양자는 협력하기도 하고 충돌하기도 하면서 여러 인식 쟁점과 질문들을 공론장에 던진다.

한편 현대사와 공공역사는 재현 자료와 매체의 측면에서도 특별한 연관성을 지닌다. 사진과 영상 등의 시청각 자료와 역사 현장의 재구성을 통한 과거의 현재화는 현대사에 대한 이해를 돕는다. 시청각 자료와 현장의 사실성에 기초한 역사답사는 현대사 교육과 전승에 매우 유익하다. 그것은 공공영역의 역사 전승에서 현대사가 특별한 지위를 지님을 함축한다. 심지어 시청각 자료와 역사 현장은 전문 역사 연구와 서술을 벗어나 공공영역에서 독립적으로 구성되어 시사성을 증폭하고 의미를 생산하는 데 활용된다. 공공역사의 현대사 부문은 전문 역사학자들의 독점 연구나 서술 영역이 아니라, 다양한 역사 행위자들이 만나 보조하고 충돌하는 '역사 만들기 광장'이다.

그런 맥락에서 보면 공공역사의 주제와 쟁점은 기본적으로 학문적 성과와 흐름 속에서 자연스럽게 발생하지는 않는다. 오히려 공적 요구로부터 발원하거나 대중의 관심에서 비롯된다. 사회의 다양한 역사 재현 행위자들이 공공역사를 위해 자유롭게 활동하기 때문이다. 물론 전문 역사학자들도 더러 공공역사에 참여하기 때문에 그들의 학문 성과나 인식적 관심이 주제로 등장하기도 한다. 하지만 사회의 관심이나 대중의 요구에 조응할 때 그것 역시 비로소 큰 의미를 가진다.

이를테면 최근 한국 사회의 가장 뜨거운 시사적 주제는 한반도 평화 프로세스와 젠더 문제 그리고 2019년 100주년을 맞는 3·1운동 기념 같은 것이다. 역사학계가 학문적 성과를 얼마나 축적했는지와 무관하게 이 주제들은 공공역사의 관심 영역으로 진입한다. 전문 역사학계는 그와 같은 공적 관심에 조응해야 한다.

물론 전문 역사학자들과 공공역사가들의 관계, 즉 그들 사이의 협력과 보조 또는 긴장과 경계에 대해서는 단정적으로 말할 수가 없다. 여러 방식의 공공역사 재현 작업과 실천을 비판적으로 분석해서 토론할 과제이다. 공공역사의 각 영역은 고유하고 특정한 방식과 형식의 역사 재현과 서술과 활용을 가지기 때문이다.

공공역사도 준칙이 필요하다

공공역사는 '역사가 너무나 중요하기에 역사가들에게만 맡겨둘 수 없다'는 사회적 인식을 반영한다. 이제 인습적 방식, 즉 학문적 역사 연구의 결과를 손쉽게 가공해 대중에게 전달하는 방식('역사 대중화'라는 용어가 전제하는)으로는 공적 요구와 필요에 조응할 수 없음을 드러내고, 역사에 대한 새로운 방식의 공적 논의가 필요함을 함축한다.

공공영역에는 정치가들이 권력 행사를 통해 역사정치나 공공기억의 행위자로 자주 등장한다. 다양한 종류의 역사운동 단위와 시민단체가 저마다 특정 과거의 현재화를 요구한다. 역사가들은 전문 역사 연구를 통해 공적 차원에서 역사 인식을 수정하거나 확장할 것을 요구한다. 예술가와 조각가들은 예술적 조형미를 구현하기 위해 역사를 재현하고 활용한다. 시민들도 누구나 생활현장에서 역사의식과 기억문화 형성에 참여할 권리를 갖는다. 민주주의 사회의 공공영역은 누구에 의해서도 독점될 수 없고 누구도 배제할 수 없다. 공공영역에서의 역사 재현은 개방적 소통의 결과여야 한다. 누구든 공공영역의 역사 재현과 활용을 발의할 수 있지만, 아무나 아무 곳에

나 아무렇지 않게 역사를 재현하거나 서술해서는 안 된다. 공공역사에서 중요한 것은 단순히 학문적 연구의 결과나 정치적 필요나 역사운동의 화급함이 아니라, 사회 속에서 소통 가능하고 전승 가능하고 활용 가능한 역사 재현의 형식과 방법이다. 공공영역에서의 역사 재현과 기념과 활용에는 그것을 위한 능력과 기술에 대한 훈련 또는 토론과 소통이 따로 필요하다. 역사 축제와 기념의 형식 및 내용, 역사박물관과 조형물의 설립과 활용에 대해 누구나 참여하고 개입할 수 있어야 한다. 결국 공공역사에서는 발의와 운영 과정의 민주성과 공공성 및 전문성을 보장하고 그것들을 결합하는 것이 관건이다. 그럴 수 있을 때 공공역사 행위자들이 역사돌격대로 변신하거나 추락하는 것을 막을 수 있다.

공공역사에 수반되는 여러 위험과 난점에도 더 많은 관심이 필요하다. 역사의 공적 활용에는 항상 정치적·이데올로기적 악용, 대중의 집단정서를 동원과 결집 운동으로 전환시키는 역사 해석의 단순화, 경제적 이익 창출에 의거한 상업화 등의 문제가 자주 생겨난다. 이에 대해서는 전문 역사가뿐만 아니라 공공역사의 모든 행위자들이 함께 비판적으로 개입하고 상호 견제하는 것이 필요하다.

정치가들과 공공기관만이 아니라 전문 역사가들과 시민사회의 다양한 역사 행위자들이 공공영역에서 자신들의 고유한 요구와 관심을 갖고 더 많이 토론해야 한다. 토론과 소통은 공공역사에 참여하는 이들에게 필요한 덕목이다. 우리는 누군가 공공영역에서 특정 역사상과 역사 재현의 방식을 일방적으로 관철하려는 시도에 대해 의심을 거두지 말아야 한다. 특히 언론은 공공역사의 토론 광장을 개방하고 토론 내용의 옳고 그름을 비판적으로 추적하는 데 중요한 역할을 수행해야 한다.

공공영역에서 특정 역사상의 일방적 관철은 권력자들에게서 주로 나타나지만, 꼭 그렇지만은 않다. 이를테면 한국 사회에서 최근 몇 년간 역사 관련 사회운동에 기초해서 건립된 역사박물관이나 전시관 또는 추모(기념) 조형물을 보면 그것이 유관 운동단체를 넘어 얼마나 많은 공적 토론과 전문가들의 비판적 논의 절차를 거친 것인지 궁금하다. 대부분의 경우 운동의 긴급성과 운동 주체들의 정치적 정당성에 의거해 건립 자체에 큰 역사적 의미가 부여됐다. 그러니 전시 내용이나 조형물의 성격에 대한 검토는 말할 것도 없고 건립 절차나 과정의 개방성과 민주성 등은 고려되지 않은 경우가 많았다. 지난 수년 동안 건립된 그리고 현재 건립을 준비 중인 여러 시민역사관과 역사 조형물에 대해서도 비판적 토론이 더 필요하다. 그러한 비판적 토론은 더 좋은 공공역사의 형식과 내용을 갖기 위해서이기도 하지만, 대중과 사회의 더 큰 관심과 참여를 이끄는 길이기도 하다.

그런 맥락에서, 현재 전국 곳곳에 '위안부' 소녀상을 건립한 과정과 결과에 대해 비판적으로 살펴야 한다. 대중의 역사 감성과 사회운동의 정당성을 무시할 수는 없지만 역사 조형물 건립의 민주적 원칙과 시민사회의 숙의 및 수용 과정에 대한 검토가 더 필요하다.

나는 역사가이기 이전에 강릉 시민의 한 사람으로서 경포호를 산책하다 아무런 역사적 맥락과 지역 시민사회의 토론 없이 들어선 '위안부' 소녀상을 보고 경악했다. 무슨 '보수'적 보훈단체와 자유한국당 소속의 시장이 짝짜꿍이 되어 건립했다는데, 나는 그들이 그전과 그 후에 일본군 위안부 문제에 대해 어떤 의미 있는 행사나 활

역사 기념(추모) 조형물을 건립할 때는 대중의 역사 감성과 사회운동의 정당성을 무시할 수는 없지만, 공적 토론과 전문가들의 비판적 논의 절차, 즉 시민사회의 숙의와 수용 과정이 고려되어야 한다. 강릉 경포호에 세워진 '위안부' 소녀상.

동을 했다는 얘기를 들어본 적이 없다. 이런 종류와 방식의 '위안부' 소녀상 건립은 알리바이이거나 정치쇼로 볼 수밖에 없다. 이것을 그냥 예외라고 말하며 다른 곳의 '위안부' 소녀상들은 '시민들'에 의해 건립되었으니 아무 문제 없다고 보아서도 안 된다. 의례화되고 형식화된 역사 조형물은 일시적으로 운동의 대의를 모으고 결집을 강화하지만 종국에는 지역과 현장의 과거와 현재를 잇지 못한 채 화석으로 전락할 수 있다.

또 오랜 서울 시민의 한 사람이자 종각 근처를 자주 오가는 나는 마찬가지로 어떤 공적 논의나 역사정치의 계기도 없이 들어선 전봉준 좌상을 보고 소스라쳤다. 오해를 피하기 위해 말하면, 역사학자로서 나는 수년간 이러저러한 역사단체의 운영위원으로 활동했고 역사학개론 수업에서 항상 위안부 문제와 과거사 정리를 다루었으며 역사 기념과 희생자 추모를 거듭 옹호했다. 하지만 민주주의자로서 나는 운동단체와 권력자가 운동의 대의나 정치적 필요를 내세워 특정 조형물을 공공장소에 독점적으로 건립하는 것을 받아들일 수 없다. 그리고 대의나 필요에는 동의하지만 조형물의 형식과 장소에 동의할 수 없는 경우도 많다.

이제 우리는 공공영역에서 역사를 더 적극적으로 재현하고 다양하게 활용하는 새로운 시대로 접어들었다. 민주적이고 개방적으로 토론하고 신중하고 다차원적으로 숙고해야 할 일이 많아졌다. '역사는 너무도 중요하기에' 어떤 경우든 조심스럽게 다루어야 한다. 그것이 민주주의 사회의 공공역사가 지켜야 할 기본 준칙이다.

3장　역사박물관으로 가는 길
― 소통과 성찰의 문화공간

역사박물관 시대

역사박물관의 붐이 식지 않는다. 사건이 아니라 현상이다. 이미 1990년대 세계 전역에서 역사박물관은 성세를 누렸다. 고고학 유물이나 민속학 소품을 전시하는 전통 박물관에서 역사를 주제로 한 박물관과 전시관으로 중심이 이동 중인 듯하다. 공공역사에서도 역사박물관은 중심에 섰다. 21세기 역사박물관은 과거 흔했던 국민국가의 정치적 정당성과 정체성 강화를 목적으로 생기지 않았다. 주제별 역사전시관으로 발전하며 세계화와 이주로 인한 혼종 사회 현실을 반영한 새로운 내용과 형식을 갖추고 있다. 더 이상 정적인 전통문화나 뿌듯한 '우리 역사'의 선전장이 아닌 것이다.

　최근 미국과 유럽에는 흥미로운 역사박물관이 연이어 등장했다. 미국 워싱턴 D.C.에는 2016년 미국흑인역사문화박물관National Museum of African American History and Culture이 개관했고, 프랑스 마르세유에는 2013년 유럽지중해문명박물관Musée des Civilisations de l'Europe et de la Méditeranée(MuCEM), 벨기에 브뤼셀에는 2017년 유럽역사의

2014년 바르샤바에 건립된 폴란드유대인역사박물관.

집House of European History, 폴란드 바르샤바에는 2014년 폴란드유대인역사박물관Muzeum Historii Żydów Polskich(POLIN)이 건립되었다. 영국 런던의 제국전쟁박물관Imperial War Museum도 2014년 새로 단장해 재개관했으며, 오스트리아 빈에는 2018년 11월 10일 오스트리아역사의집Haus der Geschichte Österreich(HdGÖ)이 개관했다. 동·서독 옛 국경 지역에는 30여 개의 경계박물관이 건립되어 냉전과 분단을 주제로 관광객을 맞는다.

한국도 역사박물관 붐을 비켜가지 않았다. 2008년 제주도에 4·3평화기념관, 인천에 한국이민사박물관, 2012년 서울에 전쟁과여성인권박물관과 대한민국역사박물관, 2015년 부산에 일제강제동원역사관, 2018년 서울에 식민지역사박물관이 연이어 개관했다. 2019년 봄에는 대한민국임시정부기념관이 건립된다. 그리고 2018년 6월 10일

2015년 부산에서 개관한 일제강제동원역사관.

정부는 서울 남영동 옛 대공분실 자리에 '민주인권기념관'을 건립할
예정이라고 발표했다. 국립여성사전시관도 여성사박물관으로 확장,
발전시키고자 한다. 지방 역사와 문화를 주제로 삼은 향토사박물관
이나 역사의 특정 주제에 집중한 박물관까지 포함하면 가히 '역사박
물관 시대'라고 해도 무리는 아니다.

역사박물관이 인기를 끄는 이유

역사박물관의 성세는 단순히 정치인들의 문화정치 전망이나 역사정
치의 허세 때문은 아니다. 21세기 들어 세계화와 정보화 및 과학기
술의 발전으로 생활환경의 변화가 빨라 삶의 의미와 공동체의 방향

에 대한 질문이 깊다. 그럴 때 인문학 고전에서 '황금빛 지혜'를 끌어오는 것도 한 방편이지만, '아름답고 멋진 말'들의 향연은 가파르고 굴곡진 삶의 변화와 지속을 이해하는 데 한계가 있다. 살아온 삶의 맥락을 알아야 살아야 할 삶을 가늠할 수 있다. 사회 구성원들은 저마다 공공역사에 전개되는 역사 서사에 참여하고 기억을 공유하고 전승하고자 하는 욕구를 키웠다. 공공영역에서 지나간 삶의 흔적을 보존하고 그 의미를 찾고 이어가는 과정은 사회 변화의 충격을 완충하며 구성원들 간의 연결고리를 확인해준다. 개인적 삶의 의미를 찾는 과정은 집단적 삶의 경험에 대한 질문을 비켜갈 수 없다. 역사박물관은 그것을 중재하고 소통의 기회를 마련해 시민들을 역사 이해에 초대하고, 역사의식 형성에 참여시킨다. 아울러 문화와 예술 공간이기에 시민들의 여가 생활을 보조할 수 있다. 역사박물관은 대중소비사회의 문화 수요와 교양 욕구를 충족시킬 가장 멋진 공간으로 발전했다. 학문과 지식, 조형과 예술, 기술과 교육 등 여러 차원의 성과가 융합하는 복합문화센터이기에 다양한 세대와 사회 집단의 문화 욕구를 충족시킬 수 있다.

역사박물관은 공공역사의 가장 중요한 장이면서 역사의식의 형성에 독특한 영향을 미친다. 역사(학)와 박물관은 이미 그 자체로 인간의 실존적 욕구인 기억을 보존하고 이를 통해 현재와 미래를 위한 가치와 지향의 형성을 보조한다는 점에서 공통점이 있다. 역사와 박물관은 '기억의 저장소'이자 '데이터웨어하우스'data-warehouse로서 현재의 역사적 인식과 미래를 향한 전망과 기대의 근거다.

하지만 역사박물관은 과거를 날것 그대로 드러내는 곳이 아니라, 학문적·정치적·교육적·예술적 차원에서 가공해 재현하는 곳이다. 학교의 역사교육과는 다른 차원에서 공동체의 문화적 기억 형성을 보조하는 역사문화의 발현 형식이다.

민주주의 사회에서 역사박물관은 특정 역사관과 제한적인 역사상을 일방적으로 선전하는 공간이 될 수 없다. 다원주의적 민주주의 정치 원리 및 역사학적 연구 관점과 성과들의 비획일성 때문이다. 게다가 세계화 시대의 전 지구적 연결과 일국 내 다문화 사회 구성의 새로운 현실은 민족(국가) 정체성의 '인위적' 창출을 더욱 우스꽝스럽게 만든다.

이제 역사박물관의 방문객들은 위로부터의 특정 역사상을 그저 수동적으로 받아들이는 수용자 또는 문화 텍스트로서의 전시관의 소극적 독자가 아니다. 역사박물관을 방문하는 사람들은 전시 내용과 그 의미 창출의 참여자이자 생산자이기도 하다. 역사박물관은 정해진 시간에 학생들에게 역사를 주입하는 역사교과서 같은 것이 아니기 때문이다. 그곳은 남녀노소 누구나 자유롭게 드나들며 자신의 역사 이해와 생애 경험에 기초해 자유롭게 역사 맥락을 찾아 전시 자료들을 보며 반가워하기도 하고 놀라기도 하고 어색해하기도 하고 거부하기도 하는 상호작용의 공간이다.

건립과 운영의 민주성과 공공성, 역사학자들과 시민사회의 참여

현대사 주제의 역사박물관과 전시관은 역사박물관의 정수다. 현대사박물관은 건립 또는 상설전시 (재)개관 전에 공공영역에서의 개방적 토론과 비판적 검토가 필수적이다. 건립의 목적과 방향 및 전시 내용과 방식에 대해 여러 각도에서 따져 물어야 한다. 박물관의 법적·제도적 지위와 역할, 명칭과 성격 및 운영의 전반적인 과정에 대해 전문가들의 비판적 토론과 시민사회와의 소통 절차가 필요하다. 박물관 구상은 단순히 시민들의 집단감정에만 의거해서도 안 되고, 특정 정치적 목적의 강화나 집단정체성 활용의 도구가 되어서도 안 된다. 공공영역에서의 심사숙고와 토론 절차를 거쳐야만 비전문적인 오용과 정치적 악용 및 단선적 역사 서사의 선전과 훈육 기관으로 추락하는 것을 막을 수 있다. 게다가 건립과 개관 과정의 공적 토론과 검토는 역사박물관의 목적과 의미를 대중에게 충분히 알리고 관심을 유발하는 효과를 높일 수 있다.

국가폭력이나 인권 유린의 역사를 기억하는 역사기념관의 경우도 마찬가지다. 과거사 정리의 대의에서 발원했더라도 민주주의 사회의 공공역사 기관으로 발전하려면 개방적인 공개 토론이 필수적이다. 역사박물관이든 역사조형물이든 특정 정치세력이나 사회단체가 운동의 긴급성과 실천적 목적을 핑계로 민주적 토론 과정을 묵살해서는 안 된다. 그 준비와 검토 과정을 무시하고 '아무렇게나' 만들어놓아도 무조건 지지하고 연대해야 하는 기막힌 상황을 더 겪고 싶지 않다.

역사박물관을 전시 구상에 맞게 개축하거나 신축하려면 개방형 공모 절차를 진행한다. 민주성과 개방성의 원칙하에 누구나 자유롭게 공공역사에 참여하도록 해야 하기 때문이다. 공개 지원과 경쟁의 형식으로 역사박물관과 역사조형물을 건립하는 절차는 시민사회의 공적 토론을 보장할 뿐만 아니라, 대중의 관심을 높이는 방식이기도 하다. 역사박물관이 건축되고 전시관이 개관하면 어떤 과정과 절차를 통해 만들었는지 논의되지 못한 채 무비판적 찬사에 빠지거나 격렬한 거부의 대상으로 추락하는 경우가 있다. 비판적 토론을 통한 갱신의 기회는 차단된다. 건립 과정이 그러하니 그 후의 박물관 운영과 활동에 대해서도 공적 토론은 전무하다. 국내 역사박물관들이 대개 정부 부처나 지자체 산하이니 국회나 의회의 국정감사에서 정쟁의 대상으로 전락할 뿐이다. 역사박물관은 그런 외압을 막기 위해서라도 건립과 운영에서 민주성과 공공성을 강화해야 한다. 정치적 외압으로부터 독립성을 지키고 전문성을 강화하기 위해서라도 역사박물관은 전문 역사학자들과 시민사회와 협력하고 지원과 연대의 틀을 확보해야 한다. 그럼에도 지금까지 상설전시든 기획전시든 언론의 홍보성 기사를 빼면 전문가들의 비평이 없는 것은 무척 안타깝다. 국내 역사박물관 모두에 대해 전면적인 비판적 검토가 필요하다.

전시 구성과 방식을 혁신하자

국내 역사박물관은 대개 전시관 구조나 전시 방식이 낡고 획일적이다. 근대 초 유럽 미술관에서 유래한 전통적인 벽장형 전시 방식을 벗어나지 못했다. 전시품을 4면이나 양면에 벽장 유리에 가두어 방문객은 그냥 걸린 대로 구경만 하고 가는 곳이 되어서는 안 된다. 역사박물관은 역사교과서를 공간으로 펼쳐놓은 것과는 달라야 한다. 전시 공간을 더 입체적으로 구성할 필요가 있다. 방문객들이 역사를 생생하게 체험할 수 있는 방식의 공간 구성과 배치 구도가 필요하고, 전시를 보충할 여러 서비스 시설들을 따로 갖추는 것이 좋다. 상설전시관 외에 기획전시관은 필수적이다. 역사박물관은 기획전시나 특별전시를 통해 시사적인 주제나 사회적 요구에 부응할 수 있다. 또 이를 통해 역사박물관은 '한 번은 가볼 만한 곳'에서 '다음에 또 올' 곳으로 바뀐다. 영상관과 도서관과 자료실을 갖추는 것도 논의해야 한다. 정보나 지식 탐구의 공간들을 따로 조성해 방문객이 활용할 수 있도록 해야 하는데, 국내 전시관은 대개 특정 역사 서사를 단순 주입하기 바쁘다. 입체적인 구성과 체험 공간이 부족하니 그 대신 장엄한 음악과 기괴한 소리 또는 엄숙한 분위기 조성으로 방문객들을 짓누른다. 역사박물관은 '체험'을 내세우더라도 비장함을 강요하거나 유희의 공간이 되는 것을 경계해야 한다. 어린이 방문객을 고려한다고 박물관이 디즈니랜드로 전락한다든지, 역사의 아픔을 느끼게 한다며 억지감정 생산 기제를 만드는 것은 극복되어야 할 전시 방식이다. 모두 방문객 스스로 느끼고 성찰하고 질문하고 토론하는 것을 방해한다.

이를테면 서대문형무소역사관의 '고문 체험' 공간은 충격적이다. 고문을 체험한다는 발상은 인권 감성의 결여를 적나라하게 드러낸다. 고문을 '체험 가능'하고 '향유 가능'하고 '구경 가능'한 정상적인 삶의 일부로 만들어버리기 때문이다. 고문의 고통은 표현 불가능하고 소통 불가능한 것이다. 그것을 어떻게 전시할지에 대해 더 세밀하게 연구하고 논의해야 하는데 어설프게 이런저런 고문 기구를 과시한 채 '체험'해보라고 권유한다. 유감스럽게도 그곳은 자주 놀이터가 된다. 어린 학생들끼리 장난치며 노는 곳이 된다는 말이다.

서대문형무소역사관과 독립기념관을 비롯해 국내 여러 역사박물관에 널려 있는 밀랍인형을 통한 재현 전시도 당장 거두어야 한

서대문형무소역사관의 밀랍인형 전시관과 '고문 체험' 공간(맨 아래).
이러한 전시 방식은 역사를 성찰할 기회를 빼앗고, 역사의 '사실성'을 침해하기에 재고되어야 한다.

다. 이 전시 방식은 역사의 '사실성'authenticity(신빙성, 실물성)을 침해하기에 역사박물관에 가장 어울리지 않는 기법이다. 역사박물관의 공간 및 장소와 전시품은 사실성을 최대한 살려야 한다. 역사의 현장성과 전시품의 사실성이야말로 역사박물관을 방문하는 이유다. 기괴한 인공 소음과 밀랍인형의 '가짜'들이 난무한데, 어떻게 '진짜' 역사의 '아우라'가 전달되겠는가?

역사 전시는 학문적 연구에 바탕을 두되 구체적이어야 한다. 역사 서술이 그런 것처럼 역사박물관의 역사 재현도 배제와 생략, 강조와 축소 및 부각과 비약이 불가피하다. 전시관 안내문이나 전시품 설명문은 압축적일 수밖에 없다. 그렇지만 최대한 역사적 맥락을 살리면서 구체적이어야 한다. 모호한 수식어들, 이를테면 '수많은', '다수의' 같은 표현은 구체적 사실성을 제대로 드러내지 못한다. 학문적 연구에 충실하면 할수록 압축적으로 서술하되 구체성을 살릴 수 있는 길이 더 많이 보인다.

민족의 역사를 다룬 박물관의 경우 자국사를 중심에 놓더라도 국제적 맥락과 지역적 차원의 배경을 놓쳐서는 안 된다. 자국사 전시는 그 자체로 이미 민족사를 단선적으로 인식하게 할 위험이 있기 때문이다. 대한민국역사박물관은 뉴라이트의 역사 서사를 극복하더라도 다원주의적 관점과 역사의 비극과 단절, 파괴와 고통의 주제화에 대해 토론을 이어가야 한다. 특정 역사 주제를 다룬 박물관도 다원주의 관점을 유지해야 하기는 마찬가지다. 다원주의를 대립하는 양 정치 진영의 병렬적 배치로만 이해해서는 곤란하다.

역사박물관은 체험 공간이니 경험사와 일상사의 연구 성과를 적극 반영하는 것이 좋다. 개인의 삶과 연결되지 않는 추상적인 역사 재현을 막기 위해서는 생애사나 가족사를 통해 삶의 서사를 함께 드러내야 한다. 특히 여성, 노동자 또는 이주민 등 사회적 소수자 관점의 반영은 현대사박물관의 필수 덕목으로 자리 잡았다. 역사박물관에서 역사 체험과 방문객과의 상호작용을 보장할 기술 장치와 공간 활용 방식은 차고 넘친다. 역사박물관의 디지털화는 전시품의 사실성과 현장의 아우라를 더욱 강화하지, 약화시키지 않는다.

역사 연구와 역사교과서가 끊임없이 갱신되듯이 역사박물관의 상설전시도 갱신되는 것이 마땅하다. 학문 연구의 새로운 성과를 반영해야 하는 이유 말고도 전문가들과 방문객들의 비판과 요구에 대한 대응 그리고 방문객의 참여와 소통을 진작할 새로운 전시 기술과 방식의 도입을 위해서도 상설전시는 정기적으로 갱신되어야 한다. 그러려면 역사박물관은 최신 학문 성과를 반영할 수 있는 절차와 구조를 내부적으로 정착시켜야 할 뿐 아니라, 전문 논평가들 외에도 방문객의 인지와 해석에도 관심을 가져야 한다. 누가 왜 오고, 무엇을 어떻게 느끼고 생각하고 가는지를 조사해야 한다. 방문객들에 대한 무차별 통계 조사도 필요하지만, 정기 방문객들의 정례 평가도 수집해야 한다. 때로 수용자이자 소비자인 방문객들의 평가와 요구는 '역사돌격대'들의 개입과 선동에 맞서는 방패가 되고, 역사학자에게는 학문적 자극이자 과제가 되기도 한다. 방문객은 수동적인 지위에 그치는 것이 아니라, 역사 전시에 대해 비판하고 토론하고 수정을 요구하는 공공역사의 주체로 자임할 수 있다. 다양한 차원의 '방문객 조사 연구'를 도입해 한편으로 그들의 평가와 요구를 수용하고 반영해야 하며, 다른 한편으로 그들의 인지와 해석을 전문 학술연구의 성과와 결합하거나 상호작용하도록 해야 한다. 이때 갈등이나 이견을 조정하고 해결하는 과정과 절차도 마련할 필요가 있다. 그 '소통'을 원활히 수행하는 능력이야말로 역사박물관 학예사들의 전문성이다. 거듭 말하자면 역사박물관은 특정 역사상을 일방적으로 전달하는 것이 아니라, 공동체 구성원들의 역사의식과 집단기억의 형성과 변화를 보조하는 기관이기 때문이다.

암기와 훈육이 아니라 발견과 소통

국내 주요 역사박물관의 경우 체험학습지를 비치해 어린이와 청소년 교육으로 활용하고 있다. 학습지는 전시 안내문의 역할을 수행하며 역사 인식을 돕는 성격을 지녔기에 유용해 보일 수도 있지만, 역사박물관을 다시 학교 교실로 확대해 암기와 주입식 역사교육의 연장으로 변질시키는 것이다.

이를테면 서대문형무소역사관의 청소년용 학습지를 보면 "형무소가 설치된 곳은 모두 몇 군데인가요?", "다음 일화의 주인공은 누구인가요?", "다음의 빈칸을 채워보세요"라는 질문으로 암기를 강제하고 있다. 역사박물관은 애초 바로 그런 종류의 박제화되고 형해화된 주입식 역사교육을 극복하는 역할을 부여받은 곳이다. 그런 '체험'(?)학습지는 역사박물관을 다시 닫힌 학교 교실로 변질시키는 것에 불과하다. 역사 체험 공간이라며 청소년들을 데려다 끝없이 종이에다 머리를 박게 만드는 것은 심각한 오류다. 학습지가 아니더라도 청소년 방문객들을 일렬로 세우거나 앉혀놓고 억지로 특정 전시품에 대해 주입식 역사교육을 하는 것은 역사박물관의 근본 성격과 충돌한다. 역사박물관은 암기식 질문에 교과서가 정한 정답을 찾는 곳이 아니라, 청소년을 포함한 방문객들에게 역사의 '사실성'을 전달해 그들로 하여금 스스로 보고 느끼며 체험하게 하는 공간이다. 방문객은 그 사실성을 통해 역사에 대한 호기심과 관심을 가지고 새로운 질문을 던지고 성찰하기 시작한다.

역사박물관은 닫힌 역사상을 주입하는 곳도 아니고 역사 지식을 일방적으로 전달하는 곳도 아니다. 역사박물관은 전시물과 안내문을 통해 방문객에게 말을 거는 곳이고, 방문객은 그 말을 받아 다시 질문을 던지는 곳이다. 학습지 또는 훈육적 전시 해설은 그것을 차단하고 방해한다. 정적이고 닫힌 역사박물관 활용법을 극복해야 방문객은 전시물들에 대해 다양한 인상기를 나누며 새로운 질문과 성찰 거리들을 찾고 나갈 수 있다. 어떤 전시물이 방문객에게 익숙하고 반갑게 다가온다면, 그 방문객은 서로 같거나 다른 기억과 경험을 나누며 소통할 것이다. 익숙하지 않은 전시물을 보았을 때는 새로운 사실과 맥락에 눈을 뜨고 관심과 질문을 갖게 되며 이야기를 나눈다. 그런 식으로 역사박물관은 집단적 역사의식의 형성과 소통의 장이자, 이질적인 경험과 기억의 발견과 교류의 장이 되어야 한다.

미래를 꿈꿀 수 있는 민주인권기념관 건립을 기대하며

2018년 6월 10일 문재인 대통령은 '6·10 민주항쟁 31주년 기념사'에서 1970년대와 1980년대 독재정권의 고문살해 현장인 남영동 대공분실을 '민주인권기념관'으로 조성한다고 발표했다. 문 대통령의

'민주인권기념관 조성' 선언과 '정부의 적극 지원' 확약은 너무나 반갑지만 여전히 조심스럽다. 문 대통령도 강조했듯이, 민주인권기념관 건립 결정은 정부의 일방적인 선언이나 당파적인 숙원이 아니라, 우리 사회 민주주의자들 모두의 바람이었다. 박종철기념사업회가 강조했듯이, 보통 사람들의 일상과 독재의 발톱이 얼마나 가까이 있었는지를 드러내는 것은 특별한 의미가 있다. 단순히 지리적 위치를 말하는 게 아니다. 국가권력의 인권 유린은 우리 사회의 중심에서 발생했고 무심한 일상적 삶과 공존했음을 그대로 기억해야 한다.

하지만 그 처절한 고통과 공포, 기괴함과 당혹스러움을 어떻게 '민주인권기념'으로 승화시킬지에 대해 조심스럽게 접근할 필요가 있다. 지난 두 권력자의 역사 유린과 악용을 기억한다면, 특히 정치인들과 권력기관은 역사기념관 건립과 운용에 겸손하고 신중해야 한다. 우리는 이명박과 박근혜 두 정권이 역사를 권력의 전리품이자 노리개로 삼은 것에 대항했다. 그들과는 완전히 다른 종류의 역사정책 결정과 기억문화 창출의 '과정'이 드러나야 한다. 정치권력이 달라졌으니, 역사 기념도 좋겠지 하는 막연한 신뢰는 무용하고 위험하다.

망각은 가해집단이나 국가폭력의 조직적 작위일 수도 있지만 기본적으로 수동적 현상이고, 그에 비해 기억은 능동적 실천과 집단적 상호작용의 결과다. 그렇기에 남영동 민주인권기념관은 정치공동체 구성원들의 능동적인 집단적 논의, 즉 비판적 토론과 사회적 소통 과정을 거쳐 건립되어야 한다. 정치폭력과 민주주의에 대한 학문적 연구의 최신 성과, 건축과 조형을 통한 예술적 재현의 멋진 지혜, 민주시민교육의 발전 전망 등이 서로 얽히고 융합하는 특별한 문화공간이 되어야 한다.

남영동 옛 대공분실 전경(위).
1987년 1월 대학생 박종철이 고문을 받다가 숨진 대공분실 509호.

국가폭력의 '기억' 장소는 비통과 분노를 부른다. 추모와 공감은 폭력 현장을 사회적 기억으로 만드는 데 가장 중요한 전제다. 역사 속 피해자들의 고통은 '시간의 지양'(장 아메리)이 필요하다. 고통의 시간을 중단시켜 역사적 시간으로 보존하며('기억'), 그것을 현재의 정치문화에 연관시켜('책임'), 공동체의 전망('미래')을 찾는 것이 필요하다. '시간의 지양'은 기억과 책임이라는 집단적 행위 과정을 통해서만 이루어진다. 동시에 '시간의 지양'은 '공간의 지양'을 요구한다. 사회적 기억과 역사적 책임을 수행하려면 먼저 과거의 파괴적 공간의 흔적을 유지하고 그것의 의미를 끌어올려 전승할 필요가 있다.

하지만 엄숙의 무게와 감정의 과잉은 형식적 의례나 의무의 강박을 낳고는 다양한 질문과 생기 있는 토론을 막을 수 있다. 이해와 설명을 자극하고 숙고와 토론을 촉진하는 것은 '과거' 그 자체가 아니라 결국 '역사'다. 그렇기에 민주인권기념관은 도덕적인 집단감성을 창출하는 '과거 재현의 공간'을 넘어 성찰적이면서 소통 가능한 민주주의 정치의식의 형성을 돕는 '역사 광장'으로 확장되어야 한다. 그럴 때 비로소 민주인권기념관을 찾는 방문객들은 폭력적 과거의 아픔이나 영웅적 투쟁의 위용에만 갇히지 않고 과거를 통해 현재를 만나 민주와 인권의 미래를 꿈꿀 수 있다. 그것이 '산 자의 심장이 죽은 자의 무덤'이 되는 길이다.

4장

과거사 정리, 정치폭력에 대한 역사 정의와 집단기억
― 역사이론의 보고寶庫

과거 청산, 과거사 정리, 이행기 정의

역사는 사람들의 핏빛 절규와 집단적 참화의 연속이었다. 역사는 한편으로 끈질긴 인간적 가능성과 저항의 결기로 찬연했지만 다른 한편으로는 문명 단절과 생명 파괴의 굴곡으로 비틀거렸다. 특히 20세기 현대사는 지구 곳곳에서 처참한 정치폭력과 국가범죄 및 이에 맞선 파릇한 인간적 고투로 넘쳤다. 역사에 대한 개념적 이해도 이젠 폭력과 고통 그리고 그것을 극복하려는 노력을 중심 과제로 삼아야 할 것이다. 그 과제에 대한 풍부한 논의를 낳은 것은 '과거 청산'이라는 현대사의 또 하나의 주요 현상이다. 과거 청산은 인권 유린의 역사와 관련 있는 '그 후의 역사'쯤이 아니라 '20세기 인류사의 발명품'으로 매우 특별한 현대사의 현상이다.

과거 청산 또는 과거 극복Vergangenheitsbewältigung(coming to terms with the past, facing the past)은 한 정치공동체가 민주주의 체제로 발전할 때 그에 앞선 독재나 권위주의 시기의 억압적 과거사와 파괴적 범죄들과 대결해 그와 관련된 문제들을 집단적 차원에서 해결하는 과정이다. 처음 이 용어를 사용한 독일의 정치학자 헬무트 쾨니히Helmut König는 과거 극복을 "신생 민주주의 체제가 앞선 비민주 국가에 대해 취하는 행위와 지식의 총체"라고 규정했다. "새롭게 확립된 민주주의 체제가 선행 국가 체제의 구조적·인적·심성적 유산들을 어떻게 다루며" 그 불편한 역사에 어떤 태도를 취하는지가 관건이다.

그런데 이 개념이 단순히 정치공동체가 자신들의 고통스럽고 부담스러운 범죄적 과거사를 어떻게 대면하느냐의 문제를 총칭하는 것이라면, 그것은 아직 중립적이고 열려 있어 특정 방향이나 과제를 명확히 규정하지 못한다. 이렇게 되면 과거사에 대한 진실규명, 정의롭지 못한 역사에 대한 공동체의 책임이나 기억, 가해자 처벌과 사법적 정의 구현, 희생자(와 피해자)의 위령사업과 신원 회복과 배상 및 집단적 치유와 화해 등은 과거 청산의 과제와 차원을 구성하는 내용들이지만, 그 모두가 항상 과거사 정리의 필수요소라고 말할 수는 없다. 다시 말해 정치적 조건과 역사적 상황, 관련 행위 주체의 권력관계 등에 따라 과거 청산의 구체적 방식과 과정 및 내용은 서로 다를 수밖에 없다.

과거 청산이란 용어가 목표나 과정을 특정하지 못한 채 지나치게 느슨한 데다, 특히 청산(또는 극복)이란 말이 오해를 불러일으킬 가능성이 컸다. 이를테면 그 말은 과거를 '결산'하고 '종결'해 더 이상 다루지 않고 기억하지 않는 행위처럼 들린다는 것이다. 그 결과 최근 독일과 유럽에서는 '과거(사) 정리'Aufarbeitung des Vergangenen, Aufarbeitung der Vergangenheit(working through the past, working over the past)라는 말이 더 광범하게 사용되고 있다. 프랑크푸르트학파의 비판 철학자 테오도어 아도르노가 처음 사용한 이 용어는, 과거를 억누르고 축출하는 것과는 반대로 범죄적 과거사에 대한 의식적이고 비판적인 대결을 통해 민주주의적 과제를 찾아나가는 과정의 의미를 적극적으로 포함한다. 과거사 정리라는 용어는 과거를 억누르지 않고 오히려 "기억하고 재생해 극복하는" 의식적인 가공 과정을 함의하기 때문이다. 그런 점에서 '정리'Aufarbeitung는 철학자 헤겔의 '지양'Aufhebung 개념과 유사하다.

과거 청산과 관련된 정치행위와 제도적 결정과 절차에 주목하면 독일에서 흔히 사용되는 '과거 정책'Vergangenheitspolitik과 '역사 정책'Geschichtspolitik이란 용어도 충분히 사용 가능하다. 그러나 이 개념들은 과거 청산을 위한 정치활동 외에도 더 다양한 역사 관련 정치활동과 과정들을 포괄하기 때문에 과거 청산을 특정해서 지시하는 것으로는 적절하지 않다. 다른 한편 과거 청산의 과제는 입법과 사법적 실천과 제도화 또는 정치제도나 문화의 영역을 넘어 공공영역에서 집단기억을 문화적으로 공유하는 '역사문화'를 포괄하는 것이기에 정치나 정책에만 갇힐 수는 없다.

마지막으로 '이행기 정의'transitional justice란 비민주적 체제나 폭력적 갈등 상황에서 민주 체제와 평화적 조정 상태로의 '이행'기에 그 이전 상황에서 발생한 부정의와 범죄의 진실을 밝혀 정의를 세우고 화해를 이끌어내는 실천과 과정을 의미한다. 1980년대 중반부터 1990년대 전반까지 세계 여러 지역에서 비민주적 체제에서 민주주의 체제로의 이행이 이루어지면서 민주 사회로의 그 '이행' 과정을 위기에 빠뜨리지 않으면서 과거사 문제를 해결해야 하는 과제에 직면했다. 특히 남미와 남아프리카공화국 등의 독재국가가 민주국

2002년 국제형사재판소가
'이행기 정의' 개념의 창안에
힘입어 설립되었다.

가로 이행할 때 진실위원회를 설립했던 것이 개념적 발전의 중요한
자극이었다. 아직 독일어의 '과거 청산'이나 '과거사 정리'라는 용어
에 해당하는 영어 용어가 없던 상황에서 영어권 정치학자들(닐 크리
츠Neil J. Kritz와 욘 엘스터Jon Elster 등)은 그 과제에 해당하는 용어를 '이
행기 정의'라는 말로 창안해 사용하기 시작했고, 1990년대 중반부
터는 학계와 정치권에 정착되었다.

　이행기 정의는 앞선 비민주적 체제에서 발생한 범죄행위를 조사
해 가해자들을 처벌하거나 사면하고 피해자들을 복권하고 배상하는
사법적 정의에 초점을 맞추는 듯하지만, 실상 그 개념의 주창자들이
이해하는 '정의'는 사법적 절차를 넘어 더 포괄적인 정치적 과제와
사회적 과정을 의미한다. 그런 의미에서 원칙적으로는 과거사 정리
와 크게 다르지 않다.

　그런데 1990년대 말부터 현재까지의 상황을 보면 이행기 정의
는 이제 더 이상 딱히 이행기에 한정된 것도 아니고, 애초 기대했
던 민주 체제로의 이행을 보조하는 정치 과제와 기능을 성공적으로
수행했다고도 볼 수 없다. 다만 국제정치의 영역에서는 이행기 정
의가 새로운 활력을 얻어 2002년 국제형사재판소International Criminal

Court(ICC)를 설립하고, 과거 독재자들을 국제법정에 세워 사법적 '정의'를 세우는 데 크게 기여했다. 그런 한 '이행기 정의' 개념은 일국적 의미나 지역적 특성이 강한 '과거 청산'이나 '과거사 정리'에 머물지 않고 더 크고 보편적인 국제적 호소력을 얻을 수 있었다. 인권과 정의에 근거한 국제 도덕정치를 활성화하는 데도 여전히 유용하고 의미 있다.

과거사 정리의 과제

범죄적 과거와 파괴적 역사를 대면하는 방식은 세 가지다. 망각, 사면 그리고 정리다. 폭력적 과거사의 고통과 유산을 비판적으로 극복하려면, 인권과 정의에 기초한 정리의 과정이 필요하다. 그 과정은 크게 보면 진실규명과 정의 확립, 가해자 처벌과 제도 정비, 가해자의 반성과 피해자와의 화해, 피해(자) 배상과 치유, 공동체 차원의 역사 기억과 전승 등의 방식과 과제로 나뉜다. 진실규명 작업과 사법 처리와 제도 개혁 그리고 사회문화적 정리의 세 차원으로 더 간결하게 구분할 수도 있다. 과거사 정리의 각 과제와 영역은 그 자체로는 독립적이면서도 서로 연관되어 있으며, 궁극적으로는 상호 규정하고 보조한다.

첫째, 정치폭력과 국가범죄의 진실을 밝히는 것은 과거사 정리의 출발이자 근간이다. 역사 부정이나 폭력 범죄를 규명하고 확정하기 위해서는 기존의 국가기구나 법적 절차, 즉 경찰과 검찰을 활용할 수도 있지만(독일 통일 후 동독의 인권 유린에 대한 과거사 정리의 예처럼),

대개 새로 '진실위원회'를 만들어 진실규명 작업을 진행했다. 1983년 아르헨티나와 1984년 우간다에서 처음 선보였던 국가 차원의 독립적인 조사기구 또는 진실위원회는 곧 칠레, 엘살바도르, 아이티, 과테말라, 페루, 가나, 동티모르, 한국, 라이베리아 등지로 확산되었다.

진실위원회가 따로 필요한 이유는 두 가지다. 한편으로 기존 국가기구들은 과거 범죄에 깊이 연루되어 있고 심지어 가해자 집단이기 때문에 조사 주체가 되기에 부적절하다. 다른 한편으로는 광범한 부정의와 폭력 범죄를 정해진 시기 내에 포괄적이면서 집중적으로 조사하기 위해서는 기성 국가기관 외부에 독립적인 조사기관을 둘 필요가 있다.

남아프리카공화국 '진실화해위원회'는 여러 면에서 인상적이었다. 1994년 넬슨 만델라 대통령이 권력을 잡은 뒤에 아파르트헤이트 시절에 자행된 잔혹한 폭력과 범죄의 진상이 밝혀지면서 정의 구현에 대한 요구가 높았다. 1995년 '국민통합과 화해증진법'을 통해 남아프리카공화국 정부는 진실화해위원회(위원장 데즈먼드 투투 대주교)를 설치해 새로운 방식의 과거사 정리의 길을 열었다. 남아프리카공화국 진실화해위원회는 1960년 3월 1일부터 1994년 5월 10일까지 발생한 중대 인권침해 사건의 양상과 원인을 밝히고 피해자 상황을 조사했다. 진실화해위원회의 소위원회였던 인권침해조사위원회와 사면위원회는 공개청문회를 개최했다. 공개청문회는 1996년 4월 15일부터 1997년 8월 15일까지 총 76회에 걸쳐 진행되었다. 2만 1200명 이상의 증인이 참석해 증언했다. 공개청문회를 통한 조사와 증언 과정은 다중 언어로 생중계됨으로써 남아프리카공화국 내외에서 상

남아프리카공화국 진실화해위원회가 개최한 공개청문회. 총 76회에 걸쳐 2만 1200명 이상의 증인이 참석해 증언했다.

당한 관심을 불러일으켰다. 진실화해위원회는 진실규명에 적지 않은 성과를 거두었고, 지역사회와 국가공동체가 피해자의 피해 사실과 고통에 귀 기울이도록 조치했다.

공개청문회는 법정과 달랐다. 피해자들과 희생자 가족들은 자신이 원하는 방식대로 진술할 수 있었다. 길든 짧든, 문법에 맞든 안맞든, 그들은 그들의 언어와 몸으로 말했고 누구도 그들의 말을 중단시킬 수 없었다. 아울러 사후 전문위원회가 따로 검토하더라도 그들의 증언은 일단 모두 진실로 간주되었다.

특히 흥미로운 것은 진실화해위원회의 '진실' 개념이었다. 진실화해위원회는 진실을 '사법적 진실'에 한정짓지 않았다. 법률상 증거에 한정되는 사법적 진실을 넘어 피해자와 희생자들의 주체적 경험에 기초한 '서사적 진실'을 독자적으로 인정했고, 폭력의 사회적 기제에 대한 '정치적 진실'과 공동체의 피해 회복을 위한 '공동체적 진실' 영역 또한 따로 존재함을 인정했다. 폭력이 발생한 뒤 이미 증거 자료가 상당 부분 소멸한 뒤였고, 가해자가 불명료하거나 오랫동안 국가권력이 직접 조장하고 자행한 집단적 망각과 피해자에 대한 기억 억압의 세월을 고려한 다양한 차원의 진실 개념이었다. 생경하고 협애한 법률적 증거주의를 넘어서야만 피해자의 관점을 보장할 수 있고, 총체적 인권 유린의 체계가 밝혀지는 것임을 염두에 두었던 것이다.

그렇게 조사를 끝낸 진실화해위원회는 피해자들이 인간이자 시민으로서 존엄성을 회복하고 적절한 보상을 받을 수 있도록 정부에 권고했다. 물론 남아프리카공화국의 경제 상황 악화로 인해 끝내 피해자들에게 충분한 보상이 이루어지지는 못했다. 그렇더라도 피해자에 대한 재정적 보상을 국민적 합의로 추구했다는 점은 인상적이다.

1998년 10월 진실화해위원회는 활동을 마무리하면서 만델라 대통령에게 3500쪽에 달하는 다섯 권의 보고서를 제출했다. 2003년에는 두 권의 보고서를 추가로 발간했다. 한 권은 진실화해위원회의 활동에 대한 보고였고, 다른 한 권은 피해 내력의 약술을 포함한 희생자 명부였다.

세계 전역의 진실위원회는 보고서 등의 결과물을 통해 '확인된 범죄'들을 공동체에 널리 알리고 사후 조치들을 집행하거나 권고한다. 그러나 진실위원회의 활동이나 보고서 발표를 통해 모든 진실이 드러나는 것은 아니기에, 지속적인 조사와 학술적인 연구가 가능하도록 따로 조치할 필요가 있다.

둘째, 사법 처리와 제도 개혁이다. 과거사 정리에서 법과 제도를 통한 해결은 가장 중요하면서도 가장 어려운 과정이다. 핵심 과제는 가해자 처벌과 피해자 배상의 두 차원으로 크게 나뉜다. 다시 말해

1998년 10월 데즈먼드 투투 대주교가 진실화해위원회 보고서를 만델라 대통령에게 전달하고 있다.

가해자와 가해 방조자를 법정에 세워 처벌을 받도록 조치하고, 희생
자와 피해자들에게 배상하고 과거의 부당한 판결이나 결정을 폐기
해 신원 회복의 조치를 취하는 과정과 절차를 가리킨다. 가해자에
대한 형사처벌은 앞선 정권의 지배 엘리트들을 겨냥하는 것일 수밖
에 없다. 그렇기에 그것은 격렬한 저항에 부딪히는데, 정치 권력 관
계와 시민사회의 압박 정도에 따라 유보되거나 폐기되기도 한다. 사
면으로 대체되거나 정치적 타협으로 흐지부지 끝나기도 한다.

　　그러나 잠시 유보되었다고 해서 가해자 처벌의 문제가 완전히
사라지는 것은 아니다. 다만 가해자 측의 적극적인 자기방어 과정
들, 이를테면 증언 거부와 기억상실 강변, 증거 사료 폐기와 조직적
인 보이콧과 범죄에 대한 직접 개입과 행위의 부인 등으로 인해 법
정에서 진실을 가리지 못하거나 범죄(자)로 확정하기가 쉽지 않다.
대개 피해자의 증언만으로는 처벌이 불가능하기 때문이다.

　　가해자 처벌의 완강함은 남미의 여러 국가들이 잘 보여주었다.

특히 아르헨티나는 2000년대 초 기존의 사면법을 폐기하거나 새로운 입법 조치들을 통해 재차 군사독재 시절 인권 유린의 가해자 처벌에 불씨를 당겼다. 그 결과 민주화운동가들의 실종된 자녀들을 강제입양시키고 유아를 탈취한 죄로 고위 경찰 간부들이 징역형을 선고받았다. 2012년 7월에도 유사한 법적 심판은 지속되어 군사독재 시절 가해 행위자였던 장군들이 인권 유린과 유아 탈취 등의 죄로 장기 징역형을 선고받았다. 아르헨티나의 과거 청산 과정은 철저한 진상규명과 가해자 처벌이 한 번에 이루어지기도 어렵지만, 그렇다고 해서 피해자들의 요구가 받아들여지지 않고 가해자들이 계속 자기변호와 정당화를 일삼는 한 과거사 정리는 종결될 수 없음을 여실히 보여주었다.

폭력 범죄와 부정의의 재발 방지를 위해서는 입법과 행정 조치 등의 다양한 제도 개혁이 이어져야 한다. 진실위원회 등의 조사기관이나 전문 연구기관들과 협력하여 행정과 입법 조치를 통한 전면적 제도 개혁과 함께 정치문화와 관행 및 실천의 혁신이 함께 이루어질 필요가 있다.

피해자와 희생자에 대한 배상과 신원 회복도 정치적 권력관계와 해당 주체들의 상황에 따라 결과가 많이 다르다. 먼저, 국가폭력의 희생자들에게 배상은 폭력으로 그동안 겪어야 했던 물질적 피해의 회복이다. 따라서 희생자 또는 피해자와 그 가족들이 당했던 물질적 손실과 피해의 정도에 따라 정의롭게 이루어져야 한다. 배상은 단순히 물질적 피해 보상 차원을 넘어 국가가 피해자들의 고통과 상실을 공식적으로 인정하는 능동적인 행위이며, 공동체가 그 고통과 상실에 대해 책임을 진다는 법적 실천이자 정치적 의지의 구체적인 표

2010년 법정에 선 아르헨티나의 독재자들. 호르헤 비델라(왼쪽)는 종신형을, 레이날도 비그노네(오른쪽)는 20년형을 선고받고, 둘 다 감옥에서 사망했다.

현이다. 피해자들은 그 배상을 통해서 비로소 공동체와 국가에 대한 신뢰를 회복할 수 있다. 배상을 통한 피해의 공적 인정을 통해서 피해자들은 공동체에 재통합될 수 있다. 그들은 그동안 잃어버린 인격적 존엄과 권리를 회복함으로써 새롭게 공동체의 일원이 되며, 용서와 화해의 주체로 나설 수 있다.

과거사 정리의 마지막 과제이자 차원은 사회와 문화의 영역에서 이루어진다. 희생자 추모, 화해와 공생을 위한 사회문화적 노력, 과거사에 대한 기억과 역사문화의 형성을 말한다. 정치공동체가 부정의와 폭력 범죄의 과거사를 공공역사를 통해 주제화하고 역사교육 및 시민 정치교육을 통해 집단적으로 학습할 수 있도록 노력하는 과정이다.

이때 특히 과거사 재단이나 사료관 및 역사정보센터 건립을 통해 공동체가 과거사를 체계적이고 지속적으로 공유하고 확산하며 전승할 수 있도록 하는 것이 필요하다. 역사문화적 공유와 세대 전승을 위해서는 무엇보다 역사교과서에서 과거사를 중심 주제로 다루어야 한다. 또 다양한 역사박물관과 역사전시관이 관련 과거사를 정기적으로 전시하도록 도울 필요가 있다. 덧붙여 쉽게 사라지지 않는 피해자 조롱과 가해자 변호 및 범죄 부인과 상대화 주장을 견제하고 압박하는 문화적 노력이 함께 진행되어야 한다.

21세기 '과거사 정리'—지구적 관점의 공동 프로젝트

1989~1990년 국제질서의 근본적 변화는 과거사 정리에도 큰 영향을 미쳤다. 탈냉전을 계기로 일부 지역과 국가에서는 민주화가 진행되었고, 동시에 과거사 정리에 매달렸다. 과거사 정리의 중요성과 동시성이 국제적으로 확인되었다. 반면 국제 냉전 해체 후 국지적 갈등은 폭력투쟁으로 격화되었다. 구유고슬라비아와 아프리카 지역의 국민국가 해체 후 다시 정치폭력이 발화되었다. '국가범죄'가 아니라 '정치폭력'이 더 정확한 개념 규정인 이유가 바로 '국가 해체'로 인해 유사 정치조직과 준군사 조직들이 폭력 행사의 주체로 등장했기 때문이다. 구유고슬라비아 지역에서의 전쟁범죄와 르완다에서의 인종학살 범죄로 인권 유린과 제노사이드에 대한 국제정치의 관심이 증대했다. 인권 유린과 정치폭력의 과거사 정리는 이제 일국의 정치적 과제나 사회적 실천을 넘어 국제적 차원의 인권규범 정치의 의미를 지니게 되었다. 특히 2002년 7월 1일부터 활동을 개시한 네덜란드 덴하그 소재의 국제형사재판소 설립과 구유고슬라비아 국제

법정과 르완다 국제법정의 설립은 반인권 전범을 심판함으로써 국제적 차원에서 과거사 정리의 첫걸음을 떼었다. 그 밖에 시에라리온, 캄보디아, 동티모르의 반인권 범죄 처벌을 위한 국제특별형사법정의 도입도 의미 있는 발전이었다.

특히 122개 국가가 참여한 국제형사재판소는 국제법적 협약을 통한 새로운 인권정치의 출발이었기에 국제정치적으로 '형사처벌 부재' 문화의 종결을 의미했다. 물론 국제형사재판소는 여전히 힘의 논리로부터 자유롭지 못해 미국을 비롯한 주요 열강의 선별과 이익에 크게 의존하는 문제점이 있다.

그럼에도 홀로코스트와 공산주의의 인권 유린에 대한 과거사 정리에 상당한 성공을 거둔 유럽의 주요 국가들을 중심으로 국제적 차원의 '역사 정의'historical justice 프로젝트가 시도된 것은 큰 의미가 있다. 20세기 후반 독일 과거사 정리의 성과는 이제 유럽연합의 틀에서 계속 확산되었으며, '역사적 도덕정치'로서 새로운 국제정치의 규범이자 모범으로 질적 발전을 거듭하고 있다. 반인도적 범죄에 대한 국제형사재판소와 국제형사법정의 제도적 도입과 정착뿐 아니라, 희생과 피해에 대한 '배상의 지구화'(이를테면 나치 강제노동자에 대한 배상 결정 과정에서의 국제 협력과 합의), 사과와 반성 대상의 확장과 국제정치적 전유(제국주의와 식민주의 범죄에 대한 일부 서구 정치 지도자들의 사과와 배상 의지 표명), 희생자 추모와 가해와 피해에 대한 기억의 역사문화 확산(추모지와 역사전시관 건립 붐) 등은 '과거의 불의를 정리'하는 것이 이미 '지구적 관점의 공통 프로젝트'임을 보여준다. 향후 일국적·지역적 차원의 과거사 정리가 후퇴하거나 정체하는 일이 생기면 이와 같은 국제적 역사 정의 어젠다로 확장해 인류 공동의 과

나치에 의해 강제로 안락사당한 희생자들을 추모하는 조형물과 전시물. 베를린 중심지의 베를린 필하모니 건물 옆.

제로 삼고 해결하도록 노력할 필요가 있다. 한국과 동아시아 과거사 정리도 마찬가지로 국제적 차원의 역사 정의 프로젝트에 의지해 해결하고 동시에 역으로 그것에 기여해야 한다.

전쟁과 공포, 학살과 고통을 뺀다면 역사 인식과 서술은 공허하고 기만적이다. 또 20세기 후반부터 인류가 정치폭력을 극복하며 이루어낸 평화와 인권을 향한 정치적 노력과 학문적 성취를 무시한다면 역사는 한낱 호사가의 취미 대상이거나 미학적 부스러기의 집합으로 전락한다. 그렇기에 정치폭력의 다양한 양상, 가해자의 변호와 범죄 부인, 피해자의 고통과 트라우마, 사법 처벌과 제도 개혁, 진실과 정의 개념의 다차원성, 화해와 용서의 여러 갈래, 공동체의 책임과 기억의 지평들 그리고 공공역사를 통한 다양한 집단기억을 중심으로 역사에 대한 논의가 새롭게 진행되어야 한다. 20세기 후반 세계사의 한 현상으로서 과거사 정리는 역사이론의 보고寶庫다. 세계 전역의 진실위원회의 보고서들이야말로 진정 '인문학 고전' 목록의 앞자리를 차지해야 한다. 우리 삶과 문명에서 도저한 정치폭력의 문제를 외면하고서 어찌 역사와 인문학을 논할 수 있을까?

　　─ 민주시민교육과 평화교육, 21세기 문명을 지키
　　는 최후의 보루

'얇고 허약한' 문명에서 살아남기

21세기도 좀 살아보니 팍팍하다. 20세기 세계사와 마찬가지로 21세기 초엽 지구의 현실은 자유와 인권과 평화를 내세우며 쌓아온 인류 문명이 그저 얇고 허약할 뿐이라는 사실을 예시한다. 언제 다시 흔들리고 깨져 추락할지 모른다. 과연 21세기 인류가 얇고 허약한 문명 위에서도 계속 '정상적 삶'을 영위할 수 있을지는 고전 사상가의 거창한 사유나 위대한 정치가의 탁월한 지혜가 아니라, 전적으로 20세기 정치폭력과 인종살해 및 이데올로기적 적대와 갈등의 역사를 정치공동체가 어떻게 다루느냐에 달려 있다.

독재와 냉전에서 민주주의와 평화로의 이행 과정에서 여러 국가가 과거사 정리를 위해 노력하고 국제적 차원의 '역사 정의'와 평화 정치가 발전하고 있음에도, 여전히 도처에서 과거사 범죄를 정당화하거나 변호하고 비非평화를 조장하는 혐오와 적대의 숙주가 자라고 있다.

과거사 정리를 막는 온갖 교설은 여전히 유혹적이다. 인권 유린과 정치폭력이 사실은 국가(민족)의 영광과 발전을 위한 '구국(애국) 행위'였다, 상황의 압박과 '상부 명령'이 있었기에 어쩔 수 없었다, 가족과 자신의 생계를 위해서는 '불가피한 선택'이었다, 누구도 '절대선'과 정의를 행할 수는 없으니 함부로 비판해서는 안 된다, 인간은 '원래 악'한 존재다, '뒤늦게 태어난 자'의 '과도한 도덕적 재단'이다, 과거사 정리는 정파적 이익을 위한 '복수'이자 정치적 '음모'에 불과하다, 중요한 것은 집단적 '성찰'이고 윤리적 '반성'이지 정치적 '쇼'나 사회적 '불화'가 아니다, 과거를 들추면 내부 갈등만 조장하고 외부 세력만 득을 보기 때문에 단합과 통합을 위해 '이제 그만하자', '경제발전이 중요하니 과거는 덮고' 미래지향적이 되어야 한다 등등! 가해자 변호와 가해행위 정당화 또는 범죄의 상대화 그리고 과거사 정리를 폄훼하고 방해하고 교란하는 논리들이 끊임없이 생산되고 있다.

유럽과 독일에도 홀로코스트를 부인하거나 그 범죄의 의미를 상대화하거나 변호하는 세력들이 존재한다. 이른바 '홀로코스트 부인 세력'은 역사가들에 의해 밝혀진 명료한 역사적 사실과 그것에 대한 규범적 평가에도 불구하고 '홀로코스트는 존재하지 않았다'며 역사적 사실을 부인하거나 '그럴 만한 이유가 충분히 있었다'며 범죄를 변호한다. 1996년 9월 대표적인 홀로코스트 부정론자인 영국의 작가 데이비드 어빙David Irving이 자신을 비판한 역사가 데버러 립스타트Deborah Lipstadt를 비방죄로 고소했으나 패소했다. 역사로부터 전혀 배우지 못하고 오히려 가해자들을 변호하고 가해 범죄를 상대화하는 세력의 등장과 지속, 계승과 변이 또한 현대 민주주의 사회에서 공공연히 일어나는 현상이다. 문명사회 도처에 널려 있는 폭력과

5장 왜 현대사 공부를 하는가

홀로코스트를 부인하는 영국의 작가 데이비드 어빙. 1996년 9월 역사가 데버러 립스타트를 고소했으나 패소했다.

억압에의 동조와 참여 유인 기제들, 무책임과 방관 및 망각과 무시의 일상문화, 그리고 그에 대한 사후적 변호와 부인 및 상대화 주장에 빠져드는 기형적 심성과 의식 모두를 주의 깊게 관찰하고 그것에 적극 맞대응해야 한다.

인간 삶의 조직적 파괴와 인도적 문명의 단절에 대해 애도하고 희생자들의 고통과 트라우마를 함께 슬퍼하고 이해할 줄 하는 공감 능력, 역사 정의를 위해 진실을 감당하며 더 구체적이고 복합적인 역사적 맥락의 이해를 추구하는 지적 관심과 의지, 폭력 가해와 피해의 삶의 현장이 지닌 역사의 무게를 전달하고 곳곳에 추모의 예를 갖추고 집단기억을 통해 세대를 전승해갈 수 있는 문화적 기반, 비판적 역사 인식과 성찰적 역사문화가 공동체의 규범과 지향의 근간이 될 수 있는 정치문화의 발전 등이 필요하다.

20세기 정치폭력은 그 보편적 편재성과 심대한 파괴의 규모를 놓고 보면 어떤 순간적 실수나 부분적 이탈에 의해 발생했다고 볼수가 없다. 아울러 과거사 정리의 지체와 역전이 민주주의와 인권과 평화의 명목적 가치에 대한 무지 때문이라고 보기만도 어렵다. 결국 우리는 제도와 구조, 문화와 일상, 심성과 의식 곳곳에 다양한 제어장치들을 고안해 걸어두어야만 겨우 문명의 (자기) 파괴 메커니즘과 인간의 반인간적 폭력 상승 장치를 차단할 수 있을 것이다.

민주주의는 자연의 선물이 아니라 문화의 결과다. 폭력은 인간 삶의 상수이지만, 평화는 인위적인 노력의 성과다. 인간 사회는 오랫동안 비민주와 비평화에 지배되었고, 사회적 인간은 그것에 길들여져 있다. '인간은 천성적으로 악'하고 '문명은 본래 비관적'이라는 뜻은 아니다. 성선설과 성악설 또는 문명낙관론과 문명비관론을 둘러싼 숱한 고담준론은 민주주의와 평화의 논의에 대부분 무용하고 무익하다. 인간은 독립적인 개별 존재로서 '선'과 '악' 사이에서 선택하는 것이 아니라, 사회적 관계와 상호작용을 통해 스스로를 형성하고 변화시키기 때문이다. 문명도 본질이나 철칙을 따로 갖는 정적인 총화가 아니다.

인간은 대개 짐승보다 좀 낫고 천사보다는 꽤 모자란 존재쯤일 것이다. 중요한 것은 인간의 자기형성과 상호작용을 규정하고 보조하는 정치문화와 일상세계다. 민주주의 정치문화는 인간을 닮아 늘 불완전해서 작은 위기나 낯선 문제가 나타나면 금방 휘청거린다. 전쟁과 폭력은 한 번 발현되면 가속도가 붙고 적대와 대결을 증폭시키지만, 평화와 화해는 어렵게 창안되어도 두께가 얇아 미미한 흔들림에도 순식간에 무너지고 가라앉는다. 결국 민주주의와 평화는 인간의 지속적인 집단 학습과 공동 실천 및 전승 확산에 의해서만 확보되고 유지될 수 있다.

　그렇기에 학교 안과 밖의 역사교육에서는 기성의 민주주의 제도나 선한 평화 규범을 익히는 것을 넘어 삶의 근원에서부터 민주주의 역량과 평화능력을 함양하는 것에 초점을 맞추어야 한다. 특히 민주주의 정치문화가 지체되어 있고 적대와 혐오가 경험세계의 일상적 실천으로 확산된 한반도 남단의 정치공동체에서 민주주의와 평화의 가치 체현과 실천 능력 함양은 절체절명의 과제다. 물론 민주시민교육과 평화교육이 모든 문제를 해결할 수는 없을뿐더러, 민주주의와 평화를 직접 만들 수도 없다. 하지만 그것이 없다면 파국과 비극은 순식간에 덮칠 것이다. 교육은 문명의 최후 보루이다. 교육은 인간과 사회의 변화 가능성과 개선 기회를 확장한다. 민주시민교육과 평화교육은 민주주의와 평화의 기회를 조금 더 확장하는 것이다. 따라서 기회의 창구이자 가능성의 도구다. 그 이상도 이하도 아니다.

주체적 사고와 비판적 판단을 돕는 민주시민교육

민주시민교육은 일차적으로 민주주의 정치제도와 과정 및 사회질서와 규칙을 다룬다. 그러나 민주시민교육을 현존 제도나 질서의 수용을 위한 학습으로 환원할 수는 없다. 헌법과 법률의 내용, 이를테면 삼권분립과 의회제도 또는 시장과 경제제도를 익히는 것은 민주시민교육의 중요한 일부가 될 수는 있지만 근간이나 목표가 될 수는 없다. 민주시민교육은 '민주주의자'를 만드는 교육이다. 민주주의는 제도나 규범을 넘어 '사람'을 필요로 하기 때문이다. '민주주의자' 없는 민주주의는 모래성에 불과하다. 민주시민교육이 필요한 이유는 민주주의 제도와 문화의 허약성에 있다.

민주주의자는 스스로 비판 능력과 분석 능력을 갖춘 정치적으로 성숙한 주체다. 비판적이고 성숙한 정치 주체가 되려면 정치제도를 아는 것이 필수적이다. 민주주의 절차와 규칙을 익히는 것은 민주주의 의식을 함양해 민주주의 정치문화 형성에 기여한다. 하지만 제도와 절차 학습이 곧장 비판과 성숙을 가져오지는 않는다. 법제도와 사회질서에 대한 지식 축적 과정이 학생들을 수동적인 존재로 전락시키는 것을 경계해야 한다. 학생과 시민들로 하여금 정치 주체로서 자기결정이나 사회 비판과 정치 참여로부터 오히려 멀어지게 하는 것은 민주시민교육의 본래 취지에 어긋나기 때문이다. 정치제도와 과정에 대한 학습이나 사회질서의 수용만으로는 시민들의 정치적 성숙을 기대할 수 없다. 성숙은 자기 삶의 현실에 대한 분석과 주체적 비판을 통해서만 가능하다.

인성교육을 내세워 현실 정치와 사회 문제에 대한 비판과 참여 역량 증진의 과제를 뒷전으로 미뤄서도 안 된다. 민주시민교육은 특정 사회세력 범주로서의 집단이 아니라 개별 시민을 전제하지만, 개인들의 '착하게 살기'식 계몽운동은 아니다. 그렇기에 '공중도덕'을 앞세워 '미성숙'한 학생들을 훈육하는 방식이 민주시민교육이 될 수는 없다. 공중도덕 교육이 불필요하다고 말할 수는 없지만 사회 규칙의 필요와 과정에 대한 인식은 생활세계와 일상문화에서 생겨나야 한다.

이를테면 민주시민교육의 주요 내용인 법치주의의 핵심은 국가가 정한 법에 시민들이 수동적으로 따르는 '준법'을 지시하는 데 있지 않고, 권력자들의 자의적 권력 행사를 비판하고 항의하는 데 있다. 준법 질서를 내세운 도덕이 아니라 자의적인 권력 행사를 막는 법의 의미를 통해 인권을 자각하도록 만들어야 한다. 법과 제도와 도덕이 애초에 인간의 자유와 권리 신장 및 안전과 복리 증진을 위해 발원했음을 익히고, 학생과 시민들 스스로 더 많은 자유와 권리를 향유하고 안전과 복리를 확보할 수 있도록 보조하는 것이 민주시민교육의 방향이다. 그냥 이미 정해진 법과 질서에 순종하도록 만드는 것이 아니다. 자신과 타자의 자유와 권리를 살펴보고 높이는 정치 주체를 형성하는 것이 관건이다.

민주주의는 정치공동체 구성원들이 함께 학습하고 소통하는 과정을 필요로 한다. 민주주의 사회의 시민은 제도적으로나 문화적으로 민주적 가치와 규범을 공유하고 전승하며 민주적 절차와 방식을 학습하고 확산할 수 있어야 한다. 민주주의 학습 과정은 구성원들 간의 비판과 논쟁 없이 이루어지지 않는다. 비판과 논쟁을 통해 비로소 민주주의는 행위나 제도를 넘어 과정이자 문화가 된다. 주장과 반박, 논증과 설득, 경쟁과 쟁투, 대안과 타협, 조정과 합의, 유보와 미결 등이야말로 민주주의 정치 과정을 구성하기 때문이다. 민주주의는 사상의 자유와 견해의 다양성을 보장하기에 헌정 질서와 사회 체제의 결함과 문제에 대한 비판도 용인한다. 정치체제와 규범에 대한 새로운 해석과 지향은 허용될 뿐만 아니라 때로 권장된다.

이때 토론과 논쟁이 곧바로 특정 결론이나 선택으로 귀결되지 않아도 된다. 때로는 결정을 유보하고 계속 토론하고 숙고하는 것도 민주주의의 실천 과정이다. 판단 중지와 결정 연기도 민주주의 정치 문화와 일상문화의 과정으로 받아들여야 한다. 권위나 다수결에 의

한 성급한 결정이 오히려 소수 의견을 배제할 수 있음에 유의해야 하기 때문이다. 학생과 시민이 스스로 판단과 견해를 형성하고 그것을 통해 정치 과정에 참여하는 것이 중요하다면, 판단 형성의 속도와 과정 및 참여의 방식과 양상이 다양함도 인정해야 한다.

요컨대 민주시민교육은 민주주의 정치문화의 발전을 위해 시민의식을 고양하는 것이지만, 핵심은 특정 질서나 규범을 수동적으로 수용하거나 절차와 과정을 잘 인지해 정치제도의 원활한 작동과 운영을 보조하는 데 있는 것이 아니라, 시민들이 정치 주체로서 스스로 판단하고 비판하고 결정하는 능력을 높이는 것이다. 민주시민교육은 분석하고 성찰하고 비판하고 평가하는 판단력의 고양을 핵심 과제로 삼으며, 정치 행동에 대한 자기결정을 지향한다.

이때 시민들을 특정 정치 진영으로 귀속하거나 정치집회나 사회운동에 능동적으로 참여하도록 만드는 것을 민주시민교육의 궁극적인 목표라고 오해해서도 안 된다. 민주시민교육은 정치에 무관심하거나 수동적인 방관자를 정치 과정에 참여할 의지와 능력을 갖춘 시민으로 발전시키는 것일 뿐이다. 적극적인 저항 시민의 형성을 배제할 이유는 없지만 그것을 목표로 삼는 것은 민주시민교육의 본래 성격을 오해하는 것이다. 정치적 저항이나 사회 변혁의 집단 주체로 시민들을 교육하는 것은 정치 과정을 스스로 분석하고 평가하며, 자율적으로 행위를 선택하고 참여(방식)를 결정하는 역량을 높이는 것과 같은 일이 아니다. 둘은 때로 만나지만 자주 어긋난다. 이를테면 촛불시위를 비롯한 대중 집회에는 적극적으로 참가해도 교내 학생자치에는 무관심하거나 생활 속 민주주의 문제에 둔감하다면 민주시민의 역량을 갖추었다고 보기 어렵다.

민주시민교육은 정치제도나 사회질서에 대한 교육을 넘어 사회문제와 생태와 환경 변화 및 일상문화를 포함한 인간 삶의 다양한 양상을 포괄적으로 다룬다. 사회생활과 일상세계에서 시민은 공동체와 자기 삶의 문제를 주체적으로 인지하고 비판적으로 분석하며 실천을 통해 개입하는 것이 필요하기 때문이다. 민주시민교육은 시민들의 민주적이고 개방적인 의사소통과 생활세계 이해 및 평화로운 세계 건설 역량의 강화를 추구한다.

마지막으로 민주시민교육은 학생들로 하여금 주체적인 비판적 사유와 분석 및 판단 능력의 형성을 보조하는 것이다. 민주시민교육은 이견과 갈등이 없는 교육을 수행하는 것이 아니라 오히려 이견과 갈등을 감당하는 교육이다. 민주시민교육은 비판과 분석을 통해 갈등과 이견을 주체적으로 이해하고 갈등을 조정하고 해결하는 능력을 함양하는 것을 의미한다. 바로 그 점에서 민주시민교육은 평화교육의 전제다.

분단 극복을 위한 평화교육, 21세기 '장기 평화사'를 향하여

민주시민교육과 평화교육은 그 범주나 방향이 일치하지는 않는다. 민주시민교육이 공동체의 시민이 비판과 성숙을 통해 주체적 자기결정과 공동결정 능력을 높이도록 보조하는 것이라면, 평화교육은 개인이나 사회집단 또는 민족 간의 상호이해를 증진하고 갈등을 문명적으로 해결하는 능력을 기르도록 하는 것이다. 둘은 갈등을 이성적으로 조정하고 평화적으로 해결하는 주체적 역량을 높인다는 점에서 서로 만난다.

다원주의적 민주주의 사회는 갈등을 인정하고 수용할 것을 요구한다. 그것은 갈등을 조정하고 해결하기 위한 근본 전제다. 민주주의 사회는 삶에 대한 인지와 해석의 다양성과 개방성을 전제한다. 사회가 유지되고 문명이 존속하려면 인간 존재의 차이와 삶의 다양성을 존중해야 한다. 차이와 다양성의 존중을 위한 공생의 근거와 신뢰의 질서가 민주주의다.

삶과 사회에 대한 견해와 판단의 차이가 상호 배타적인 이익과 요구 그리고 그것의 결정과 영향으로 연결되면 갈등은 불가피하다. 다원주의에서 갈등은 정상적이다. 갈등을 부정적으로 단정하거나 비정상적인 것으로 내치지 말고, 사회적 삶의 정상적인 일부로 수용하고 감당해야 그것을 해결할 조정 절차와 방식을 찾을 수 있다. 사실 적대적으로 발현되거나 파괴적으로 기능하지 않는다면, 갈등은 오히려 문제의 심층을 드러내고 영감을 자극해 생산적인 토론과 의미 있는 사회적 실천을 촉발한다. 오히려 '사회 통합'이라는 이름으로 차이를 묵살하고 갈등을 부정적으로 낙인찍을 때, 문제와 결함은 은폐되고 약자와 피해자들은 배제된다. 그것은 다원주의도 아니고 민주주의도 아니다.

민주주의 절차에 기초한다면 갈등은 상호 존중과 인정의 필요, 타협의 지혜 발휘, 공생의 중요성을 높인다. 공동체 삶의 문제를 둘러싸고 다양한 철학적·정치적·문화적 입장과 견해들이 나오고 충돌할 수 있음을 받아들이되, 공동체의 위기와 혼란을 극복할 상호 이해와 타협 및 조정과 합의 원칙을 만드는 것이 관건이다. 갈등이 평화적으로 조정되고 이성적으로 해결된다면 더 자유롭고 창의적인 견해와 입장들이 발현되며, 그것이 공동체의 발전을 자극할 것이다. 그렇기에 민주시민교육의 기본 목표 중 하나는 다원주의적 관점에서 차이를 존중하고 타자와의 갈등을 해결하는 능력의 형성과 향상이다.

다시 말해 다원주의적 민주주의 사회는 획일성과 통제를 반대하고 이질성과 자유를 용인하며 때로는 권장한다. 하지만 이질성이 상호 이익 충돌에 직면하거나 지배·권력관계의 덫에 걸리면 '적대적' 갈등이 손쉽게 폭력적으로 발현된다. 우리는 삶의 차이와 문화의 이질성이 적대적 갈등으로 전환되지 않도록 곳곳에 고리를 걸고 방지턱을 설치해야 한다. 그것이 평화문화이고, 그 교육적 차원이 평화교육이다.

평화는 갈등과 분쟁이 사라진 이상적 상태가 아니라 갈등을 조정하고 분쟁을 예방하고 적대를 해결하는 과정이다. 평화교육은 적대적 갈등과 폭력 대결이 정치와 일상에서 발현되는 구조적 장치를 제어하는 능력을 기르는 일이다. 평화교육은 개인이나 사회집단 또는 민족 간의 적대적 갈등과 대결을 이성을 통해 평화적으로 해결하고 조정하며 예방하는 능력을 기르는 문명화 작업이다. 그런 관점에서 보면, 갈등과 폭력을 극복하고 그 구조적 원인이 말끔히 제거된 상태를 평화로 이해하는 것은 평화교육에서 오히려 뒤로 물려야 한다.

국제평화학에서는 요한 갈퉁Johan Galtung의 '구조적 폭력'과 '적극적 평화'의 개념과 관점이 학문적 의미와 실천적 함의를 잃은 지 오래다. 불평등과 적대적 갈등과 혐오를 유발하는 구조나 문화는 도처에 존재한다. 그러나 그것을 구조적 폭력이나 문화적 폭력이라고

인류의 평화 갈망을 보여주는 수많은 '평화'들.

부를 이유는 없다. 그 개념이 현실에 존재하는 물리적 폭력, 즉 '직접 폭력'의 심각성을 가릴 수 있기 때문이다. 또 구체적인 폭력을 실행하고 직접적인 역할을 담당한 행위자들의 책임이 모호해질 수도 있다. 그런 '폭력 유인 구조'나 '폭력 유발 문화'를 (재)형성하고 (재)생산하는 것은 결국 의지와 의도를 가진 인간의 실천이자 행위다. 인간이 평화롭게 살 수 있는 '상태'라는 '적극적 평화' 개념도 모호하다. 지나치게 포괄적인 평화의 개념과 관점 때문에 평화 '상태'에 대한 망상이 갈등 해결의 평화 '과정'이 지닌 의미를 덮는다. '소극적

5장 왜 현대사 공부를 하는가

평화'를 위한 작은 실천과 성과가 '적극적 평화'라는 망상과 이상에 묻히기 일쑤다.

　평화교육은 온갖 선한 말들의 향연이 아니다. 물리적인 '직접 폭력'을 억누르고 예방하며 적대적 갈등의 발현을 막고 갈등과 차이를 이성적으로 조정하고 해결하는 지혜를 쌓는 것이다.

　　세계 평화는 공동체의 평화와 마찬가지로 모든 사람이 반드시 그 이웃을 사랑하라고 요구하지 않습니다. 사람들이 상호 관용의 정신 속에서 살아가면서 그들의 분쟁을 정의롭고 평화로운 방식으로 해결하기를 요구하는 것입니다.

　케네디 미국 대통령은 소련과 일촉즉발의 핵전쟁 위기를 극복한 뒤 1963년에 '평화의 전략'을 발표했다. 그는 '현실적' 평화를 내세웠고, 평화를 분쟁 조정 '방식'으로 이해했다.

　　평화는 일부 몽상가나 광신자가 꿈꾸는 보편적 가치로서의 평화와 선량한 의지라는 절대적이고 무한한 개념을 말하는 것이 아닙니다. 희망과 꿈의 가치를 부정하지는 않지만 그 것을 우리의 유일하고 즉각적인 목표로 삼는다면 낙담과 불신만을 초래할 것입니다. 그보다는 좀 더 현실적이고 달성 가능한 평화를 말합시다. 인간성의 갑작스러운 변화에 바탕을 둔 것이 아니라 인간 제도의 점진적 변화에 바탕을 둔 평화에 집중합시다.

물론 쿠바와 베트남의 관점에서 보면 케네디는 다시 침략자거나 냉전 전사에 불과했다. 하지만 적어도 그의 「평화의 전략」 연설은 1960년대 중후반과 1970년대 국제 데탕트의 선취였고 기조였다. 평화정치의 실현과 같은 거시적인 측면뿐만 아니라 사회와 일상에서 일어나는 폭력과 관련해서도 우리에게 중요한 것은 갈등과 분쟁이 없는 이상 사회를 망상하는 것이 아니라, 갈등과 분쟁을 조정하고 해결해나가는 능력을 함양하는 것이다.

존 F. 케네디가 말한 대로, 평화교육은 '인간성의 갑작스러운 변화'가 아니라 '인간 제도의 점진적 변화'에 더 많은 관심을 기울여야 한다. 평화교육은 인권과 민주주의와 세계시민성 같은 선한 규범들에서 출발하거나 그것의 이상적 상태를 다 모아 축성하는 것이 아니다. 평화교육은 타자와의 공생(기회)을 파괴하고 평화적 갈등 조정(가능성)을 차단했던 비평화 교육과 문화에 대한 비판과 거부에서 시작한다. 지난 시기 학교와 사회 도처에 퍼졌던 이른바 '안보교육'이라는 이름의 비평화 교육을 비판하고 극복해야 한다. 삶의 차이와 존재의 이질성을 적대적 타자 인식과 대결의식으로 변질시킨 교육과 문화와 제도에 도전하도록 해야 한다.

최근 한반도 평화정치로 각광받는 통일교육도 마찬가지다. 통일은 경제적 대박도 아니며 갈등의 최종적 해결도 아니다. 통일교육은 국민국가로의 통일이든 평화체제에 기반한 '2국가체제'의 국가연합이든 모두 '장기간의 평화 프로젝트'라는 사실에서 출발해야 한다. 비평화 교육과 단절하지 않고 그것을 주요 비판 대상으로 삼지 않는다면, 통일·평화교육은 그저 알리바이나 정치 연극에 불과하다. "평화를 원하면 전쟁을 준비하라"고 가르친 비평화 안보교육과 단절하지 않고는 "평화를 원하면 평화를 준비하라"고 가르칠 수가 없다. 전투적 반공주의와 북한에 대한 적대와 혐오만을 키운 안보교육을 비판하고 극복하는 것이 평화교육의 전제다. 북한을 수동적 존재로 상정하는 온갖 통일 구상과 교육도 타자를 인정하고 타자와 소통하는 능력을 중심으로 삼는 평화교육에 조응하지 않는다. 현실성도 없고 상호성도 없는 일방적이고 무책임한 통일에 관한 미사여구는 오히려 평화를 정착시킬 수 있는 점진적 과제들을 직시하지 못하게 할 수 있다. 남북 관계의 평화 과정을 막는 장애들, 이를테면 적대적 타자 이미지, 군사주의, 상호 불신과 군비경쟁 등에 대해 더 많이 토론해야 한다. 평화(교육)는 비평화(교육)를 극복하는 '과정'이기 때문이다.

평화교육과 통일교육은 민주시민교육의 원칙을 유지해야 한다. 보이텔스바흐 합의로 국내에도 잘 알려진 '논쟁성 원칙'을 평화교육과 통일교육에도 적용해야 한다. 북한에 대한 다양한 인식과 해석, 평화 과정에 대한 입장 차이, 통일 구상과 방향에 대한 견해의 이질성을 그대로 드러내고 토론해야 한다. 이때 적대적 반공주의와 북한에 대한 혐오로 가득한 견해를 '논쟁 재현' 가능한 것으로 봐야 할지 아니면 평화를 파괴하고 교란하는 것으로 경계해야 할지도 따져야 한다. 인권 유린을 근거로 북한 체제를 비판하면서도 남북 간의 적대적 갈등 해소를 지향하는 것은 충분히 가능하다. 김정은 위원장이 인권의 옹호자가 되기는 쉽지 않겠지만, 평화의 수호자로 위용을 떨치는 것을 감당해야 한다. 물론 민주주의와 인권의 원칙에서 얼마든지 북한 체제를 비판할 수 있다. 그러나 1970년대 중반부터 1990년 통일시까지 서독 연방외무부 장관으로서 동방정책과 인권정책을 주도하며 국제무대에서 서독 정부의 입장을 대변한 한스-디트리히 겐셔

Hans-Dietrich Genscher가 1985년에 행한 연설문의 한 자락을 기억하는 것은 의미 있을 것이다.

> 서독은 항상―세계의 모든 곳에서―인권의 변호인이 되어야 합니다. 그러나 인권정책은 자기 나라에서 시작되어야 합니다. 우리는 국내에서 우리에게 적용되고 실천되고 있는 규준을 통해서 다른 이들에게 설득력 있는 예를 제시해야 합니다. 우리 체제가 더 자유롭고, 더 관용적이고, 더 정의롭고, 더 나은 사회안전망을 가질수록 외부 사회의 인권을 위한 우리의 노력이 더욱 신뢰받을 수 있습니다.

타인의 결함을 지적하고 고치도록 훈계하고 압박하기 전에 스스로를 돌보아야 한다는 너무도 당연한 보편 상식을 인권정치의 원리로 표현한 말이다. 한반도에서 평화와 인권은 그렇게 함께 올 수 있다. 그렇지만 평화와 인권의 관계, 경제 지원과 평화 정착의 과정, 평화 과정에서의 북한 권력자와 인민의 관계, 평화 과정과 분단 극복 방식 등에 대해 견해 차이가 있을 수 있다. 그것은 모두 의미 있는 평화교육의 주제이자 내용이다. 평화교육이 정부의 대북정책 홍보와 통일정책 선전이 될 필요는 없다.

다만 평화를 위해서는 '공산주의를 공산주의식으로 비판'하는 사회 흐름을 경계해야 한다. 전투적 반공주의에 물들어 적대와 혐오를 무기로 북한을 규탄하고 악마화하는 것은 평화교육의 장에서 '논쟁 재현'의 한 입장으로 수용할 수는 없을 것이다. 논쟁 재현에도 결국 경계는 있기 때문이다. 그런 점에서도 민주시민교육의 원칙은 평화교육의 원칙으로 전이가 가능하다. 평화교육은 한편으로 평화와 통일에 대한 견해와 입장 차이를 존중하고 논쟁을 통해 다양성을 익히도록 돕고, 다른 한편으로는 적대와 혐오를 거름으로 삼는 비평화 교육에 맞서야 한다. 평화교육은 타자와의 공존과 공생을 위해 개방적으로 토론하는 것을 목표로 한다. 그러나 평화교육의 실천은 먼저 비평화 교육과 대결하는 것에서 시작해야 한다. 평화는 평화 '상태'에 대한 망상이 아니라 비평화를 극복하는 '과정'이기 때문이다. 그 과정이 지속된다면 21세기 남은 시기의 한반도에서는 20세기와 21세기 지난 시기와는 다른 삶의 조건과 새로운 삶의 실천이 가능해질 것이다. 21세기 현대사는 '장기 평화사'로 새 길을 가기 바란다. 그것은 역사의 행위자인 우리 모두에게 달려 있다. 행위자들을 중심으로 현대사의 여러 잿빛 시간들과 분홍빛 순간들을 역사 몽타주로 잠시 살핀 이유다.

찾아보기